AI
프로젝트 성공의 비결

AI프로젝트 성공의 비결
CEO가 직접 하라!

초판 1쇄 발행 2024년 2월 16일

지은이 심기보
펴낸이 장길수
펴낸곳 지식과감성#
출판등록 제2012-000081호

교정 김서아
디자인 이현
편집 이현
검수 주경민
마케팅 김윤길, 정은혜

주소 서울시 금천구 벚꽃로298 대륭포스트타워6차 1212호
전화 070-4651-3730~4
팩스 070-4325-7006
이메일 ksbookup@naver.com
홈페이지 www.knsbookup.com

ISBN 979-11-392-1655-4(03000)
값 17,000원

• 이 책의 판권은 지은이에게 있습니다.
• 이 책 내용의 전부 또는 일부를 재사용하려면 반드시 지은이의 서면 동의를 받아야 합니다.
• 잘못된 책은 구입하신 곳에서 바꾸어 드립니다.

지식과감성#
홈페이지 바로가기

AI 전설 KAIST 김진형 교수가
강력 추천한 바로 이 책

**CEO,
경영 기획실
필독서**

AI
프로젝트
성공의 비결

CEO가 직접하라!

심기보 지음

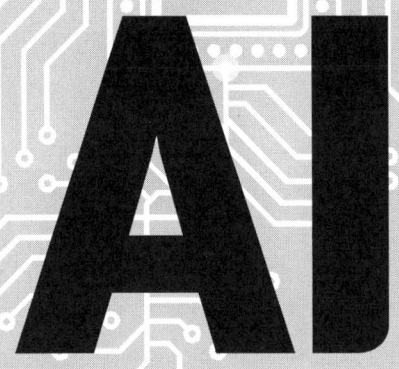

AI 도입 기획입안부터 개발·운영까지
현장에서 실제로 사용할 수 있는

AI프로젝트 교과서

추천의 글

심기보 교수님은 소프트웨어의 기획과 설계 분야에서 몇십 년의 깊은 현장 경험을 바탕으로 KAIST 소프트웨어 대학원에서 수많은 학생들에게 지식을 전수해 오셨습니다. 그런 교수님의 『AI프로젝트 성공의 비결』은 그동안의 경험과 통찰을 집약한, 현대 비즈니스에서 AI를 효과적으로 도입하고 활용하는 방법에 대한 실질적인 가이드북입니다.

50여 년간의 인공 지능 연구 경험을 가진 저로서는, 심기보 교수님과의 20년간의 깊은 우정 속에서 인공 지능의 현장 적용에 대한 다양한 토론을 나누며 그 뛰어난 전문성과 비전을 목격했습니다. 이 책은 그런 교수님의 지식과 경험, 그리고 현장에서의 실용성을 집대성한 것이며, AI의 세계에 발을 딛고자 하는 모든 이들에게 귀중한 지침서가 될 것입니다.

기술의 본질과 비즈니스 현장에서의 적용에 대한 깊은 이해를 바탕으로 작성된 이 작품을 통해, 심기보 교수님의 노하우와 전문성을 직접 체험할 수 있습니다. AI와 비즈니스의 교차점에서 길을 찾고자 하는 모든 이들에게 강력히 추천합니다.

2024.2.
KAIST 명예교수 김진형

프롤로그

AI라는 말은 현대를 사는 사람들에게 매우 익숙한 단어가 되었다. 하루가 멀다고 쏟아지는 AI 관련 정보는 공상 과학 소설에 나오는 초인적인 인간을 자연스럽게 연상케 한다. 많은 기업이 'AI란 무엇인가?' 'AI기술을 어떻게 활용하면 좋을까?'에 대한 고민이 많을 것이다. 불량품 검출, 수요 예측, 매장 동선 분석, 고객 응대는 물론, 인구 감소에 따른 시장 축소나 인력 부족이 예상되는 사업 등 AI를 도입하여 근본적으로 업무 수행 방식을 개선하려는 기업이 많아지고 있지만, AI를 도입하여 실제로 성과를 올리고 있는 기업은 얼마나 될까?

IDC에 따르면 AI를 도입한 기업 중 92%가 실패를 경험했으며, 실패의 주요 원인으로는 AI성능의 불안정성, 내부 역량 부족, AI비즈니스 전략의 정합성 부족 등이 지적되고 있다.

AI의 도입은 어디까지나 비즈니스의 목적을 달성하기 위한 수단이다. AI 도입 자체가 목적이 되어서는 안 된다. 어떤 문제를 해결해야 할지에 대한 분명한 목적과 목표가 없는 상태에서 어쨌든 AI를 도입하고 보자는 식으로 접근하면 안 된다. '사무 업무를 자동화하고 싶다' '노동 집약적인 작업의 인력을 줄이고 싶다'처럼 AI의 도입으로 무엇을 목표로 하는지, 필요한 데이터는 있는지, 도입 대상의 업무가 AI에 적합한지 등을 충분히 검토하여 분명한 목적과 목표를 가지고 CEO가 적극적으로 참여해야 성공할 수 있다.

SI 방식에 익숙한 시스템 개발 회사도 AI시스템 개발 프로젝트는 SI 방식의 시스템 개발 프로젝트와 어떻게 다른지, 어떻게 대처하면 좋은지에 대한 분명한 이해가 없으면 성공적인 사업 수행이 어려울 것이다.

이 책은 이러한 AI에 대한 특성을 이해하고 AI시스템 기획·구상의 입안부터 설계·구현 및 운용·개선까지의 모든 공정에서 누가, 언제, 무엇을, 어떻게 해야 하는지에 대한 기본적인 지식과 노하우를 소개하고 있다. 또한 성공적인 AI프로젝트를 위한 발주자와 개발자의 역할 분담과 상호 협조해야 할 사항에 대해서도 상세히 설명하고 있다.

제1장에서는 AI프로젝트와 SI 개발 방식의 프로젝트 진행 방식의 차이를 설명하고 있다. 재작업을 전제로 스케줄을 짜야 하는 이유, 왜 사장이나 임원 이상의 책임자가 직접 참여해야 하는 이유와 PM에게 요구되는 3가지 조건 등에 대해 설명하고 있다. 또, 애자일인가? 워터폴인가? 에 대한 선택 방법과 애자일 개발 프로세스 도입 방법과 4가지 전제 조건을 정리하였다.

이어서 **제2장**에서는 가장 난도가 높다고 하는 AI시스템의 기획·구상 및 AI사업 전략 및 계획 작성 방법을 구체적인 예를 들어 설명하고 있다. 또한 AI소프트웨어 규모 및 비용 산정 방법을 제시함으로써 AI SW 개발자가 제값을 받을 수 있도록 하였다.

제3장에서는 실패하지 않는 PoC 추진 방법과 PoC 단계에서 작성해야 할 항목을 설명하고 있다. 개발하는 서비스의 콘셉트가 실현 가능한지를 검증하는 것, 예상되는 이용자에게 서비스의 내용을 설명하고 확인받는 것은 AI프로젝트의 필수 프로세스이다.

제4장에서는 AI프로젝트의 성공의 키가 되는 AI기능 요건과 비기능 요건 등 6개의 요건 정의 방법을 설명하고 있다. 구상 단계에서 정의한 서비스 요구를 기본으로 시스템 요건이나 업무 요건을 확정해 가는 프로세스를 정리하였다.

제5장에서는 개발 스피드와 품질의 관계 및 발주자의 설계서 리뷰 포인트와 개발자의 AI시스템 구축 기반 설계 방법에 대해 설명하고 있다.

제6장에서는 AI시스템 구현·테스트 단계서 발주자의 역할과 릴리즈 판정 방법을 정리하였다.

제7장에서는 모델의 정확도 유지 방법과 모델의 평가부터 관리까지의 프로세스에 대해 정리하였다.

제8장에서는 AI프로젝트는 누구에게 어떻게 발주해야 하는지, 팀 편성과 프로젝트 계획서 작성 방법, 왜 일괄 발주는 안 되는지, 단계별 발주의 포인트 등에 대해 설명하고 있다.

목차

추천의 글 4
프롤로그 5

제1장 AI 도입을 이해하다
1-1 AI시스템 개발과 SI 방식의 시스템 개발의 차이 12
1-2 애자일인가? 워터폴인가? 25

제2장 AI시스템 구상
2-1 AI시스템 서비스 기획 42
2-2 AI사업 전략 및 계획 작성 56
2-3 AI시스템 도입 프로세스 81

제3장 PoC
3-1 PoC단계 102
3-2 PoC 계획서 106

제4장 요건 정의
4-1 AI시스템 요건 정의 120
4-2 프론트 엔드 기능 요건 정의 134
4-3 업무·관리 기능 요건 정의 148
4-4 AI기능 요건 정의 161
4-5 백 엔드 기능 요건 정의 170
4-6 비기능 요건 정의 181

제5장 설계
- 5-1 개발스피드와 품질 188
- 5-2 발주자의 설계서 리뷰 포인트 198
- 5-3 AI시스템 구축 기반 설계 206

제6장 구현·테스트
- 6-1 모델의 불확실성 제거 방법의 수립은 향후 과제 224
- 6-2 발주자의 역할과 릴리스 판정 방법 239

제7장 운용
- 7-1 모델의 정확도 유지에 주력 246

제8장 AI 도입 발주 프로세스
- 8-1 AI프로젝트 착수 264
- 8-2 AI시스템 도입 방법 선택 276
- 8-3 팀 편성과 프로젝트 계획서 288
- 8-4 왜 일괄 발주는 안 되는가? 294
- 8-5 단계별 발주 방법 299

에필로그 310
[부록] 용어정의 312
참고문헌 323

ARTIFICIAL
INTELLIGENCE

제1장

AI 도입을
이해하다

1-1
AI 시스템 개발과 SI 방식의 시스템 개발의 차이

AI프로젝트는 종래의 소위 SI^(System Integration) 방식의 시스템 개발과는 그 도입 방법, 채용 기술, 프로젝트 관리 체제 면에서 크게 다르다. 이제까지 기업에서 해 왔던 구매, 생산, 판매, 인사급여, 재무·회계 등의 업무는 이미 정형화된 업무 모델이 있다. 인사 업무를 예로 들면, 인사 규정, 매뉴얼, 지침 등이 존재하므로 사용자에게 기존 업무 모델과 데이터 모델을 가지고, 개발 대상 업무에 대한 요건 정의를 해 달라고 할 수 있지만, AI프로젝트는 기존에 없는 업무를 새로 창조하는 경우가 많아, 사용자에게 AI시스템 도입에 따른 요건 정의를 해 달라고 할 수 없는 경우가 많다.

이것이 SI 방식의 시스템 개발을 잘하는 회사가 AI시스템 개발에서는 실패하는 주요 요인이 된다. AI시스템을 도입할 때에는 이러한 SI 방식의 시스템 개발 방식과의 차이점을 잘 알고 시작할 필요가 있다. AI 도입 프로젝트에서는 요건 정의가 없다고 하는 의미가 여기에 있다.

프로젝트 진행 방식이 크게 다르다

많은 소프트웨어 개발 회사가 SI 방식의 시스템 개발 프로세스를 통해 성장해 왔다. 그러나 SI 방식의 시스템 개발 프로젝트와 AI프로젝트는 다른 점이 많다. 그 다른 점을 이해하지 못하고 SI 방식의 시스템 개발 프로젝트와 같은 방식으로 AI시스템을 개발하려고 하면 잘될 수가 없다. SI 방식의 시스템 개발과 AI프로젝트의 차이점을 살펴보고, AI 도입 시 PM이 AI시스템 개발을 성공적으로 추진하기 위해 꼭 알아 두어야 할 중요한 포인트를 알아보자.

SI 방식의 시스템 개발과 다른 점

SI 방식의 시스템 개발과 AI프로젝트는 여러 면에서 다르지만 대표적으로 프로젝트 추진에 큰 영향을 미치는 포인트는 프로젝트 내용, 채용 기술, 추진 체제 등 3가지다. [그림 1-1]

[그림 1-1] SI 방식 시스템 개발과 AI프로젝트의 차이

	SI 방식 시스템 개발 프로젝트	AI프로젝트
프로젝트의 내용	요구·요건이 정해져 있다	요구·요건이 정해져 있지 않다
채용 기술	실적이 있는 기술	AI 등 실적이 없는 기술
프로젝트관리 체제	업무 부문·IT 부문	기획, 마케팅, 상품 개발, IT 등 복수 부문이 관계되는 경우가 많다

출전: Nikkei Systems (2019년 10월호)

이 중에서도 AI시스템을 개발하는 회사가 알아야 할 가장 중요한 포인트는 시스템 개발 요건이 정해져 있지 않다는 것이다. 즉, 시스템 개발에 대한 정답이 없다는 걸 의미한다. 지금까지 소프트웨어 개발 회사는 사용자인 사용자에게 '소프트웨어 개발 업무 요건을 결정해 주세요', 즉 '요건 정의를 해 주세요.'라고 해 왔다. 사용자 기업에 업무 요건이 이미 정해져 있기 때문이다. 그러나 AI시스템 도입에서는 발주자인 사용자에게 무엇을 하고 싶은지 물어보면, 나도 잘 모른다고 솔직히 말하고 싶을 것이다. AI기술을 도입하여 새로운 비즈니스 시스템을 만드는 것이기 때문에 명확한 답을 가지고 있는 사용자는 거의 없다. 새로운 것을 모색·탐색하여 가설을 정한 다음 먼저 세상에 내놓고 사람들의 반응을 지켜볼 수밖에 없는 경우가 대부분이기 때문이다.

AI시스템 개발 프로젝트의 PM에게 요구되는 것은 발주 회사 현업 부서의 실사용자와 함께 요건을 결정해 가는 자세와 능력이다. PM은 발주 회사의 업무와 최신 AI기술을 모두 파악하여 그에 맞는 시스템 개발을 제안할 수 있어야 한다.

재작업을 전제로 스케줄을 짠다

AI를 도입하는 시스템 개발은 사용하는 기술 면에서 높은 리스크를 안고 있을 수밖에 없다. 프로젝트가 계획한 대로 잘 되지 않는 경우가 많기 때문이다. SI 방식의 시스템 개발은 기술적으로 많은 경험과 실적이 있는 검증된 제품을 채용하지만 AI시스템 개발은 제품의 기초 연구를 하는 것과 같다고 할 수 있다.

AI시스템 개발의 '교사 있음'은 기계 학습 시스템 개발이 [그림 1-2]와 같은 프로세스로 진행되는 예를 들어 살펴보자. '교사 있음'이란 컴퓨터에 정답 데이터(교사 데이터)를 학습시켜 정확도를 높여 가는 것을 말한다.

[그림 1-2] 교사 있는 학습의 AI를 이용한 시스템 개발 프로세스와 재작업의 주요 원인

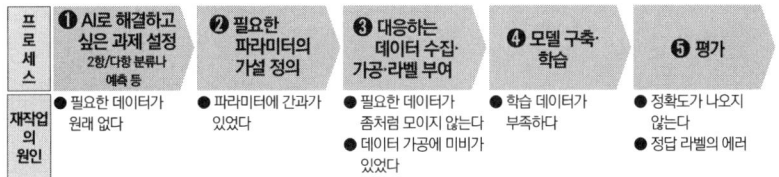

출전: Nikkei Systems (2019년 10월호)

이 과정에서 ③번(대응하는 데이터 수집 및 가공)에서 필요한 교사 데이터를 제공받지 못하거나 데이터가 부족^{Deficiency}한 경우가 많이 발생한다. 또 ⑤번(평가)에서 정답률이 높지 않아, ②번(필요한 파라미터 가설 정의)부터 다시 시작하는 경우도 많다. 심한 경우는 ①번(AI로 해결하고 싶은 과제 설정)부터 다시 시작하기도 한다. 이처럼 재작업이 많이 발생하기 때문에 ①번(AI로 해결하고 싶은 과제 설정)부터 ⑤번(평가)까지 재작업 없이 프로젝트가 완료되는 경우는 드물다.

따라서 AI시스템의 실현 가능성을 확인하는 개념 설계^{PoC}와 같은 어프로치가 필요하고, 현실적으로 개발 사이클을 몇 번씩 반복하는 것을 전제로 일정을 잡아야 한다. 또 그것을 경영자에게 설명해 이해시켜야 한다.

📚 사장이나 임원 이상의 책임자 참여가 필수

AI 도입은 새로운 비즈니스나 시스템을 만드는 프로젝트이므로 발주 회사의 1개 부서가 진행하는 경우는 거의 없게 되고, 일반적으로 여러 부서가 관여Joint business하게 된다. 프로젝트 내용에 따라 다르지만 보통 기획부서, 마케팅부서, 현업부서, IT 부서 등이 관여한다. 그러므로 프로젝트를 수주받은 소프트웨어 개발 회사가 발주 회사에게 조직 횡단적인Traversal 팀을 만들 것을 제안하거나, 사장이나 임원이 직접 의사 결정을 하는 구조를 만드는 것이 중요하다. [그림 1-3]

[그림 1-3] AI프로젝트를 진행할 때의 바람직한 체제

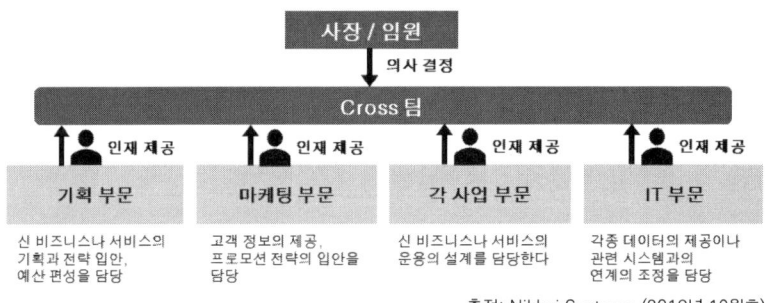

출처: Nikkei Systems (2019년 10월호)

AI프로젝트를 성공적으로 추진하기 위해서는 각 부서 간 협력이 필수적이고, 이를 위해 각 부서 간 정보 공유가 반드시 필요하다. 또 프로젝트 검토 내용이나 진행 상황을 파악할 수 있는 프로젝트 계획서를 작성하여 각 부서장들이 공유할 수 있게 해야 한다.

AI 도입을 수행하는 PM이 프로젝트를 잘 관리하기 위해서는 ①발주 회사에게 업무 요건을 요구하지 말고 AI시스템 개발 회사가 제안하여

함께 검토하고 결정해 나가야 한다. ②PoC는 여러 번 개발 사이클의 반복을 전제로 스케줄을 짜야 한다. ③발주 회사에서 조직을 횡단하는 Traverse 프로젝트 검토 팀을 편성, 임원급을 의사 결정자로서 참여시켜야 한다.

📚 사용자에게 요건 정의를 해 달라고 하면 안 돼

AI 도입은 개발하는 시스템에서 실현할 시스템 요건과 그 시스템 운영에 필요한 업무 요건 2개를 정의해야 한다. 이를 위해 PM은 이용하는 AI기술 사용법을 잘 이해하고 유사 사례를 사전에 파악해 두어야 한다.

AI 도입을 능숙하게 추진하려면 종래의 SI 시스템 개발과 다른 노하우가 요구된다. 그중에서 가장 중요한 것은, AI 도입에서는 시스템 구축 주체인 사용자에게 요건을 요구해서는 안 된다는 것이다. AI 도입은 크게 두 종류로 나눌 수 있다. 신상품 서비스계 AI(신상품 서비스 창출형 프로젝트)와 업무계 AI(업무 개혁형 프로젝트)이다.

업무계 AI 도입은 업무를 효율화하는 것을 목표로 하는 기존 업무가 있는 경우와 이러한 기술을 이용해 지금까지 할 수 없었던 것을 새로 만드는 것을 목표로 하는(기존 업무에 없는) 경우로 나눌 수 있다. 기존 업무가 있는 프로젝트는 성취하고 싶은 요건만 결정하면 기존 업무 요건이 이미 존재하므로 SI 방식의 시스템 개발 프로세스와 크게 다르지 않다. 그러나 기존 업무에 없는 업무계 AI 도입이나 신상품 및 서비스계 AI 도입은 업무 요건이라는 게 없다. 따라서 SI 방식의 시스템 개발과 프로젝트 진행 방식이 크게 달라진다.

특히 신상품 서비스계 프로젝트는 복잡성이나 영향 범위가 넓기 때문에 난도가 가장 높다. 그러므로 신상품 서비스계 AI 도입을 전제로 한 AI 도입 진행 방식을 설명하고자 한다. 이를 알아 두면 업무계 AI 도입에도 응용할 수 있다.

AI시스템을 개발할 때는 2개의 요건을 정의할 필요가 있다. 새로 개발할 시스템 요건과 그 시스템 운영에 필요한 운영 업무 요건 등이다.

SI 방식의 시스템 개발은 기존 업무 프로세스를 시스템화하는 것이 주된 목적이므로 업무 요건만 정하면 된다. 이에 비해 AI시스템 개발은 신규 사업에 대처하기 위한 업무 요건이 정해져 있는 게 아니기 때문에, 우선 '무엇을 하고 싶은가?'라는 서비스 요건이 있고, 그 서비스를 실현하기 위한 업무 요건 순서로 정의해 나가야 한다. [그림 1-4]

[그림 1-4] SI 방식 시스템 개발과 AI개발의 요건 정의 프로세스의 차이

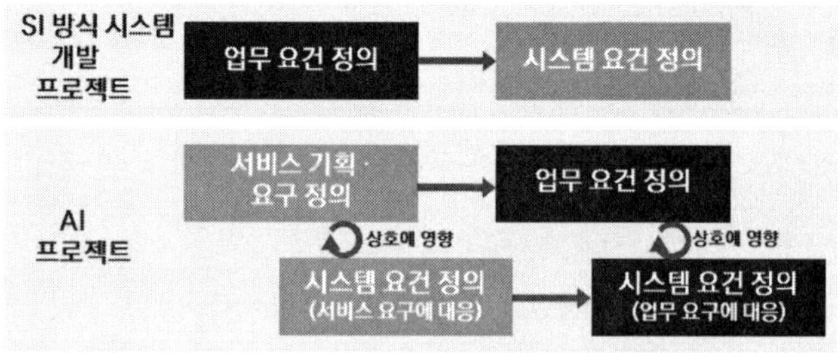

출전: Nikkei Systems (2019년 10월호)

📚 AI 도입 PM에게 요구되는 3가지 조건

그러면 PM은 시스템 요건이나 업무 요건 정의 작업에 어떻게 관여해야 할까? 시스템 요건이나 업무 요건을 결정하는 것은 사용자니까 사용자의 결정을 기다리면 된다는 자세로는 AI 도입을 원활하게 진행할 수 없다.

사용자에게 기획을 모두 해 달라고 하면 시스템화 계획을 확정할 수 없게 된다. 프로젝트가 제대로 형성되지 않고 끝나 버리거나, 계획이 확정됐다 해도 비현실적인 내용이 되기 쉽다. 이러한 상황을 피하기 위해 PM에게 다음 3가지가 요구된다. ①최신 AI기술의 사용 방법을 이해한다. ②경쟁 및 유사 사례를 항상 파악해 둔다. ③시스템 요건 및 과제를 적극적으로 정리하여 제안한다.

📚 PM은 AI 등 최신 기술 사용 방법을 이해해야

AI라는 용어를 들으면 AI로 무엇을 할 수 있을까, 퍼뜩 떠오르는 아이디어가 없을까? 심층 학습$^{Deep\ learning}$이나 기계 학습 등의 의미를 설명할 수 있을까? PM은 AI 최신 기술을 이용하여 무엇을 할 수 있는가를 이해하는 기본 지식을 숙지하고 있어야 한다. AI기술의 많은 키워드를 전부 이해(예: 기계 학습이 알고리즘과 관련된 로지스틱 회귀$^{Logistic\ Regression}$, 나이브 베이즈$^{Naïve\ Bayes}$)하는 등 그 구체적인 처리 내용까지 알아야 할 필요는 없겠지만, PM으로서 중요한 것은 최신 기술의 용도, 즉 최신 기술을 사용해 무엇을 할 수 있는가? 를 이해하는 것이다. [그림 1-5]

[그림 1-5] 최신 기술을 이해할 수 있는 PM과 이해할 수 없는 PM의 차이

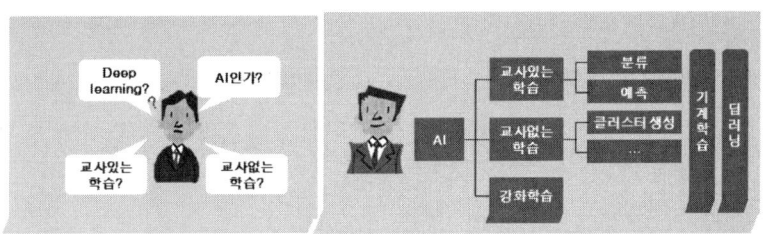

출전: Nikkei Systems (2019년 10월호)

　AI를 이용한 시스템 개발에는 몇 가지 패턴이 있다. 속성 데이터나 이력 데이터, 로그 데이터나 이미지 파일을 이용하는 경우는 분류나 예측이 주요 목표다. 분류는 잡다한 데이터를 몇 개 그룹으로 나누는 것이며, 예측은 지금 있는 데이터를 기본으로 장래의 상황 등을 예측하는 것이다.

　AI활용의 대표적인 예라고 할 수 있는 심층 학습에 의한 이미지 인식은 분류의 일종이다. 이미지에 비치고 있는 것이 고양이인가를 판별하고, 방범 카메라에 비치는 사람의 움직임으로 수상한 사람인지를 판별하는 것이다.

　문장 등의 텍스트 데이터를 다루는 자연어 처리는 번역이나 문장 요약 및 생성 등을 실현한다. 이용자 문의에 회답하는 챗봇^{Chatbot}도 질문에 대한 최적의 대답을 찾는 자연어 처리 일종이다.

　이러한 AI의 용도, 즉 AI로 무엇을 할 수 있는지를 이해하지 못하면 공상 만화 같은 서비스 기획이 되어 버려, AI 도입의 성공을 기대할 수 없게 될 것이다. 기술에 대한 요점을 이해하고 있으면 그 기업의 강점을 살린 AI 도입을 제안할 수 있게 될 것이다.

AI시스템 도입 회사의 강점 중에서 가장 중요한 것은 데이터이다. AI시스템 개발은 충분한 데이터를 필요로 한다. 기업이 데이터를 충분히 갖고 있지 않으면 아무리 우수한 기획이라도 실현할 수 없게 될 것이다. 기업이 보유하고 있는 데이터와 AI시스템 도입은 항상 함께 생각해야 한다. AI 도입을 기획할 때, 기업이 보유한 데이터를 조사하는 것은 매우 중요하다.

기계 학습 엔지니어나 데이터 사이언티스트가 프로젝트 멤버로 참여하고 있으므로 자신은 최신 기술에 정통하지 않아도 괜찮다고 생각하는 PM이 있다. 실제로 프로젝트 현장에서 이러한 전문가가 말하는 기술 용어는 난해해, PM이 충분히 이해할 수 없는 문제가 종종 발생한다. 하지만 이러한 PM은 자신이 이해하지 못하면 그 기획의 실현성을 자신 있게 판단할 수 없을 것이다. PM은 자기 나름대로 AI기술의 핵심을 제대로 이해하여, 자신의 언어로 프로젝트 관계자에게 설명할 수 있어야 한다. AI기술로 무엇을 할 수 있는지를 PM이 확실히 알고 있어야 해당 프로젝트를 원활히 추진할 수 있다.

경쟁 및 유사 사례를 항상 파악해야

최신 AI기술 내용을 파악하는 과정에서 사용자의 경쟁사나 유사 기업 사례를 자연스럽게 알게 될 수도 있을 것이다. 이때 얻은 정보는 매우 중요하다. AI 도입은 시스템 개발을 하는 회사 입장에서도 적극적으로 제안할 수 있어야 한다. 제안할 수 있는 소재를 많이 가지고 있는 것은 사용자로부터 신뢰를 얻을 수 있는 PM이 되기 위해서도 중요하다.

기획 단계만이 아니라 설계 단계에서 UI$^{User\ Interface}$나 UX$^{User\ Experience}$를 검토할 때 타사 사례는 크게 참고가 된다. 타사에서는 이런 것을 하고 있다고 항상 말할 수 있는 준비를 해 둬야 한다.

요건을 적극적으로 정리하여 제안할 수 있어야

SI 방식의 시스템 개발은 사용자가 요건을 정의하고 결정하는 것이 일반적이다. 그러나 AI 도입은 사용자의 기획을 기다리고 있는 것이 아니라, 최신 AI기술로 할 수 있는 것을 먼저 제안해 가면서 항상 사용자와 함께 기획이나 업무 요건을 정리해 나가야 한다. 여기에서 말하는 정리란 사용자가 낸 아이디어를 구조화하고 구체화하여 실현성이나 우선순위를 정하는 것을 말한다.

기획 단계의 사용자 요구는 요건이 아닌 과제일 뿐이거나 여러 가지 서비스 요구가 실제로는 1개의 요건으로 정리될 경우도 있다. AI시스템 개발자는 [그림 1-6]과 같이 이것을 구조화하여 구체화해 나갈 필요가 있다.

이를 구조화하고 구체화하면 이런 것도 할 수 있구나, 이것은 포기하자 등의 새로운 발상이 나오게 된다. 개발자도 이런 것도 가능하다고 적극적으로 제안함으로써 사용자가 보다 좋은 기획을 할 수 있게 된다.

[그림 1-6] 고객의 요구를 구조화·구체화해 간다

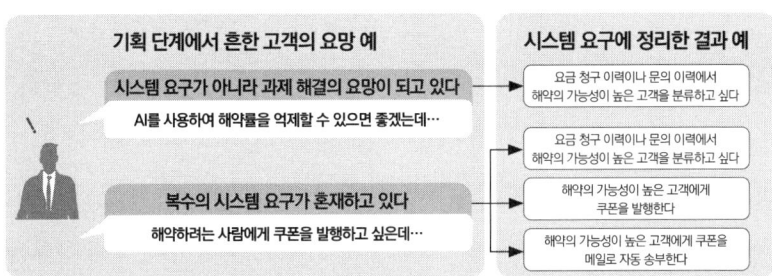

출전: Nikkei Systems (2019년 10월호)

특히, AI 도입 기획 단계에서는 사용자로부터 하고 싶은 것에 대한 다양한 의견들이 나오게 된다. 이러한 것들에 대한 실현성을 적절히 평가하기 위해서도 사용자의 요건을 정리하는 것이 필수적이다. 구체적인 예를 들어 보자. 사용자에게서 다음과 같은 아이디어—시스템 이용자의 SNS의 댓글에서 해약할 것 같은 느낌을 감지하고 싶다.—가 나왔다고 할 때, PM인 당신은 실현성을 어떻게 평가할 수 있을까?

언뜻, AI를 사용하면 실현할 수 있을 것 같은 생각이 들 수 있다. 그러나, SNS의 댓글 데이터는 시스템 이용자가 승인하지 않는 한 취득할 수 없다. 트위터^{Twitter}는 댓글 데이터를 취득하는 API$^{Application\ Programming\ Interface}$를 공개하고 있지만, 모든 이용자에게 공개되어 있는 댓글 외에는 취득할 수 없다. 이처럼 충분한 데이터를 취득할 수 없는 경우, AI시스템 개발은 어렵게 된다.

실현성 평가는 충분한 데이터만이 아니라 개발 비용이나 개발적인 난도, 기술적인 난도, 시스템 이용자의 협력을 얻기 위한 난도, 관련 시스템 조정의 난도 등을 복합적으로 검토해야 한다. PM은 이러한 다면적 검토를 할 수 있는 아이디어를 정리해야 한다.

📚 불확실성에 맞설 수 있는 팀을 만든다

기획 단계에서 실현성이 있다고 판단하더라도 그 후 단계에서 많은 과제가 나오게 된다. '예상하고 있던 데이터가 바로 입수되지 않는다.' '불충분하다.' 'AI의 정확도가 낮다.' 'IoT에서 채용 예정이었던 기기 개발이 지연된다.' 등이 그 예다. 이처럼 AI 도입은 불확정 요소가 많다.

이때, 단지 상황 변화를 기다리지 않고 스스로 해결하기 위해 상황을 정리해 필요한 제안을 해 나가는 것이 AI 도입을 성공시키는 비결이다. PM은 수동적이면 안 된다. 사용자와 개발자가 한 팀이 되어 변화에 유연히 대응할 수 있는 팀메이트를 만들어 가는 것이 중요하다.

1-2
애자일인가? 워터폴인가?

　AI 도입은 애자일^{Agile} 개발이 일반적이라고 생각하기 쉽지만 실제로는 꼭 그렇지 않고 워터폴형이 적합한 케이스도 많이 있다. 프로젝트 특성에 따라 개발 프로세스를 유연하게 적용해야 한다. AI 도입의 시스템 개발 흐름은 SI 방식의 시스템과는 다르다. 그럼 어떠한 수순에 맞게 진행하면 좋을까?

　[그림 1-7]은 AI 도입의 대표적 개발 프로세스 중의 하나이다. 프로젝트 내용이나 예산 및 체제에 따라 개발 프로세스가 달라진다.

　[그림 1-7]을 보면 언뜻 워터폴형으로 보일지 모른다. AI 도입의 경우 요건 정의에서 설계, 개발 순서대로 진행해 가는 워터폴형이 아니라 짧은 사이클로 개발 및 테스트를 반복하는 애자일형이 적합하다고 생각하고 있는 사람이 많다. 그러나, AI 도입에 항상 애자일형이 적합하다고 할 수는 없다. 오히려 워터폴형이 적합한 프로젝트가 다수 있다. 이 장에서는 우선 [그림 1-7]과 같은 워터폴적인 개발 프로세스를 바탕으로 프로젝트 진행 방식을 단계별로 설명한다. 애자일형은 어떤 경우에 채용해야 하는지, 또 어떻게 도입해야 할 것인지에 대해서도 알아본다.

[그림 1-7] AI프로젝트의 개발 프로세스(예)

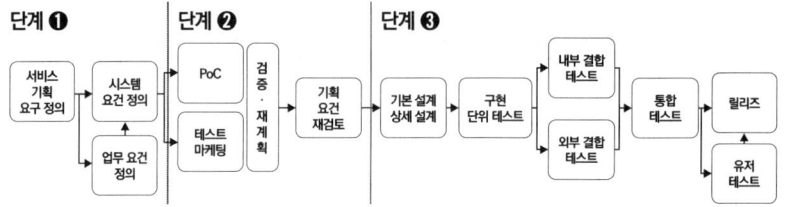

출전: Nikkei Systems (2019년 11월호)

서비스의 기획과 요구 정의를 한다

먼저 단계 ①에서 요건·요구 정의를 한다. 새로운 서비스를 개발하는 AI프로젝트에서는 기존 업무라고 하는 것이 존재하지 않는다. 그래서 우선은 서비스의 기획과 서비스 요구 정의를 실시한다.

서비스의 기획이란 '사용자(서비스 이용자)는 누구인가?' '어떠한 과제?'의 3항목을 명확히 하는 것이다. 이들이 애매하면 요건 정의에서 무엇을 담아야 할지의 판단 축이 흔들려 버린다.

이 3항목을 명확히 할 때의 포인트는 사용자의 관점을 만족시키는 것이다. 3항목이 제대로 정해져 있는 것처럼 보여도 사용자의 관점에서 검증되어 있지 않은 경우가 많이 있다. AI프로젝트의 기획은 예상하는 사용자의 과제나 니즈^{Needs}가 존재하는지 확인되어 있지 않으면 실패할 확률이 높아진다. 아무도 사용하지 않게 되는 것이다.

그다음, 서비스의 요구 정의를 진행한다. 기획안을 실현하기 위해 어떠한 디바이스로, 어떠한 기능을 필요로 할지를 예를 들어 다음과 같이 정리한다.

IoT 프로젝트 예

- 진동 모니터링의 IoT 센서를 사용하여 진동 상태에서 고장을 예측한다.
- 사용자의 스마트폰에 고장 리스크를 통지한다.

AI 프로젝트 예

- 과거의 일별 주문 데이터를 이용하여 최적의 스태프staff 수를 예측한다.
- 예측 결과를 점장에게 메일로 통지한다.

📚 시스템 요건 정의와 업무 요건 정의

서비스 요구 정의를 마치면 시스템 요건 정의와 업무 요건 정의를 한다. 먼저 서비스 요구를 바탕으로 시스템 요건을 결정한다. 구체적으로는 서비스 요구의 내용으로부터 '입력 데이터' '처리의 내용' '출력 데이터'를 정리하여 기능이나 데이터의 목록을 정의한다.

기능·데이터를 정리한 후, 시스템이 어떠한 구성이 될지도 정의한다. [그림 1-8]

[그림 1-8] 서비스 요구를 기본으로 시스템의 기능이나 구성을 정의한다

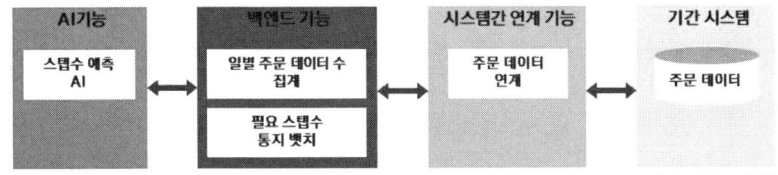

출전: Nikkei Systems (2019년 11월호)

업무 요건 정의란 서비스 요구를 충족시키기 위해 어떠한 업무에 AI를 도입할지의 개요를 업무 플로우로 정리하는 것이다.

IoT 프로젝트 예
- 고장 예측 검지 후의 메인터넌스 제안
- 일정 조정 업무의 플로우

AI프로젝트 예
- 필요한 인력^{Staff} 예측을 이용한 시프트 생성 업무 플로우
- 예측에 대한 결과의 입력 업무 플로우

📚 PoC나 테스트 마케팅을 실시, 재검토

요건·요구 정의가 끝나면 단계 ②로 이동한다. 여기에서 실시하는 것이 PoC(Proof of Concept=개념 실증)나 테스트 마케팅이다. 이들을 통해 기획의 검증이나 재검토한다. 이 프로세스가 가장 AI프로젝트다운 공정이라 할 수 있다.

AI기술을 이용하여 미지의 서비스를 개발하는 AI프로젝트에서는 워터폴형으로 최초의 요건을 엄밀히 정의하여 그대로 개발하면 다양한 리스크가 있다. PoC나 테스트 마케팅이라고 하는 공정을 만들어 기획을 검증, 필요에 따라 재검토하거나 수정을 한다.

PoC는 단계 ①에서 정의한 기획이나 아이디어가 실현 가능한지를

검증하는 작업이다. AI나 IoT를 이용한 서비스의 경우, 가장 일어나기 쉬운 리스크는 '원하는 정확도가 나오지 않는다' '실용적이지 않다'는 것이다. 그 이외에도 '엔지니어의 스킬이 부족하다' '이용하는 알고리즘이 적합하지 않다' 등의 리스크가 잠재하고 있다. 이들 리스크를 배제하기 위해 PoC를 2~3회 정도 반복할 수 있는 스케줄을 짜야 한다. 물론, 제한 없이 반복할 수는 없으므로 3개월 등 구체적인 기간을 정해 실시한다.

테스트 마케팅은 PMF$^{Product\ Market\ Fit}$를 확인하기 위해 실시한다. 개발하려는 제품이나 서비스가 마켓 즉 사용자의 니즈에 적합한지를 검증하는 것이다.

수십억~수백억 원 단위의 많은 돈을 들여 아무도 사용하지 않는 시스템을 만들고 말았다는 비극은 현실에서 자주 일어난다. 이를 피하기 위해 목업$^{Mock-up}$이나 프로토타입^{Prototype} 등의 MVP(Minimum Viable Product=검증 가능한 필요 최소한의 프로덕트)를 사용하여 예상되는 사용자에게 서비스의 이미지를 확인받고, 빨리 피드백을 받아 PMF의 미스매치를 최소한으로 방지하는 것이 중요하다.

PoC나 테스트 마케팅을 하려면 그 결과를 검증한다. AI의 예측 결과가 실제로 쓸 수 있는 정도의 정확도인지, 사용자 니즈에 맞는 서비스인지 등을 검증하여 개발을 진행해야 할지, PoC 기간을 연장해야 할지, 서비스 내용 자체를 재검토해야 할지 등의 재계획을 짠다.

임시로 개발을 진행하는 경우라도 그대로 진행하는 경우는 드물다. 많은 경우, PoC의 결과나 테스트 마케팅의 결과를 보고 기획·요건의 재검토를 하게 된다. 재검토를 한 다음 단계 ③으로 진행한다.

📚 AI에서도 시스템 설계는 필수

단계 ③에서 실시하는 것은 시스템의 설계나 구현, 테스트이다. 우선은 '설계'라 함은 기본 설계나 상세 설계이다. AI프로젝트라고 해서 설계가 불필요하다고는 할 수 없다. 예를 들면 [그림 1-9]와 같은 구성의 시스템을 개발하는 경우, UI$^{User\ Interface}$ 등의 프론트^{Front}나 백 엔드의 기능, 기타 모듈의 일관성을 확보하기 위해 설계는 필수이다. 어떠한 입력 데이터를 사용할까, 그 데이터를 기본으로 어떠한 정도의 설계를 했는가를 정리해 두지 않으면 운용 단계에서 시스템을 보수하기 어렵게 된다.

[그림 1-9] AI프로젝트에서의 시스템 구성의 예

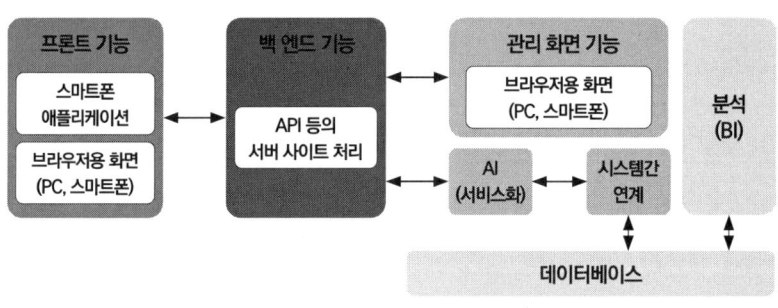

출전: Nikkei Systems (2019년 11월호)

AI는 일방적인 서비스이므로 요건이나 사양은 변하기 쉽다. 그렇기 때문에 끊임없이 변경해 갈 필요가 있다. 그러므로 설계 단계에서는 최소한의 설계 다큐먼트로 억제하는 것이 중요하다. 또, 기본 설계의 다큐먼트와 상세 설계 다큐먼트를 별도로 만들면 메인터넌스의 수고가 증가하게 되므로 가능한 1개로 정리할 필요가 있다.

📚 테스트에 요구되는 것은 SI 개발 방식과 동일

설계가 끝나면 기본·상세 설계서를 가지고 구현한다. 단 앞에서 설명한대로 요건이나 사양이 변하기 쉬우므로 그때마다 테스트 사양서를 만들면 메인터넌스가 뒤따라가지 못한다. 그러므로 CI$^{Continuous\ Integration}$의 일환인 자동 테스트 툴을 도입하면 좋을 것이다.

기존의 CRM사용자 관계 관리 시스템과 연계하거나 기간계 시스템에서 데이터를 취득하는 등 연계 시스템이 있는 경우는 외부 결합 테스트를 제대로 해야 할 필요가 있다.

이때, 발주 기업 내의 관계 부서와 사전 조정을 배려하는 것이 포인트이다. IT 부서 등 연계 시스템의 관리 담당자가 유연한 스케줄로 대응해 주는 경우는 거의 없다. 시간적인 여유를 가지고 사전에 협의하여 스케줄과 테스트의 내용을 조정할 필요가 있다.

최종 품질 보증 테스트인 통합 테스트는 AI서비스 개발에서도 필수적이다. 단위 시스템으로 동작하는 간이적인 툴 레벨의 서비스라면 필요가 없겠지만 복수의 시스템으로 구성되는 경우, 서브 시스템 전부를 접속한 상태에서 테스트한다.

본가동 수준의 데이터 양^{量}으로 처리할 수 있는지를 체크하는 성능 테스트나 시스템 운용을 예상한 테스트, OS나 브라우저 등 작동 환경을 확인하는 비기능 요건 테스트도 요구된다. 서비스에 따라서는 취약성 진단도 필요하다. 이 같은 품질 보증에 대한 의식은 SI 개발 방식과 같다.

사용자 테스트도 중요하다. 서비스 공개 전에 한정된 사람들에게 실제로 이용하게 하여 피드백을 받아 개선해 가는 프로세스이다. 한정된 사람이란 기획 단계에서 예상한 타깃의 조건에 맞는 사람들을 가리킨다. 그중에서 얼리 어댑터$^{Early\ adaptor}$라고 불리는 비교적 새로운 것을 좋아하는 사람을 선정해야 할 것이다. 새로운 것에 보수적인 사람에게 의견을 물어도 부정적인 의견만 나올 것이기 때문이다.

공개 대상자의 사람 수는 10인 정도로 하는 것이 좋다. 너무 많은 의견이 나와도 그 의견을 읽고 이해하기 힘들기 때문이다.

사용자로부터 피드백을 받으면 서비스를 재검토하거나 수정한다. 피드백 내용이 서비스의 핵심 기능이나 UX에 관한 경우는 개선 후 그 결과를 한 번 더 사용자에게 확인받는다. 피드백의 내용이 경미한 것이면 한 번의 사용자 테스트로도 괜찮을 것이다. 여기까지 마치면 드디어 릴리즈이다. 덧붙여서 베타판 릴리즈와 같이 폭넓게 사용자의 피드백을 받는 방법도 있다.

애자일이 적합한 4가지 조건

지금까지 살펴본 바와 같이 AI 도입도 SI 방식의 시스템 개발 프로세스와 크게 다르지 않다. 시스템 개발 프로세스의 하나이다. 하지만 AI나 IoT 등과 같이 최신 기술을 이용한다든지, 누구도 본 적이 없는 신규 서비스를 처음부터 만든다든지 등의 AI 도입에는 특유의 리스크와 특성이 있다. 따라서 이를 고려한 개발 프로세스로 튜닝해 가는 것이 요구된다. 여기까지 워터폴형 개발 프로세스를 기준으로 AI시스템 도입 방식을 설명해 왔다. 일반적으로 AI 도입은 애자일 개발 프로세스가 적합하다고 생각하기 쉽다. 물론, 애자일 개발 프로세스가 적합한 경우도 있다. 단, 애자일 개발은 다음과 같은 4개의 전제 조건을 충족시킬 때 적합하다.

①시스템 개발 규모가 크지 않다. ②고품질이 요구되는 시스템이 아니다. ③프로덕트 오너가 있어 의사 결정을 바로바로 할 수 있다. ④스킬이 높은 엔지니어를 확보하고 있다 등의 조건을 충족시키지 못하면 애자일 개발은 스케줄 지연이나 프로젝트 중단 등 중대한 트러블을 초래할 수 있다. 이러한 조건에 대해 상세히 알아보자.

시스템 개발 규모가 크지 않은 경우

개발 규모가 크면 관련된 멤버 수가 많아진다. 그만큼 커뮤니케이션 비용이 증가한다. 멤버 각각의 스킬과 지식 레벨의 차이, 이해력 차이 등으로 다음과 같은 커뮤니케이션이 요구되기 때문이다.

① 가르치고 이해시키기 위한 커뮤니케이션
② 사양의 일관성을 유지하기 위한 커뮤니케이션
③ 품질 레벨을 일정하게 유지하기 위한 리뷰
④ 팀으로서 모티베이션을 위한 커뮤니케이션(감정적인 다툼을 일으키지 않는 등)

스킬 레벨이 서로 다른 사람이 많으면 멤버의 작업량을 조정하기가 어렵다. 개발 스피드가 올라가지 않으면 생산성이 낮아져 애자일 개발의 강점이 나오지 않게 된다. 프로젝트 내용에 따라 다르지만 프로덕트 오너를 포함해 4~5명 정도로 팀을 짜는 것이 좋을 것이다.

이 조건에 맞는 AI 도입은 단계적인 RPA$^{Robotic\ Process\ Automation}$ 도입 프로젝트, 이미지 인식 등 단기능 AI개발 프로젝트, IoT 제품의 프로토타입 개발 프로젝트 등이 여기에 해당된다. [그림 1-10]

단, 이들은 어디까지나 전형적인 예로, 실제로는 프로젝트 내용에 따라 다를 수 있다.

[그림 1-10] AI프로젝트 테마에 따라 애자일의 적용 여부는 다르다

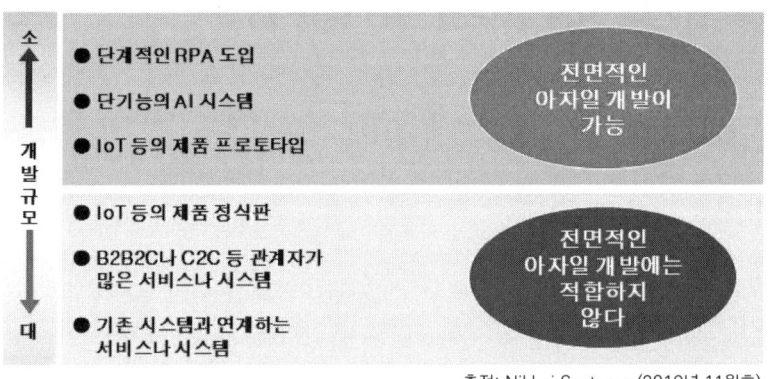

출전: Nikkei Systems (2019년 11월호)

📚 고품질을 요건하는 시스템이 아닌 경우

　B2B2C(기업용 서비스를 제공=사용자 기업이 그것을 일반 소비자에게 제공하는 방식)와 같이 다양한 관계자가 등장하는 서비스 시스템 또는 기존 시스템과 연계하는 시스템의 경우, 높은 레벨의 품질을 요구할 수 있다. 그러므로 프로토타입 개발은 애자일형으로 해도 괜찮겠지만, 본시스템 개발 시에는 반드시 엄밀한 품질 보증 테스트가 필요하다. 즉, 워터폴형 개발이다.

　예를 들면, 호텔 예약 서비스의 경우 서비스 제공자, 숙박 시설 담당자, 예약자라고 하는 세 사람의 기능이 있다. 각 기능에 대한 사양Specification의 일관성 확보나 전체 업무 흐름을 확인하는 통합 테스트가 필요할 것이다. 기존 시스템과 연계하는 서비스 시스템이라면 사양 조정의 타이밍을 맞출 필요가 있으므로 품질 보증을 위한 연계 테스트를 해야 한다. 기존 시스템과의 연계 테스트는 사전에 스케줄, 테스트 케이스나 테스트 데이터, 테스트 수순 등을 조정한 다음 실시한다. 일반적으로 연계 테스트는 결합 테스트와 통합 테스트를 적어도 2회 실시한다. 필연적으로 워터폴형이 되기 쉽다.

📚 프로덕트 오너가 있어 의사 결정을 할 수 있어야

　규모나 내용이 애자일에 적합한 프로젝트라고 해도 프로젝트 팀 체제가 애자일 프로세스에 맞는지 확인할 필요가 있다. 애자일 개발의 요체는 빨리 시스템을 개발하여 사용자의 요건을 충족시키는 데에 있다. 그럼, 사용자의 요건을 충족시키고 있는가에 대한 판단은 누가 할까?

시스템 오너인 시스템 사용자다. 시스템 오너는 이름만 올려놓고, 최종 승인자가 프로젝트 팀원이 아닌 팀원의 상위직에 있는 부장이나 임원이면 의사 결정에 시간이 걸리기 때문에 애자일 개발은 원활히 진행되기 어렵다.

상위직에 있는 임원이나 부장에의 사전 보고와 승인에 시간이 걸리는 등 작업 비용도 증가하기 때문이다. 시스템 개발 현장의 상황이나 업무 요건을 세밀히 파악하지 못하고 있는 부장이나 임원의 한 마디로 밥상이 뒤집힐 위험도 있다. 그러므로 AI 도입 기획 내용과 개발 현장을 잘 파악하고, 프로젝트 본연의 모습을 이해하고 있는 시스템 오너에게 의사 결정 권한이 주어져야 한다. 시스템 오너가 시스템 개발팀과 물리적으로 가까운 장소에서 개발 시스템을 즉시즉시 판단할 수 있어야 한다.

📚 스킬이 높은 엔지니어 확보하고 있어야

애자일 개발에서는 엔지니어 스킬이 높아야 한다. 엔지니어의 스킬 부족하면 개발 기간이 길어지고 품질에 문제가 발생할 수 있기 때문이다. 빨리 업무 요건을 보면서 시스템 개발을 생각하는 것 자체가 불가능해져 시스템 개발의 끝이 보이지 않게 된다. 애자일 개발에 대한 불신감이 생겨 프로젝트 자체가 중지되어 버릴지 모른다. 여기에서 말하는 스킬은 프로그래밍 스킬만이 아니다. 시스템 오너의 요건을 이해하고 해석하는 스킬도 중요하다.

📚 부분적으로 애자일을 도입해야

전면적으로 애자일 개발을 도입할 수 없다고 해도 부분적으로 애자일적인 개발 방식을 도입하는 것은 가능하다. 오히려 부분적인 도입을 적극적으로 검토해야 한다. 애자일적인 진행 방식이란 목업$^{mock-up}$을 기본으로 개발 요건을 상세화하는 등 개발을 수반하지 않는 반복 작업을 말한다. 애자일 도입이 가능한 곳은 기획~요건 정의, 설계~구현의 2개 공정이다. 구체적으로 [그림 1-11]의 ①과 ③ 부분이다.

[그림 1-11] AI프로젝트의 개발 프로세스와 애자일 도입이 가능한 공정

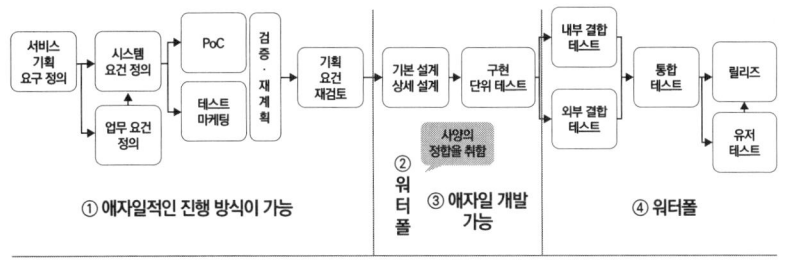

출전: Nikkei Systems (2019년 11월호)

먼저 ①(기획~요건 정의)에 대해 알아본다. AI 도입의 경우, 처음부터 명확한 요건을 정의하기 어렵다. 기획 단계에서 실현하고 싶은 시스템 이미지를 그림으로 표현하여, AI서비스 아이디어를 반복해 보완·수정한다. 요건 정의도 그림만으로는 UX 이미지가 부각되기 어려우므로 목업$^{Mock\ Up}$을 만든다. 그리고 기능 요건을 목업에 반영해 요건을 확정 ^{Freezing}하는 반복적인 검토가 필요하다. PoC나 테스트를 거쳐 기획 내

용이나 요건을 재검토하는 공정도 넓은 의미로는 애자일적인 방식이라고 생각할 수 있다.

단, 부분적인 애자일이라고 해도 프로덕트 오너에 따라 의사 결정 체제나 일정 수준 이상의 스킬을 가진 멤버가 필요하다. 기획~요건 정의에서는 스킬이 있는 플래너^{Planner}, UI 및 UX 디자이너를 멤버에 추가해야 한다.

개발을 시작하기 전, 규격Specification의 일관성을 유지해야

또 하나 ③(설계~구현)에서 상세한 사양을 애자일적으로 확정하는 것이 가능하다. 예를 들면 화면이나 초기 표시 등은 요건 정의 단계에서는 너무 상세화하지 말고 실제 화면을 보면서 사양을 구체화해 가는 것이 효율적이다. 그러나, 아무것도 정해 놓지 않고 개발을 시작하면 안 된다. 개발을 시작하기 전에 기능 간, 데이터 간 사양의 일관성을 유지할 필요가 있다. [그림 1-11]의 ②가 이에 해당한다. 또, 기존 시스템과 인터페이스하는 경우, 인터페이스 사양도 ②에서 확실히 조정할 필요가 있다.

단위 테스트 이후에는 애자일 프로세스가 기본적으로 적합하지 않다. 그러므로 워터폴적으로 순서에 따라 진행한다. AI시스템 개발은 무조건 애자일적으로 개발해야 한다고 우기지 말고, 먼저 프로젝트가 애자일에 적합한지, 개발팀이 애자일에 적합한 체제로 구성되어 있는지를 체크해야 한다. 만약 애자일 개발이 어려운 경우에는 부분적으로 애자일 방식을 채용하는 방법을 생각한다. AI 도입은 애자일이나 워터폴의 양자택일이 아니다. 각각의 좋은 부분을 취하여 추진하는 것이 프로젝트를 성공적으로 이끄는 포인트가 된다.

ARTIFICIAL
INTELLIGENCE

제2장

AI시스템 구상

2-1
AI시스템 서비스 기획

    AI프로젝트 구상은 SI 방식의 시스템 개발 프로젝트와 다르다. 어떻게 만들 것인지를 생각하기 전에 무엇을 만들 것인지를 결정해야 하기 때문이다. AI시스템 구상 단계에서 결정해야 할 4가지 항목과 이 단계의 근간이 되는 서비스 기획의 추진 방법에 대해 알아보자.

    먼저 AI 도입 최초 공정인 구상 단계에서의 SI 방식의 시스템 개발과의 차이에 대해 알아보자. [그림 2-1]

    SI 방식의 시스템 개발 프로젝트는 프로젝트 종류에 따라 해결해야 할 과제와 해결 방침의 방향이 결정된다. 예를 들면 패키지 도입이나 시스템 이행, 시스템 통폐합 등이 있다. 이러한 경우, 해결해야 할 과제는 비용 삭감이나 버그 패치, 보안·취약점 업데이트 등의 소프트웨어 버전 업그레이드와 제품 장애에 대한 기술 지원에 대한 대응 등이다. 해결책도 SAP, 오라클 EBS 등의 패키지를 도입하거나 개발 언어를 코볼^{COBOL}에서 자바^{Java}로 바꾸는 등 대체적으로 예상이 가능하다.

[그림 2-1] 구상 단계에서의 SI 방식 시스템 개발과 AI와의 차이

	SI 방식 시스템 개발 프로젝트	AI 프로젝트
프로젝트 종류	패키지 도입 시스템 이행 시스템 통폐합 등	신규 서비스 개발 업무 지원 AI툴 개발 등
대처 과제의 검토 상황	과제가 명확 (코스트 삭감 등)	정하고 있지 않다 (누가 어떠한 과제를 해결해야 할지부터 결정)
해결 방침	해야 할 것이 보인다 (패키지 도입/인프라 아키텍처 쇄신 등)	정하고 있지 않다 (이제부터 해결 방법을 결정한다)
구상 단계의 작업 내용	How가 중심 (제품 선정이나 코스트, 계획 등)	What가 중심 (누구에게 무엇을 제공하는가)

출전: Nikkei Systems (2019년 12월호)

어느 정도 '무엇을 만들지'가 명확하므로 구상 단계에서는 제품 선정이나 기대 효과, 비용 견적 등 어떻게 할까(How)에 중점을 둔다.

그러나 AI 도입은 다르다. 무엇을 만들 것인가(What)를 정의하는 것부터 시작한다. 예를 들면, B2C(소비자용) 서비스 작업의 경우 누구(어떠한 소비자)에게 왜 어떠한 서비스를 제공할지를 먼저 정의한다.

SI 방식의 시스템 개발처럼 기존 시스템이나 기존 업무가 있는 게 아니라 필요한 시스템을 제로 베이스에서 결정해야 한다.

구상 단계는 본래 누구를 위한 서비스인지가 애매한 경우도 있다. 특히 블록체인이나 얼굴 인식 등의 기술을 이미 가지고 있는 회사의 경우, 그 기술로 무엇을 하려고 하는 프로덕트-아웃Product-out적인 발상이 되기 쉽다. 이렇게 되면 AI 도입은 잘 진행되지 않는다. 누구에게 제

공할지가 확실하지 못한 서비스는 사용자의 니즈^{Needs}에 부합하지 못한 서비스가 되기 쉽다. 적지 않은 투자를 했지만 사용자가 원하지 않는 서비스가 되고 만다. 사용자가 원하는 서비스가 무엇인지를 먼저 파악하여 마켓인$^{Market-in}$적인 발상이 필요하다. 시스템을 개발하기 전, 구상 단계에서의 기획 내용이 AI 도입 성패에 큰 영향을 미치게 된다.

일단 시스템 개발을 시작하면 비용이나 스케줄 제약으로 기획 단계로 다시 돌아가기 어려운 것이 현실이다. 따라서 AI 도입에서 구상 단계는 매우 중요한 공정이다. 구상 단계에서 구체적으로 어떠한 일을 해야 할지 알아보자. 구상 단계는 요건 정의 직전까지, 즉 요구 정의를 포함한다.

구상 단계에서 결정해야 할 4개 항목

AI 도입 구상 단계에서 정해야 할 주요 항목은 ①서비스 기획 ②서비스 요구 정의 ③사업 전략 및 계획 작성 ④프로젝트 계획서 작성 등 4항목이다. [표 2-1]

이 4개 작업은 순서에 따라 진행하는 것이 좋다. 각 작업 간에는 [그림 2-2]와 같은 관계가 있기 때문이다. 이 4개의 작업을 하나씩 알아보자.

[표 2-1] 구상 단계에서 결정해야 할 4항목

결정해야 할 것	작업 내용	성과물
①서비스 기획	• 유저와 그 과제의 특정 • 과제에 대한 해결안(서비스 요구/시책)의 정리 • 이용하는 기술의 정리	• 대상 유저/과제의 정리 • 시책/아이디어 목록 • 서비스 컨셉/개요도

②서비스 요구 정의	• 서비스의 액터/유스케이스 정리
	• 유스케이스별 서비스 이용/운영 플로우의 정리 (화면 이미지 포함)
	• 시스템 기능, 업무 기능, 엔티티의 정리
	• 시스템 구성안의 작성
		• 액터/유스케이스 목록
		• 서비스 이용/운영 플로우
		• 메뉴 · 상품안
		• 시스템 기능 요구 목록
		  데이터 목록
		  업무기능요구 목록
		  시스템 전체 구성도

③사업 전략 · 계획	• 전략 책정(3C/4P) • 메뉴/가격 결정 • 매상 시나리오/예측 작성 • 코스트 견적 • 사업 계획 작성	• 사업 전략 • 서비스 설명 자료(설명, 가격 등) • 사업 계획
④다음 단계 계획	• 프로젝트 계획서(겸 요건 정의 작업 계획)작성	• 프로젝트 계획서(겸 요건 정의 작업 계획서)

출전: Nikkei Systems (2019년 12월호)

[그림 2-2] 구상 단계에서 결정해야 할 4항목의 관계성

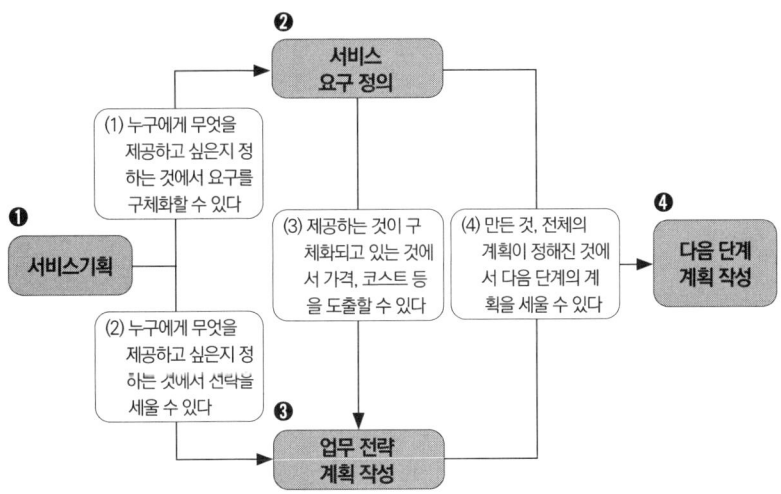

출전: Nikkei Systems (2019년 12월호) pp.63 그림을 수정·가필하였음

✏️ 서비스 기획

먼저, 누구의 어떤 과제를 어떻게 해결할지를 결정한다. '누구의 어떤 과제'란 프로젝트 대상이 일반 소비자(toC)일 경우에는 소비자가 어떠한 속성을 가지고 있고 어떠한 고민이나 생각을 하고 있는지를 예상한다는 것이다. 프로젝트 대상이 기업(toB)인 경우라면 어떤 업종에서 어떤 업무 과제를 안고 있는 기업을 대상으로 할지를 결정해야 한다. 누구의 어떤 과제가 결정되면 그 정해진 과제를 해결할 아이디어나 해결 방법을 결정한다. 그 아이디어와 해결 방법을 정리하면 그것이 바로 서비스가 된다. 이를 실현하기 위해 어떤 기술이 필요한지도 검토한다. 이상의 작업이 완료되면 서비스 요건 정의에 들어간다. 서비스 기획이 정해져 있지 않으면 서비스 요건 정의를 할 수 없다. 예를 들면 기업용 서비스를 개발하는 경우, 대상 업종이나 해결해야 할 업무 과제가 정해져 있지 않으면 어떤 기능을 준비해야 할지를 결정할 수 없는 것이다. 니즈에 부합하지 않는 서비스가 될 가능성이 있다. 아울러 서비스 기획 성과는 사업 전략 및 계획 작성에도 필요하다. 누구에게 무엇을 제공할지가 정해져 있지 않으면 경쟁사가 누구인지도 알 수 없고, 경쟁사에 대처해야 할 전략도 짤 수 없다. 예컨대 '경쟁사를 이길 수 있는 가격은 어떻게 설정할 것인가?' '상품의 우위성을 어떻게 확보해야 할 것인가?' 등을 결정할 수 없다는 말이다.

✏️ 서비스 요구 정의(시스템 요구 및 업무 요구 정의)

서비스 기획에서 정한 과제의 해결안(서비스안이나 시책안)을 구체화하는 단계다. '누가 어느 상황^{Scene}에서 어떤 시스템 기능을 사용하는가?'

'어떤 데이터가 발생하는가?' '어떤 업무에서 필요한가?' 등을 검토한다. 여기까지 끝나면 사업 전략 및 계획 작성에 들어간다. 기능의 이미지를 정리하면 경쟁사의 서비스와 비교하기 쉬워져 메뉴나 가격도 정할 수 있다. 필요한 시스템 기능이나 구성, 업무 기능이 명확해지므로 비용 견적도 할 수 있다. 또, 판매 가격과 비용을 바탕으로 사업 계획을 짤 수 있다.

✎ 사업 전략 및 계획 작성

서비스 요건 정의 내용을 바탕으로 사업 전략을 짠다. 어필해야 할 우위성, 가격, 판매 방법 등을 결정한다. 또 몇 년 안에 손익 분기점에 도달할 수 있을지를 분석한다. 이 작업이 끝나면 프로젝트 계획서 작성에 들어간다. 사업 계획상 언제까지 무엇을 만들지를 정하지 않으면 요건 정의 작업 범위가 정해지지 않는다. 요원 계획도 없이 요건 정의 작업에 들어갈 수는 없다.

✎ 프로젝트 계획서 작성

서비스 개발 프로젝트 요구 정의와 업무 선택 계획을 합친 프로젝트 계획서를 작성한다. 요구 정의 작업 대상이 되는 기능이나 요구 정의 작업의 성과물, 추진 체제, 스케줄 등의 계획서를 작성한다. 그리고 예산 편성이나 사내 인력 준비, 개발 회사 준비 등 프로젝트를 셋업한다. 이렇게 보면 이들 4개 항목 검토가 마치 워터폴로 진행되는 것처럼 보일지 모른다. 그러나 실제는 그렇지 않다. 예를 들면 일단 메뉴나 가격 결정을 했어도 비용 회수에 시간이 너무 많이 걸린다는 것을 알게 되어 재검토에 들어가는 경우가 많다. 구상 단계에서 이러한 재검토는 당연하다. 기존 상품 및 서비스 개량이나 개선이 아니므로 검토가 진행됨에 따라 실제로 눈에 보이는 부분이 많아지기 때문이다. 어느 정도 왔다 갔다 반복할 수 있는 여유 있는 스케줄을 짜 두어야 하는 이유이다.

서비스 기획에서 사용자 과제를 예상

앞에서 설명한 구상 단계의 4개 항목 중 구상의 근본을 이루는 서비스 기획의 구체적인 작업 프로세스는 다음과 같다. 먼저 기본적으로 대상 사용자와 과제를 정의한다. [그림 2-3]

[그림 2-3] 서비스 기획의 작업 프로세스

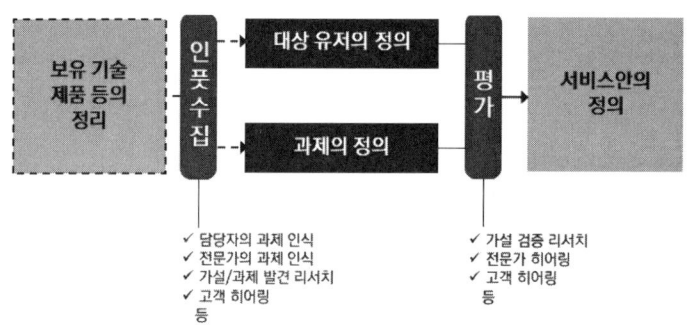

출전: Nikkei Systems (2019년 12월호)

누구의 어떠한 과제를 해결하기 위한 서비스인지를 결정하는 것이다. 또, 그 과제의 해결책을 생각한다. 이 해결책이 서비스안이 된다. 프로젝트에 따라 기업이 이미 보유하고 있는 기술이나 제품 사용을 전제로 할 수 있다. 이때, 서비스에서 해결해야 할 과제는 이들 기술이나 제품에 관계되는 과제로 좁힐 수 있다. 예를 들어 얼굴 인식 AI를 가진 회사가 그 기술을 사용해 서비스를 만드는 경우에는 얼굴 인식에 관련된 사용자의 행동이나 그 과제에 한정해 검토할 수 있다. 구체적으로는 점포 내의 카메라에 비친 고객을 인식함으로써 해결할 수 있는 과제를 생각할 수 있다. 자사의 보유 기술이 없는 경우에는 이 작업 프로세스는 생략하고 대상 사용자나 과제 정의부터 시작한다.

양질의 입력 자료를 모아야

 대상이 되는 서비스 이용자나 과제는 어떻게 정할 것인가? 가장 먼저 해야 할 일은 입력될 정보를 수집하는 것이다. AI 도입 담당자가 평소에 느끼고 있는 생활이나 비즈니스 과제가 힌트이다. 사내 전문가에게 얻은 정보를 입력하는 경우도 있다. B2C(소비자용) 서비스를 개발하는 경우, 사내에서 입력 자료를 모을 수 없을 때도 있다. 이때는 가설 발견을 위한 조사를 해도 좋다. 관찰로 사람들 행동 스타일을 파악하는 에스노그라피^{Ethnography} 조사가 대표적이다. B2B(기업용)의 경우 사내의 고객 창구 부서나 고객 기업에서 히어링^{Hearing}하는 방법도 있다. 입력 자료를 모으는 작업은 매우 중요하다.

📚 대상의 서비스 이용자와 과제를 정의해야

입력 자료를 수집한 다음에는 대상 서비스 이용자와 과제를 정의한다. B2C의 서비스에서는 이용자의 성별이나 나이, 이용하고 있는 상품, 어떤 상황에서 어떤 부족한 점이나 니즈를 가지고 있는가를 정리한다. 여기에서 가상의 기업 프로젝트를 설정하여 대상이 되는 서비스 이용자와 과제를 생각해 보자. 전국적으로 제과점 체인을 가지고 있는 A사가 B2C의 신규 사업을 시작하려 한다. A사의 프로젝트 멤버는 우선 [그림 2-4]의 A안과 같이 대상 사용자와 과제를 정의했다. 대상 사용자는 빵을 좋아해서 아침 식사로 맛있게 먹고 싶지만 평소 제과점에 들르지 못하는 비즈니스맨을 타깃으로 하고 있다. A안 내용을 사내에서 논의한 결과 신규로 B안도 채택되었다. A안은 점포에 오지 않은 이용자가 타깃이므로 배송을 전제로 한 서비스가 된다. B안은 점포에 오는 이용자가 타깃이므로 점포 내에서 제공하는 서비스이다.

[그림 2-4] A사가 정의한 대상 유저와 과제

	대상 유저		과제
A안	빵이 좋아 조식에 맛있는 빵을 먹고 싶다고 생각하고 있는 도시부의 비즈니스맨	×	빵집의 빵을 사고 싶지만 빵집 오픈 시간대에 귀가할 수 없다. 사재기하여 냉동할 시간도 없다. 가능하면 건강이나 칼로리에도 배려하고 싶다.
B안	자신의 점심으로 빵을 구입하는 20~30대의 여성 오피스 워커	×	칼로리나 영양표(철분이나 비타민 등)를 통합적으로 고려하여 조합을 결정하고 싶지만 계산이 귀찮거나 영양표를 잘 모른다

출전: Nikkei Systems (2019년 12월호)

이 두 과제 모두를 해결하려면 서로 다른 서비스 두 개를 동시에 준비해야 한다. 구상 단계에서의 작업도 2배가 된다. 인력이나 예산이 충분한 경우에는 두 개 서비스를 모두 개발할 수 있겠지만, AI 도입은 SI 방식의 시스템 개발 프로젝트보다 검토해야 할 요소가 많아 여러 곳에 손을 대면 실패할 가능성이 크다.

대상 이용자의 과제 평가

서비스 이용자와 과제를 정의해도 그 과제를 담당자가 예상할 수 있는 경우는 드물다. 이용자와 과제를 정의할 때, 가설 발견 리서치나 고객 히어링 자료 등을 입력하면 사실에 근거한 과제 설정이 가능하지만, 담당자나 전문가의 히어링 자료만 입력하면 분명 이러한 일은 곤란하다고 생각, 실제로는 존재할 수 없는 과제를 설정할 가능성이 있다.

이를 방지하기 위해 양적, 질적 평가를 한다. 우선 양적 평가를 보자. 이용자 수를 파악하기 어려운 경우는 인터넷 설문 조사나 자사 사용자 앙케트 등을 실시해 어느 정도 이용자가 이 과제의 필요성을 느끼고 있는지를 조사한다. 인터넷을 이용하여 광범위하게 조사해도 좋고, 자사의 고객을 대상으로 조사해도 좋을 것이다. 앙케트 결과를 보면 어느 정도 이용자 수를 예측할 수 있을 것이다

A사의 경우 빵은 좋지만, 제과점과 가깝지 않은 도시의 비즈니스맨이 몇 명 정도인지를 조사한다. 이용자 수는 서비스 아이디어가 복수인 경우, 어디를 우선해야 할지에 대한 판단 기준이 되기도 한다. 다음

은 질적 평가이다. 설정한 과제가 적절한가? 의 여부를 조사하거나 과제 내용을 더욱 구체화한다. 조사 전문 기관에 의뢰하는 등 예상한 타깃에 적합한 사람을 실제로 모아 인터뷰한다. A사 예는 출근 시간이나 퇴근 시간, 식사 방법이라고 하는 이용자의 실제 생활에 대한 고민과 빵에 대한 생각이나 기대 등의 살아 있는 목소리를 들으면 된다. 이렇게 하여 가설을 구체화하면 해결안을 결정하기 쉽다.

서비스(안) 정의

서비스(안)이란 어떠한 것인지를 정리하기 위해 [그림 2-4]에서 보여주고 있는 2개의 사례를 다시 보자. [그림 2-4]의 과제 부분은 과제 해결(안)인 동시에 서비스(안)가 된다. 과제를 어떻게 해결하면 좋을지에 대한 아이디어를 내 보자. 프로젝트 멤버끼리 서로 의견을 교환하면서 다양한 방법을 생각해 낸다. A사는 대상 이용자 과제를 3개로 분류, 각각에 대해 다음과 같은 아이디어를 도출했다.

과제①: 빵집이 영업 중인 시간대에 귀가할 수 없다.
아이디어1: 한번 신청하면 정기적으로 도착할 수 있다.
아이디어2: 웹 사이트에서 매번 주문할 수 있다.
과제②: 미리 사서 냉동할 시간도 없다.
아이디어3: 냉동한 상태로 배송한다.
과제③: 건강이나 칼로리도 배려하고 싶다.
아이디어4: 빵 종류 선택을 개인화하여 제안하는 구조를 제공한다.

이렇게 열거해 보면 아이디어1과 아이디어2에서는 필요한 구조가 다르다. 아이디어1은 서브스크립션^{Subscription} 구조이고, 아이디어2는 EC(전자 상거래) 구조다. 양쪽 모두를 실현하는 방법도 있지만, 인적 자원이나 예산 면에서 곤란하다면, 몇 개 아이디어를 정리하여 서비스(안) 패턴을 만든다.

A사는 크게 2개의 서비스(안)를 준비했다. [그림 2-5] 하나는 A사에서 추천한 빵을 조합해 정기적으로 배송하는 서비스(안)이다. 이용자 수고는 적지만 선택의 자유도가 없다. 또 다른 하나는 이용자가 좋아하는 타이밍에서 빵을 주문할 수 있는 서비스(안)이다. 이때 빵의 조합 방법을 A사가 추천하되 최종적으로는 이용자가 구입할 빵을 선택한다. 이러한 서비스(안)는 문자 정보만으로는 이미지 부각이 어려워 공통 인식이나 이해를 얻지 못할 우려가 있다. 그림이나 이미지로 만들면 사내에서 논의가 쉬워진다.

[그림 2-5] A사가 고안한 2개의 서비스안

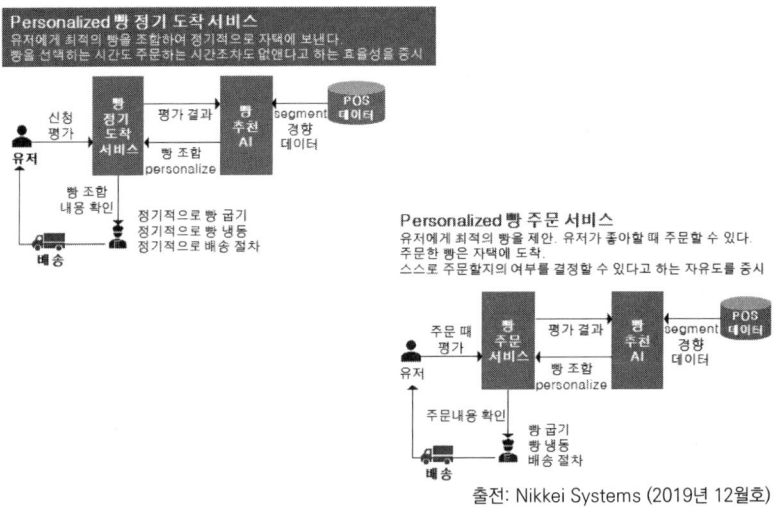

출전: Nikkei Systems (2019년 12월호)

📚 서비스(안) 검토 및 선점

서비스가 정해지면 서비스를 구체화해 나간다. 서비스 상품 내용이나 정의, 실제 사용자의 이용 흐름^{Flow}을 구체화해 나가면서 시스템 기능이나 필요한 데이터, 발생하는 업무 등을 정리한다. 서비스를 좁히지 않으면 각각의 서비스(안)에 대한 시스템 요건 및 업무 정리 작업이 발생, 상당한 인력이 필요하기 때문이다.

서비스를 좁힐 때의 평가 기준은 예상 효과(과제의 해결 정도), 비용(초기 비용, 운영 비용), 실현 난도, 등이 있다. 이 평가 기준에 근거해 상기 사례의 각 서비스(안)를 평가해 보자. [그림 2-6]

[그림 2-6] 2개의 서비스안의 평가

서비스 안		효과	코스트	실현 난이도
①personalized 빵 정기 도착 서비스	高?	유저에 있어 수고가 거의 없다. 단, 선택할 수 없으므로 불만이 나올 가능성 있음	中 정기 주문을 위해 정리하여 대응할 수 있으므로 코스트를 낮출 수 있다	高 빵의 정기 도착의 콘셉트를 받아들일까 어떨까
②personalized 빵 주문 서비스	高?	스스로 좋아하는 것을 선택하는 만족도가 있다. 단, 시간이 없는 가운데 선택하는 자체가 귀찮을 가능성 있음	高 따로따로 주문이 오기 때문에 대응 코스트가 올라가 버릴 우려가 있다	中 매번 주문하므로 EC와 변함없다

출전: Nikkei Systems (2019년 12월호)

    고객이 바쁘다는 점을 고려하면 2개의 서비스(안) 가운데 ①의 방법이 효과가 있을 것이다. 그러나 고객이 빵을 선택할 수 없는 구조이기 때문에, 고객의 불만이 나올 가능성이 있다. ②는 빵을 선택할 수 있지만 주문하는 수고를 불만으로 느낄 가능성이 있다. 비용은 업무가 복잡해지는 ②가 높을 것이다. 한편, 실현 난도는 ①의 방법이 높다. 냉동 빵의 정기적인 배달이라는 구조 자체가 없으므로 그 구조를 구축하는 데에 비용이 많이 들고, 이용자가 받아들이기 어려울 수 있다. 이런 점에서 볼 때 A사의 경우 ①안과 ②안의 우열을 가리기 어렵다. 또, 이렇게 서비스를 생각하고 있는 시점에서는 확실한 예측할 수 없다. 이용자의 과제 해결 효과가 높다고 생각해 비용을 투입한다고 해도 실제 그 효과는 얻을 수 없을지도 모른다.

    결국, 경영상 판단으로 ①, ② 중 어느 한쪽을 선택하게 되므로, 임원이나 CEO 등 경영층이 적극적으로 관여해야 한다. A사는 난도는 높되 가장 과제를 잘 해결할 수 있을 것 같은 서비스인 ①을 선택했다.

2-2
AI사업 전략 및 계획 작성

　AI 도입 구상 단계의 4가지 항목 중 이 장에서는 서비스 요구 정의, 사업 전략·계획 작성, 프로젝트 계획서 작성에 대해 알아보자. 먼저 필요한 시스템 기능이나 업무 흐름^{Flow}이 명확한 프로젝트 계획을 짜야 한다. 계획을 제대로 세우면 관계자의 협력을 얻기 쉬워 성공적인 프로젝트를 기대할 수 있다. 서비스 요건 정의 작업 목적은 서비스 내용을 구체화하는 것이다. 앞에서 A사는 사용자에게 최적의 빵을 조합해 정기적으로 배달한다는 서비스를 선택하였다. 그러나 '아직 어떤 상품을 제공할 것인가?' '어떤 기능을 제공할 것인가?' '어떤 업무가 필요한가?' 까지는 구체화하지 않았다. 실제 서비스를 이용하는 상황^{Scene}을 머릿속에 그려 가면서 이들을 구체화하여, 다음 단계인 프로젝트 추진 계획서 작성 단계에서 실시하는 요건 정의 범위를 명확히 하는 것이 서비스 요구 정의 단계의 목표다. 여기의 출력이 다음 단계의 입력이 된다. [그림 2-7]

[그림 2-7] 구상 단계에서 실시하는 4항목

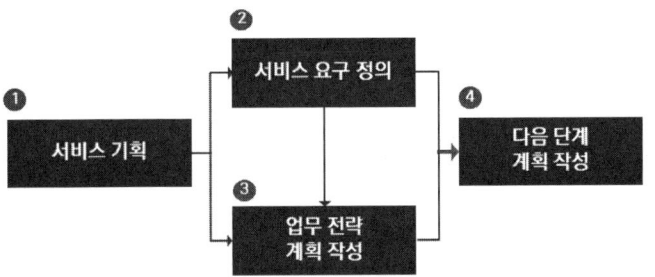

출전: Nikkei Systems (2020년 1월호)

📚 서비스 요구 정의

서비스 요구 정의 전체 흐름을 정리해 보자. 여기서 요구란 서비스로 무엇을 제공 및 실현하고 싶은가를 말한다. 즉, 서비스 요구되는 기능이나 업무이다. 서비스 요구 정의에서는 서비스 등장인물과 이용 상황 및 관련 방법에 대한 업무 흐름도를 작성하여 필요한 기능(액터/유스케이스)을 정리한다. 각각의 이용 씬^{scene}, 참여 방법을 흐름도^{flow}로 구체화하여(유스케이스 분석) 필요한 기능을 정리, 최후에 서비스 제공 메뉴나 상품을 결정한다.

이들은 '시스템 기능 요구 정리' '업무 기능 요구 정리'라고 한다. [그림 2-8]

[그림 2-8] 서비스 요구 정의의 흐름

출전: Nikkei Systems (2020년 1월호)

먼저, 서비스에서 등장하는 인물과 각각의 서비스 이용 상황과 이용 방법을 파악한다. 등장인물을 '액터^{Actor}' 이용하는 상황이나 방법을 '유스케이스'(Usecase=사용 사례=고유의 기능 단위)라고 한다. 서비스의 전체 구성도를 보면서 어떤 액터가 등장할지를 생각한 다음, 액터별로 제공하는 서비스 내용(유스케이스)을 정리한다. [그림 2-9]

[그림 2-9] 서비스 개요도와 액터/유스케이스 정리

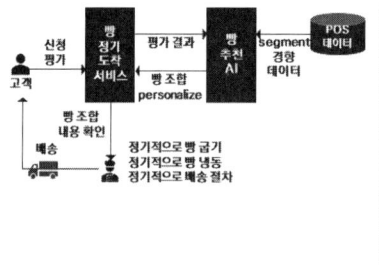

액터	유스케이스 분류	유스케이스
유저	신규 신청	정기 도착 서비스에 신청
		도착 내용을 확정한다
	먹는다	도착한 빵을 먹는다
	변경 취소	신청 내용을 변경한다
		신청 내용을 취소한다
빵집	주문 확인·상품 준비	주문한 빵을 구워 냉동한다
	배송 준비	포장한다
		상품을 배송 수속을 한다
배송업자	배송	상품을 집수, 배송한다

출전: Nikkei Systems (2020년 1월호)

이 단계서는 유스케이스를 완벽히 찾아내지 않아도 된다. 우선은 서비스를 이용하는 액터나 서비스 제공자의 주된 행위[behavior]를 알아내는 것이 중요하다.

액터별로 흐름도 정리해야

유스케이스 분석에서는 각각의 액터(고객)가 언제, 무엇을 하는지에 대한 흐름도를 정리한다. 모바일 등 화면 서비스의 경우, 화면 이미지도 준비하여 이용 상황과 이용 방법을 구체화한다. 이 작업을 통해 서비스의 내용을 세부적으로 정리하는 것이다. 예를 들어 고객이 정기 도착 서비스를 신청한다고 하는 상황을 흐름도로 작성해 보자. 간단한 흐름도를 그리기만 해도 검토가 필요한 포인트가 여러 개 보인다. 구체적으로는 서비스 대응 지역이나 플랜, 가격, 신청 시 선택 가능한 항목, 등을 어떻게 정할지에 대한 것이다.

대응 지역이나 플랜, 가격, 신청 시의 선택 사항 등을 검토하는 작업은 상품 및 메뉴 검토 정도이다. A사의 경우, 빵이라는 상품을 월별 정액제로 제공하는 서비스를 만들려고 하고 있다. 제공하는 상품이나 제공 방법을 먼저 정리하지 않으면 어떤 화면으로 해야 할 것인지를 검토할 수 없다. 또, 빵을 추천하는 AI시스템의 구조도 생각할 수 없다. 그러므로 먼저 상품이나 메뉴를 검토해야 한다. 상품 및 메뉴는 이용자 개개의 과제와 그 해결 방법을 정리함으로써 구체화할 수 있다. 각 과제에서 검토 요소를 찾아내 상품 및 메뉴로 검토한다. 최종적으로는 메인의 빵을 선택한다, 크림빵이나 반찬 빵은 추천, 몇 끼분을 매월 배송

할지를 결정할 수 있다와 같이 상품이나 메뉴 요건의 골자가 정해진다.
[그림 2-10]

[그림 2-10] '유저 과제'에서 '상품·서비스 개요'를 도출한다

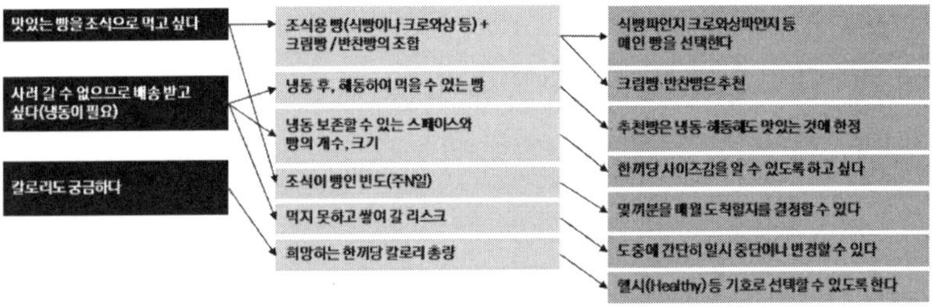

맛있는 빵을 조식으로 먹고 싶다	조식용 빵(식빵이나 크로와상 등) + 크림빵 / 반찬빵의 조합	식빵파인지 크로와상파인지 등 메인 빵을 선택한다
사러 갈 수 없으므로 배송 받고 싶다(냉동이 필요)	냉동 후, 해동하여 먹을 수 있는 빵	크림빵·반찬빵은 추천
칼로리도 궁금하다	냉동 보존할 수 있는 스페이스와 빵의 개수, 크기	추천빵은 냉동 해동해도 맛있는 것에 한정
	조식이 빵인 빈도(주N일)	한끼당 사이즈감을 알 수 있도록 하고 싶다
	먹지 못하고 쌓여 갈 리스크	몇 끼분을 떼 별도 착절지를 결정할 수 있다
	희망하는 한끼당 칼로리 총량	도중에 간단히 일시중단이나 변경할 수 있다
		핼시(Healthy) 등 기호로 선택할 수 있도록 한다

출처: Nikkei Systems (2020년 1월호)

📚 이용자의 행동 흐름도 작성

정해진 상품 및 메뉴를 어떤 화면에서 제공할지, 또 이용자나 제공자가 무엇을 할지를 정리한다. 동시에 필요한 시스템 기능이나 데이터도 도출한다. 여기에서 화면을 세밀하게 그릴 필요는 없다. 이용자의 주요 행동 이미지가 부각될 정도의 화면만으로 충분하다. 다양한 브랜치Branch를 고려한 구체적인 화면 흐름도는 요건 정의 공정에서 작성한다.

화면을 그리면 문자로 작성하는 경우보다 검토하기가 쉽기 때문이다. 개발 기능 수를 파악하기도 쉽다. 화면 이미지는 시스템 개발 비용을 산출할 때의 재료가 된다. [그림 2-11]

[그림 2-11] 화면 전환의 이미지

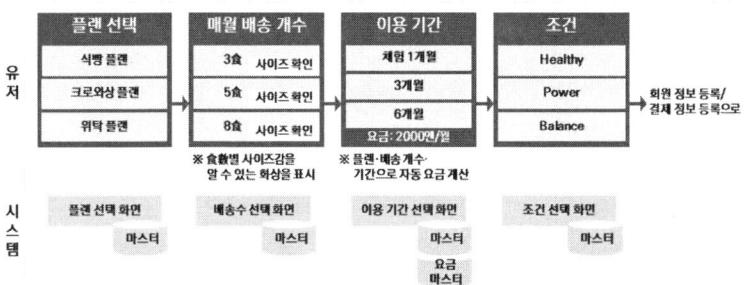

출전: Nikkei Systems (2020년 1월호)

이용자의 행동 흐름도만이 아니라 서비스 제공자의 업무 흐름도를 그려야 한다. [그림 2-12]는 고객이 주문한 빵을 구워 발송을 준비하는 업무 흐름도를 정리한 것이다. 서비스 제공자의 업무 흐름도를 그림으로써 상품의 내용을 더욱 세부적으로 구체화할 수 있다. 필요한 관리 화면이나 업무, 서비스 제공에 필요한 설비나 비품 등도 보이게 된다. 이러한 정보가 사업 계획을 세울 때, 원가 계산의 입력이 된다.

[그림 2-12] 서비스 제공자의 업무 플로우

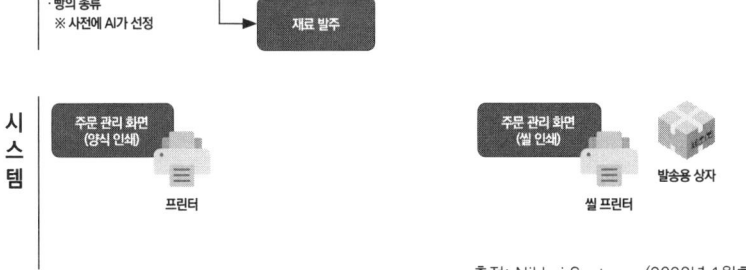

출전: Nikkei Systems (2020년 1월호)

📚 시스템에 요구되는 기능이나 데이터 정리

　시스템에 요구되는 기능·데이터, 그 시스템을 사용하는 업무의 모든 작업을 정리한다. [그림 2-13]의 왼쪽은 A사가 정리한 시스템 기능 목록이다. 이 작업의 토대가 되는 것이 유스케이스 분석을 정리한 업무 흐름도이다. 이를 것을 기초로 시스템 기능이나 데이터 목록을 작성한다. 사업 계획의 비용 계산이나 요건 정의 작업 견적의 입력이 된다. 반대로 이 목록을 정리하지 않으면 사업 계획도 분명하지 못하게 돼, 요건 정의 작업도 어려워진다. 이는 대단히 중요한 프로세스다. 시스템 기능만이 아니라 이 서비스를 운영할 때 필요한 업무도 목록화한다[그림 2-13 오른쪽]. 또한 사업 계획을 세울 때 서비스 운영에 어느 정도의 작업 시간과 인력이 필요하게 될지를 견적할 수 있는 자료가 된다. A사와 같이 씰 프린터나 발송용 상자 등의 비품이 필요한 경우는 이것들도 목록화해 둔다. 사업 계획을 작성할 때 코스트 견적에 필요하다.

　기능이나 데이터 등의 목록을 정리한 다음, 시스템 구성도를 그린다. 시스템 구성도는 요건 정의 이후의 계획을 세우거나 추진 체제를 구성할 때, IT 부서이나 개발 회사에 서비스를 설명할 때 편리하다. AI프로젝트를 리드하는 사람은 이 시스템 구성도를 항상 최신화하여 지금 만들고자 하는 것을 조감$^{Bird's\text{-}eye\ view}$할 수 있도록 해 둬야 한다.

[그림 2-13] 시스템 기능과 업무 기능 목록을 작성한다

기능 분야		시스템 기능		화면	서버
유저용 기능	신규 신청	플랜 선택		O	O
		매월 발송 개수 선택		O	O
		이용 기간 조회		O	O
		조건 선택		O	O
		회원 등록		-	O
		주문 등록		-	O
		...		...	...
현업		변경 취소		...	...
		...		...	...
	수주·배송	주문 처리	주문 목록 양식 인쇄	O	O
			씰 인쇄	O	O
				O	O
		...		...	...

기능 분야	업무
빵집	주문 확인
	재고 확인·발주
주문 확인~ 배송 준비	상품 준비(빵 굽기)
	발송 준비(씰 인쇄·발주용 박스 포장)
	...
	...

출전: Nikkei Systems (2020년 1월호)

📚 사업 전략 · 계획 작성

상품이나 서비스의 시스템 기능, 운영 업무 내용 등을 바탕으로 어느 정도 사용자를 확보할 수 있을지, 또 어느 정도 수익을 예상할 수 있을지를 작성하는 것이 사업 전략 · 계획 작성 작업이다. 사업 전략 · 계획 작성의 목적은 서비스 수익성을 검증하는 것이다. AI서비스가 그림의 떡이 되지 않도록 경쟁사나 대체 서비스와 비교해 우수한 것이 무엇인지, 중기적인 경쟁력은 무엇인지 등의 전략이나 수익 계획을 검토한다. 물론, 해 보지 않으면 알 수 없을 것이다. 그러나 차근차근 조사해 나가야 도입하고자 하는 AI서비스와 같은 서비스가 이미 있는지 알아낼 수 있게 된다. 대체 수단이 있는 상태에서 서비스를 개시한다면 아무도

사용하지 않을 것이다. 사용자를 확보했다고 해도 적자가 확실한 서비스를 시작해서는 안 될 것이다.

이 작업에서 수익성을 예측할 수 없는 경우, 서비스 내용 자체도 재검토하게 될 수도 있다. 하지만 필요하다면 재검토를 해 어느 정도 수익을 예상할 수 있는 계획을 세우는 것이 이 작업의 목표다.

3C 4P 기본 파악해야

사업 전략·계획 작성의 흐름을 정리해 보자. [그림 2-14]

[그림 2-14] 사업 전략·계획 작성의 흐름

출전: Nikkei Systems (2020년 1월호)

서비스 우위성 검토나 경쟁사 비교 등으로 추정한 가격 및 판매 방법 등을 바탕으로 비용을 계산하여 수익 모델을 작성(이익 계산)한다. 마지막으로 사업 전개 스토리를 정리하여 판매 계획 및 비용 계획을 세운다.

새로운 서비스나 상품을 생산하는 AI프로젝트에서는 '3C'나 '4P' 등의 마케팅 프레임워크를 이용하여 판매 전략을 정리해 두면 좋다. 이 외에도 다양한 프레임워크가 있으므로 사용하기 쉬운 것을 선택하면 된다.

3C는 '고객^{Customer}' '자사^{Company}' '경쟁사^{Competitor}'의 관계를 분석하는 것이다. 고객이 '아침에 자택에서 맛있는 빵을 먹고 싶지만, 빵집에 갈 시간이 없다' '우리 회사는 전국에서 가장 점포 수가 많고 커버하는 범위가 넓다'와 같이 규정한다.

경쟁이 있는 경우는 경쟁사가 제공하는 상품 내용이나 기능 등을 구체적으로 도출하여 예상 고객에게 어필한 자사 서비스의 포인트(강점)를 정리한다. 기존의 상품이나 서비스가 있을 때, 이러한 상품이나 서비스와 같은 것을 만들거나, 같은 판매 방법을 사용한다면 고객은 선택하지 않는다.

또한, 경쟁과 대체는 구별해 생각한다. 경쟁은 같은 니즈를 똑같은 방법으로 만족시키는 것, 대체는 같은 니즈^{Needs}를 다른 방법으로 충족시키는 것이다. 아침에 자택에서 맛있는 빵을 먹는다는 니즈에 대한 경쟁은 농협의 냉동 빵이다. 이에 대해 아침에 맛있는 빵을 먹는다는 니즈를 자택 이외에서 충족시켜 주는 빵집의 조식 세트는 대체 수단이다. 4P는 사업 계획을 세울 때 유용한 프레임워크이다. 상품^{Product}, 가격^{Price}, 판매 채널^{Place}, 프로모션^{Promotion}을 검토하는 것이다. 이 중 가격은 특히 중요한 요소이다. 상품의 원가(비용)나 제공 가치, 경쟁 및 대체 상품 등을 토대로 고객이 납득할 수 있는 가격을 매길 필요가 있다. A사의 사례에서는 경쟁하는 농협의 냉동 빵은 1개 2,000~3,000원, 제과점의 경우 세트로 4,000원 정도이다. 이 정도의 가격선이 1개의 기준이다. 판매 채널과 프로모션 수단은 이후 이익률 계산이나 판매 및 비용 계획에서 필요한 정보가 된다. 예를 들면 판매 채널로서 네트워크만이 아니라 점포 판매를 하는 경우, 점포 운영 비용을 고려하지 않으면 안 된다. 프로모션 수단으로 SNS 광고도 한다면 그 광고 비용도 감안해야 한다.

📚 적자 서비스 내지 않게 해야

새로운 서비스를 준비해 운영할 때, 어느 정도 비용이 들지를 계산해야 한다. 비용 산출과 계산이 불충분하면 정작 서비스를 개시했을 때 구조적인 적자가 발생할 수 있기 때문이다.

[그림 2-15]와 같이 비용의 종류를 정리해 각각의 항목에 대해 견적한다.

[그림 2-15] 코스트를 구조화하여 각 항목에 대하여 견적한다

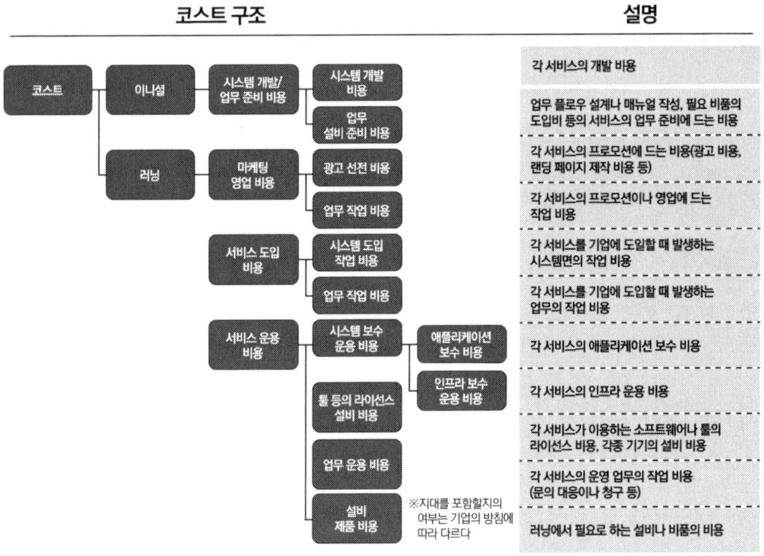

코스트 구조				설명
코스트	이니셜	시스템 개발/업무 준비 비용	시스템 개발 비용	각 서비스의 개발 비용
			업무 설비 준비 비용	업무 플로우 설계나 매뉴얼 작성, 필요 비품의 도입비 등의 서비스의 업무 준비에 드는 비용
	러닝	마케팅 영업 비용	광고 선전 비용	각 서비스의 프로모션에 드는 비용(광고 비용, 랜딩 페이지 제작 비용 등)
			업무 작업 비용	각 서비스의 프로모션이나 영업에 드는 작업 비용
		서비스 도입 비용	시스템 도입 작업 비용	각 서비스를 기업에 도입할 때 발생하는 시스템면의 작업 비용
			업무 작업 비용	각 서비스를 기업에 도입할 때 발생하는 업무의 작업 비용
		서비스 운용 비용	시스템 보수 운용 비용 → 애플리케이션 보수 비용	각 서비스의 애플리케이션 보수 비용
			→ 인프라 보수 운용 비용	각 서비스의 인프라 운용 비용
			툴 등의 라이선스 설비 비용	각 서비스가 이용하는 소프트웨어나 툴의 라이선스 비용, 각종 기기의 설비 비용
			업무 운용 비용	각 서비스의 운영 업무의 작업 비용 (문의 대응이나 청구 등)
			설비 제품 비용 ※지대를 포함할지의 여부는 기업의 방침에 따라 다르다	러닝에서 필요로 하는 설비나 비품의 비용

출전: Nikkei Systems (2020년 1월호)

📚 AI시스템 개발 비용 견적

✏️ 개발 규모에 의한 AI소프트웨어 개발비 산정

개발 규모에 의한 소프트웨어 개발비는 개발 원가, 직접 경비 및 이윤의 합으로 산정한다.

① 개발 원가에서 [그림 2-15]의 코스트 구조 중 시스템 개발 비용 견적은 서비스 요건 정의 프로세스에서 작성한 시스템 기능 목록이나 시스템 구성도가 중요하다. 시스템 기능 목록만이 아니라 기능을 파악할 수 있을 정도의 시스템 구성도와 데이터 구성도가 있어야 한다.

AI시스템 기능은 종래의 정보 시스템 개발 규모 견적에서 사용해 왔던 기능 점수(Function Point, 이하 FP라고 함)법에서 비즈니스적으로 가치가 있는 구체적인 사용자용 기능(개발자용 기능이 아닌), 즉 EI(외부 입력, 등록·수정·삭제 등), EO(외부 출력), EQ(외부 조회), ILF(내부 논리 파일), EIF(외부 인터페이스 파일) 등 5개 기능의 AI시스템에서 채용하고 있는 알고리즘의 수를 파악하여 전체의 개발 규모를 산정하는 피처 포인트$^{Feature\ Point}$법(이하 FeP라고 한다)을 권장한다.

FeP법은 SPR사의 Jones, C.가 1986년에 발표한 FP법의 확장이다. FP법이 리얼타임 시스템이나 과학 기술 계산 등의 알고리즘이 중심인 시스템에 적용할 수 없다는 지적에 대한 해결책으로서 FP법의 이미 있던 표준적인 파라미터 5개에 추가로 알고리즘이라고 하는 새로운 파라미터를 도입한 것이 FeP법이다. 알고리즘 파라미터에는 디폴트값으로 가중치 3을 적용하고 있다. 리얼타임 시스템이나 과학 기술 계산 시스템 소프트웨어에서는 논리 파일의 중요성이 종래의 경영 정보 시스템보다 약간 낮기 때문에 FeP에서는 논리 데이터 파일의 경험적인 가중치를 IBM법의 평균인 10에서 7로 줄였다.

FP법은 원래 고전적인 경영 정보 시스템을 대상으로 했기 때문에, 미사일 방어 시스템과 같은 리얼타임 소프트웨어, 오퍼레이팅 시스템과 같은 시스템 소프트웨어, 레이더 조종 패키지와 같은 임베디드 소프트웨어, 전화 교환 시스템과 같은 통신 소프트웨어, 제련소를 감시하는 프로그램 감시 소프트웨어, CAD나 CIM과 같은 공학 애플리케이션, 이산형 시뮬레이션, 수학적 소프트웨어 등에 반드시 최적이라고는 할 수 없었다. 즉 시스템 소프트웨어, 리얼타임 소프트웨어, 임베디드형 소프트웨어, CAD, AI 등이 대상이 된 것이다. 문제는 알고리즘이다. Jones에 의하면 알고리즘은 '어느 특정 컴퓨터 프로그램에 포함되어 있는 한정된 계산 문제(소프트웨어 개발의 정량화 수법 제2판, 참고문헌 14)'라고 정의하고 있다. 기본 설계서(외부 설계서)에서 알고리즘을 찾아내 그 개수를 카운트한다.

1. FeP(피처 포인트)는 시스템 및 엔지니어링 소프트웨어 응용 프로그램에 적용할 수 있는 기능 점수 측정의 슈퍼셋이다.
2. FeP는 시간 제약이 있는 실시간 시스템, 임베디드 시스템, CAD, AI 등과 같이 알고리즘 복잡도가 높은 응용 프로그램에 사용된다.
3. FeP는 정보 도메인 값을 카운트하여 계산하며 단일 가중치로만 적용한다.
4. FeP에는 또 다른 측정 매개 변수인 알고리즘이 포함된다.
5. FeP 계산을 위한 테이블은 [표 2-1]과 같다.

[표 2-1] FeP(피처 포인트) 계산 및 개발 원가 산정(예)

측정 매개 변수	개수	가중치	FeP 수	FeP 당 단가	개발 원가	비고
1. 외부입력(EI)	14	4	56	553,114	30,974,384	[표 2-3] EI기능 참조
2. 외부출력(EO)	21	5	105	553,114	58,076,970	[표 2-3] EO기능 참조
3. 외부조회(EQ)	34	4	136	553,114	75,223,504	[표 2-3] EQ기능 참조
4. 내부 파일(ILF)	18	7	126	553,114	69,692,364	[표 2-2] 참조
5. 외부인터페이스(EIF)	0	7	0	0	0	EIF 기능은 없음
6. 알고리즘(AL)	137	3	411	553,114	227,329,854	[표 2-3] AL기능 참조
계		-	834	553,114	461,297,000	

① 개발 원가는 [표 2-1]에서와 같이 측정 매개 변수별 개수에 각각의 가중치를 곱하여 FeP 수를 계산한다.
② 직접 경비는 예상되는 여비, 회의비, 현장 조사비 등을 계산한다. 여기에서는 직접 경비는 생략한다.
③ 이윤은 개발 원가의 10%를 적용하였다. 따라서 개발 원가 461,297,000(천 원 이하 절사) × 0.1 = 46,129,700원이 된다.

따라서 개발 규모에 의한 소프트웨어 개발비는 ①개발 원가 + ② 직접 경비 + 이윤 = 461,297,000원 + 0원 + 46,129,700원 = 507,426,000(천 원 이하 절사)원이 된다.

참고로 측정 매개 변수별 기능 개수 및 알고리즘 개수는 [표 2-2] 및 [표 2-3] 자료를 참고하였으며, 개발 규모에 의한 AI소프트웨어, 개발비 산정 방식은 워터폴 개발 방식의 도급 계약에 활용할 수 있을 것이다.

[표 2-2] AI시스템 파일목록 및 ERD 정의서(예) (데이터 기능)

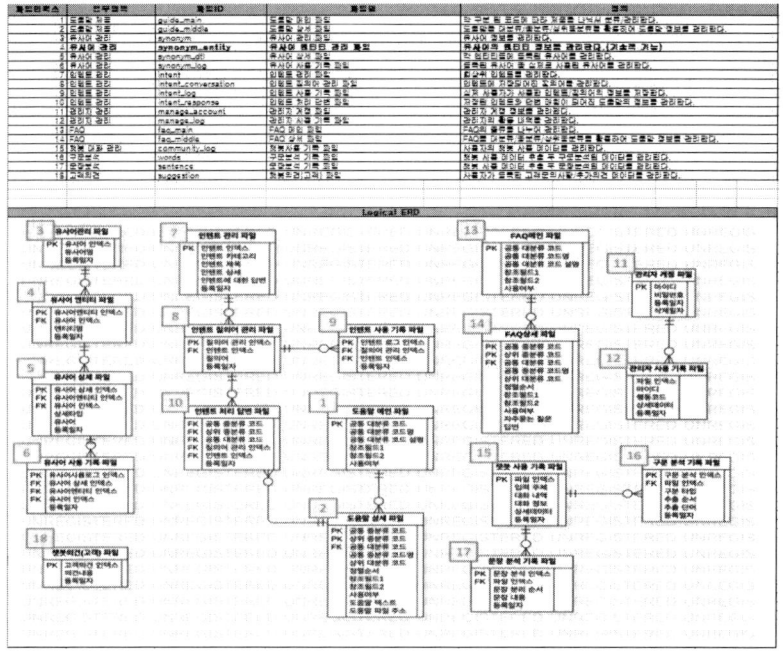

[표 2-3] AI시스템 트랜잭션 기능 및 알고리즘 정의서(예)

구분	유즈케이스 ID	유즈케이스 명	기능명	정의	비고	AL	EI	EO	EQ	ILF
1.1 한글 기능	PS-1.1.1	1.1.1 한글 도움말 챗봇	한글 도움말 분석 및 데이터 전처리 알고리즘		[AL: Probability Model]: 형태소 분석을 위한 확률모형 알고리즘. 문장을 형태소 단위로 분할하고 품사를 부착. 의미 있는 단어를 추출하고 품사 태깅을 통해 형용사, 명사, 동사 등을 추출하기 위한 알고리즘 [AL: TF-IDF_HWP_HELP]: 단어의 중요도를 고려하여 단어별 가중치 부여 알고리즘. 특정 단어에 대한 중요도 결정 [AL: word dictionary_HWP_HELP]: 형태소 분리 및 불용어 처리가 완료된 데이터를 벡터 기반의 워드 딕셔너리 생성 알고리즘. [AL: Word Embedding_HWP_HELP]: 각 단어들을 벡터로 변환하여 단어간 관계를 계산하고 유사어, 반의어에 대한 사전 데이터 구축용 알고리즘	4				
			사용자 질의어 전처리 알고리즘		[AL: Jaccard similarity_HWP_HELP]: 클러스터링 거리 계산을 위한 알고리즘. 학습된 문장과 사용자 질의어간 유사도 계산 알고리즘. [AL: Levenshtein_HWP_HELP]: 문장의 형태적 유사성을 측정하기 위한 string distance 알고리즘. 코사인 유사도 계산 전 단계에서 실행하여 형태적 유사성 측정 [AL: SymSpell_HWP_HELP]: 오탈자 교정 알고리즘. 입력 문장을 형태소 분리하여 deletions을 수행하여 동일한 값이 있는지 체크 후 편집 거리가 짧은 순으로 오타 교정	3				
			한글 도움말 챗봇 답변 출력	도움말 각 항에 대표 인텐트 추출	[AL: TextRank]: 페이지랭크를 기반으로 한 텍스트 요약 알고리즘. 문서 내 문장을 이용하여 문장의 랭킹을 계산하여 대표 인텐트를 추출함					
				학습용 데이터 생성 및 이를 활용한 데이터 증강	[AL: Markov chain]: 상태변이확률을 기반의 문장 생성 알고리즘. 각 학습 문장을 행렬 변환 후 상태변이확률을 예측하여 추가 학습 데이터를 증강 [AL: RNN_HWP_HELP]: 순차데이터를 학습 후 어순에 따라 문장의 의미가 달라지고 앞에 어떤 단어가 쓰였는지 기억해야 뒤에 오는 단어를 예측하는 등의 문제를 해결. 예측 단어를 활용하여 데이터 증강	2				
				ParagraphVector 변환	[AL: Paragraph2Vector_HWP_HELP]: 학습 문장을 벡터화하여 벡터 모델을 생성. 사용자 질의어를 벡터 변환하여 벡터거리를 측정하는 답변 추론 모델	1				
				페이지 단위 Doc2Vec 변환	[AL: Document2Vector_HWP_HELP]: 문서 전체를 벡터모델로 변환. 사용자 질의어를 벡터 변환 후 어떠한 카테고리에 속하는 질의어인지 추론하는 모델	1				
				딥러닝 챗봇 엔진	[AL: Seq2Seq_HWP_HELP]: 입력된 시퀀스로부터 다른 도메인의 시퀀스를 출력하는 딥러닝모델. 질문과 대답을 학습하여 챗봇 형태로 활용	1				
				핵심 키워드 Slot filling 처리	[AL: CNN_HWP_HELP]: 입력된 문장을 행렬 변환 후 합성곱 연산 결과 후 결과 벡터를 활용하여 단어별 개체명 태그 부착된 태그 중 핵심 키워드가 없을 경우 반환 처리	1				
				답변 ReRank	[AL: ReRank]: 각 모듈에서 반환된 결괏값을 가중치를 계산한 후 행렬 변환 후 답변에 ranking 부여, 최적의 답변을 찾는 알고리즘	1	1			
			AIML 챗봇 조회	AIML 챗봇 조회	챗봇 답변 파일				1	
			챗봇 데이터 검색 조회	챗봇 데이터	챗봇 답변 파일				1	
			챗봇 답변 파일	15. 챗봇사용 기록 파일						1
	PS-1.1.2	1.1.2 한쇼 도움말 챗봇	한쇼 도움말 분석 및 데이터 전처리 알고리즘		[AL: Probability Model]: 형태소 분석을 위한 확률모형 알고리즘. 문장을 형태소 단위로 분할하고 품사를 부착. 의미 있는 단어를 추출하고 품사 태깅을 통해 형용사, 명사, 동사 등을 추출하기 위한 알고리즘 [AL: TF-IDF_HSHOW_HELP]: 단어의 중요도를 고려하여 단어별 가중치 부여 알고리즘. 특정 단어에 대한 중요도 결정 [AL: word dictionary_HSHOW_HELP]: 형태소 분리 및 불용어 처리가 완료된 데이터를 벡터 기반의 워드 딕셔너리 생성 알고리즘 [AL: Word Embedding_HSHOW_HELP]: 각 단어들을 벡터로 변환하여 단어간 관계를 계산하고 유사어, 반의어에 대한 사전 데이터 구축용 알고리즘	3				
			사용자 질의어 전처리 알고리즘		[AL: Jaccard similarity_HSHOW_HELP]: 클러스터링 거리 계산을 위한 알고리즘. 학습된 문장과 사용자 질의어간 유사도 계산 알고리즘. [AL: Levenshtein_HSHOW_HELP]: 문장의 형태적 유사성을 측정하기 위한 string distance 알고리즘. 코사인 유사도 계산 전 단계에서 실행하여 형태적 유사성 측정 [AL: SymSpell_HSHOW_HELP]: 오탈자 교정 알고리즘. 입력 문장을 형태소 분리하여 deletions을 수행하여 동일한 값이 있는지 체크 후 편집 거리가 짧은 순으로 오타 교정	3				
			한쇼 도움말 챗봇 답변 출력	도움말 각 항에 대표 인텐트 추출	[AL: TextRank]: 페이지랭크를 기반으로 한 텍스트 요약 알고리즘. 문서 내 문장을 이용하여 문장의 랭킹을 계산하여 대표 인텐트를 추출함					
				학습용 데이터 생성 및 이를 활용한 데이터 증강	[AL: Markov chain]: 상태변이확률을 기반의 문장 생성 알고리즘. 각 학습 문장을 행렬 변환 후 상태변이확률을 예측하여 추가 학습 데이터를 증강 [AL: RNN_HSHOW_HELP]: 순차데이터를 학습 후 어순에 따라 문장의 의미가 달라지고 앞에 어떤 단어가 쓰였는지 기억해야 뒤에 오는 단어를 예측하는 등의 문제를 해결. 예측 단어를 활용하여 데이터 증강	2				
				ParagraphVector 변환	[AL: Paragraph2Vector_HSHOW_HELP]: 학습 문장을 벡터화하여 벡터모델을 생성. 사용자 질의어를 벡터 변환하여 벡터거리를 측정하는 답변 추론 모델	1				
				페이지 단위 Doc2Vec 변환	[AL: Document2Vector_HSHOW_HELP]: 문서 전체를 벡터모델로 변환. 사용자 질의어를 벡터 변환 후 어떠한 카테고리에 속하는 질의어인지 추론하는 모델	1				
				딥러닝 챗봇 엔진	[AL: Seq2Seq_HSHOW_HELP]: 입력된 시퀀스로부터 다른 도메인의 시퀀스를 출력하는 딥러닝모델. 질문과 대답을 학습하여 챗봇 형태로 활용	1				
				핵심 키워드 Slot filling 처리	[AL: CNN_HSHOW_HELP]: 입력된 문장을 행렬 변환 후 합성곱 연산 결과 후 결과 벡터를 활용하여 단어별 개체명 태그 부착된 태그 중 핵심 키워드가 없을 경우 반환 처리	1				
				답변 ReRank	[AL: ReRank]: 각 모듈에서 반환된 결괏값을 가중치를 계산한 후 행렬 변환 후 답변에 ranking 부여, 최적의 답변을 찾는 알고리즘			1		
			AIML 챗봇 조회	AIML 챗봇 조회	챗봇 답변 파일				1	
			챗봇 데이터 검색 조회	챗봇 데이터	챗봇 답변 파일				1	
			챗봇 답변 파일	15. 챗봇사용 기록 파일						1

구분	유즈케이스 ID	유즈케이스 명	기능명	정의	비고	AL	EI	EO	EQ	ILF
	PS-1.1.3	1.1.3 한셀 도움말 챗봇	한셀 도움말 분석 및 데이터 전처리 알고리즘		[AL : Probability Model] : 형태소 분석을 위한 확률모형 알고리즘. 문장을 형태소 단위로 분할하고 품사를 부착. 의미있는 단어를 추출하고 품사 태깅을 통해 형용사, 명사, 동사 등을 추출하기 위한 알고리즘 [AL : TF-IDF_HCELL_HELP] : 단어의 중요도를 고려하여 단어별 가중치 부여 알고리즘. 특정 단어에 대한 중요도 결정 [AL : word dictionary_HCELL_HELP] : 형태소 분리 및 불용어 처리가 완료된 데이터를 벡터기반의 워드 딕셔너리 생성 알고리즘 [AL : Word Embedding_HCELL_HELP] : 각 단어들을 벡터로 변환하여 단어간 관계를 계산하고 유사어, 반의어에 대한 사전 데이터 구축용 알고리즘	3				
			사용자 질의어 전처리 알고리즘		[AL : Jaccard similarity_HCELL_HELP] : 클러스터링 거리 계산을 위한 알고리즘. 학습된 문장과 사용자 질의어간 유사도 계산 알고리즘 [AL : Levenshtein_HCELL_HELP] : 문장의 형태적 유사성을 측정하기 위한 string distance 알고리즘. 코사인 유사도 계산 전 단계에서 실행하여 형태적 유사성 측정 [AL : SymSpell_HCELL_HELP] : 오탈자 교정 알고리즘. 입력 문장을 형태소 분리하여 deletions을 수행하여 동일한 값이 있는지 체크 후 편집 거리가 짧은 순으로 오타 교정	3				
			도움말 각 항에 대표 인텐트 추출		[AL : TextRank] : 페이지랭크를 기반으로 한 텍스트 요약 알고리즘. 문서내 문장을 이용하여 문장의 랭킹을 계산하는 대표 인텐트를 추출한다					
			학습용 데이터 생성 및 이를 활용한 데이터 증강		[AL : Markov chain] : 상태변이확률 기반의 문장 생성 알고리즘. 각 학습 문장을 행렬 변환 후 상태변이확률을 예측하여 추가 데이터를 증강 [AL : RNN_HCELL_HELP] : 순차데이터를 학습 후 어순에 따라 문장의 의미가 달라지고 앞에 어떤 단어가 쓰였는지 기억하여 뒤에 오는 단어를 예측하는 등의 문제를 해결. 예측 단어를 활용 하여 데이터 증강	1				
			Paragraph2Vector 변환		[AL : Paragraph2Vector_HCELL_HELP] : 학습 문장을 벡터화 하여 벡터모델을 생성. 사용자 질의어를 벡터 변환하여 벡터거리를 측정하는 답변 추론 모델	1				
			페이지 단위 Doc2Vec 변환		[AL : Document2Vector_HCELL_HELP] : 문서 전체를 벡터모델로 변환. 사용자 질의어를 벡터 변환 후 어떠한 카테고리에 속하는 질의어인지 추론하는 모델	1				
			딥러닝 챗봇 엔진		[AL : Seq2Seq_HCELL_HELP] : 입력된 시퀀스로부터 다른 도메인의 시퀀스를 출력하는 딥러닝모델. 질문과 대답을 학습하여 챗봇 형태로 활용	1				
			핵심 키워드 Slot filling 처리		[AL : CNN_HCELL_HELP] : 입력된 문장을 행렬 변환후 합성곱 연산 결과 후 결과 벡터를 활용하여 단어별 개체명 태그 부착. 부착된 태그중 핵심 키워드가 없을 경우 반환 처리	1				
			답변 ReRank		[AL : ReRank] : 각 모듈에서 반환된 결과값을 가중치를 계산한 후 행렬 변환 후 답변에 ranking 부여. 최적의 답변을 찾는 알고리즘				1	
			AIML 챗봇 조회	AIML 챗봇 조회	챗봇 답변 파일				1	
			챗봇 데이터 검색 조회	챗봇 데이터 검색 조회	챗봇 답변 파일				1	
			챗봇 답변 파일	15. 챗봇사용 기록 파일						1
	PS-1.1.4	1.1.4 한워드 도움말 챗봇	한워드 도움말 분석 및 데이터 전처리 알고리즘		[AL : Probability Model] : 형태소 분석을 위한 확률모형 알고리즘. 문장을 형태소 단위로 분할하고 품사를 부착. 의미있는 단어를 추출하고 품사 태깅을 통해 형용사, 명사, 동사 등을 추출하기 위한 알고리즘 [AL : TF-IDF_HWORD_HELP] : 단어의 중요도를 고려하여 단어별 가중치 부여 알고리즘. 특정 단어에 대한 중요도 결정 [AL : word dictionary_HWORD_HELP] : 형태소 분리 및 불용어 처리가 완료된 데이터를 벡터기반의 워드 딕셔너리 생성 알고리즘 [AL : Word Embedding_HWORD_HELP] : 각 단어들을 벡터로 변환하여 단어간 관계를 계산하고 유사어, 반의어에 대한 사전 데이터 구축용 알고리즘	3				
			사용자 질의어 전처리 알고리즘		[AL : Jaccard similarity_HWORD_HELP] : 클러스터링 거리 계산을 위한 알고리즘. 학습된 문장과 사용자 질의어간 유사도 계산 알고리즘 [AL : Levenshtein_HWORD_HELP] : 문장의 형태적 유사성을 측정하기 위한 string distance 알고리즘. 코사인 유사도 계산 전 단계에서 실행하여 형태적 유사성 측정 [AL : SymSpell_HWORD_HELP] : 오탈자 교정 알고리즘. 입력 문장을 형태소 분리하여 deletions을 수행하여 동일한 값이 있는지 체크 후 편집 거리가 짧은 순으로 오타 교정	3				
			도움말 각 항에 대표 인텐트 추출		[AL : TextRank] : 페이지랭크를 기반으로 한 텍스트 요약 알고리즘. 문서내 문장을 이용하여 문장의 랭킹을 계산하는 대표 인텐트를 추출한다					
			학습용 데이터 생성 및 이를 활용한 데이터 증강		[AL : Markov chain] : 상태변이확률 기반의 문장 생성 알고리즘. 각 학습 문장을 행렬 변환 후 상태변이확률을 예측하여 추가 데이터를 증강 [AL : RNN_HWORD_HELP] : 순차데이터를 학습 후 어순에 따라 문장의 의미가 달라지고 앞에 어떤 단어가 쓰였는지 기억하여 뒤에 오는 단어를 예측하는 등의 문제를 해결. 예측 단어를 활용 하여 데이터 증강	1				
			Paragraph2Vector 변환		[AL : Paragraph2Vector_HWORD_HELP] : 학습 문장을 벡터화 하여 벡터모델을 생성. 사용자 질의어를 벡터 변환하여 벡터거리를 측정하는 답변 추론 모델	1				
			페이지 단위 Doc2Vec 변환		[AL : Document2Vector_HWORD_HELP] : 문서 전체를 벡터모델로 변환. 사용자 질의어를 벡터 변환 후 어떠한 카테고리에 속하는 질의어인지 추론하는 모델	1				
			딥러닝 챗봇 엔진		[AL : Seq2Seq_HWORD_HELP] : 입력된 시퀀스로부터 다른 도메인의 시퀀스를 출력하는 딥러닝모델. 질문과 대답을 학습하여 챗봇 형태로 활용	1				
			핵심 키워드 Slot filling 처리		[AL : CNN_HWORD_HELP] : 입력된 문장을 행렬 변환후 합성곱 연산 결과 후 결과 벡터를 활용하여 단어별 개체명 태그 부착. 부착된 태그중 핵심 키워드가 없을 경우 반환 처리	1				
			답변 ReRank		[AL : ReRank] : 각 모듈에서 반환된 결과값을 가중치를 계산한 후 행렬 변환 후 답변에 ranking 부여. 최적의 답변을 찾는 알고리즘				1	
			AIML 챗봇 조회	AIML 챗봇 조회	챗봇 답변 파일				1	
			챗봇 데이터 검색 조회	챗봇 데이터 검색 조회	챗봇 답변 파일				1	
			챗봇 답변 파일	15. 챗봇사용 기록 파일						1

구분	유즈케이스 ID	유즈케이스 명	기능명	정의	비고	AL	EI	EO	EQ	ILF
	PS-1.1.5	1.1.5 한글 FAQ 챗봇	한글 FAQ 챗봇 답변 출력	한글FAQ 도움말 분석 및 데이터 전처리 알고리즘	[AL : Probability Model] : 형태소 분석을 위한 확률모형 알고리즘. 문장을 형태소 단위로 분할하고 품사를 부착. 의미있는 단어를 추출하고 품사 태깅을 통해 형용사, 명사, 동사 등을 추출하기 위한 알고리즘 [AL : TF-IDF_HWP_FAQ] : 단어의 중요도를 고려하여 단어별 가중치 부여 알고리즘. 특정 단어에 대한 중요도 결정 [AL : word dictionary] : 형태소 분리 및 불용어 처리가 완료된 데이터를 벡터기반의 워드 딕셔너리 생성 알고리즘 [AL : Word Embedding_HWP_FAQ] : 각 단어들을 벡터로 변환하여 단어간 관계를 계산하고 유사어, 반의어에 대한 사전 데이터 구축용 알고리즘	3				
				사용자 질의어 전처리 알고리즘	[AL : Jaccard similarity_HWP_FAQ] : 클러스터링 거리 계산을 위한 알고리즘. 학습된 문장과 사용자 질의어간 유사도 계산 알고리즘 [AL : Levenshtein_HWP_FAQ] : 문장의 형태적 유사성을 측정하기 위한 string distance 알고리즘. 코사인 유사도 계산 전 단계에서 실행하여 형태적 유사성 측정 [AL : SymSpell_HWP_FAQ] : 오탈자 교정 알고리즘. 입력 문장을 형태소 분리하여 deletions을 수행하여 동일한 값이 있는지 체크 후 편집 거리가 짧은 순으로 오타 교정	3				
				도움말 각 항에 대표 인텐트 추출	[AL : TextRank] : 페이지랭크를 기반으로 한 텍스트 요약 알고리즘. 문서내 문장을 이용하여 문장의 랭킹을 계산한 후 대표 인텐트를 추출한다					
				학습용 데이터 생성 및 이를 활용한 데이터 증강	[AL : Markov chain] : 상태변이확률을 기반의 문장 생성 알고리즘. 각 학습 문장을 행렬 변환 후 상태변이확률을 예측하여 추가 학습 데이터 증강 [AL : RNN_HWP_FAQ] : 순차데이터를 학습 후 순서대로 다음 단계에서 실행하여 문장의 의미가 달라지고 앞에 어떤 단어가 쓰였는지 기억했어 뒤에 오는 단어를 예측하는 등의 문제를 해결. 예측 단어를 활용 하여 데이터 증강	1				
				ParagraphVector 변환	[AL : Paragraph2Vector_HWP_FAQ] : 학습을 벡터화 하여 벡터모델을 생성. 사용자 질의어를 벡터 변환하여 벡터거리를 측정하는 답변 추론 모델	1				
				페이지 단위 Doc2Vec 변환	[AL : Document2Vector_HWP_FAQ] : 문서 전체를 벡터모델로 변환. 사용자 질의어를 벡터 변환 후 어떠한 카테고리에 속하는 질의어인지 추론하는 모델	1				
				딥러닝 챗봇 엔진	[AL : Seq2Seq_HWP_FAQ] : 입력된 시퀀스로부터 다른 도메인의 시퀀스를 출력하는 딥러닝모델. 질문과 대답을 학습하여 챗봇 형태로 활용	1				
				핵심 키워드 Slot filling 처리	[AL : CNN_HWP_FAQ] : 입력된 문장을 행렬 변환후 합성곱 연산 결과 후 결과 벡터를 활용하여 단어별 개체명 태그 부착. 부착된 태그중 핵심 키워드가 없을 경우 반환되는	1				
				답변 ReRank	[AL : ReRank] : 각 모듈에서 반환된 결과값을 가중치를 계산한 후 행렬 변환 후 답변에 ranking 부여, 최적의 답변을 찾는 알고리즘				1	
			AIML 챗봇 조회	AIML 챗봇 조회	챗봇 답변 파일				1	
			챗봇 데이터 검색 조회	챗봇 데이터 검색 조회	챗봇 답변 파일				1	
			챗봇 답변 파일	15. 챗봇사용 기록 파일						1
	PS-1.1.6	1.1.6 한쇼 FAQ 챗봇	한쇼 FAQ 챗봇 답변 출력	한쇼FAQ 도움말 분석 및 데이터 전처리 알고리즘	[AL : Probability Model] : 형태소 분석을 위한 확률모형 알고리즘. 문장을 형태소 단위로 분할하고 품사를 부착. 의미있는 단어를 추출하고 품사 태깅을 통해 형용사, 명사, 동사 등을 추출하기 위한 알고리즘 [AL : TF-IDF_HSHOW_FAQ] : 단어의 중요도를 고려하여 단어별 가중치 부여 알고리즘. 특정 단어에 대한 중요도 결정 [AL : word dictionary_HSHOW_FAQ] : 형태소 분리 및 불용어 처리가 완료된 데이터를 벡터기반의 워드 딕셔너리 생성 알고리즘 [AL : Word Embedding_HSHOW_FAQ] : 각 단어들을 벡터로 변환하여 단어간 관계를 계산하고 유사어, 반의어에 대한 사전 데이터 구축용 알고리즘	3				
				사용자 질의어 전처리 알고리즘	[AL : Jaccard similarity_HSHOW_FAQ] : 클러스터링 거리 계산을 위한 알고리즘. 학습된 문장과 사용자 질의어간 유사도 계산 알고리즘 [AL : Levenshtein_HSHOW_FAQ] : 문장의 형태적 유사성을 측정하기 위한 string distance 알고리즘. 코사인 유사도 계산 전 단계에서 실행하여 형태적 유사성 측정 [AL : SymSpell_HSHOW_FAQ] : 오탈자 교정 알고리즘. 입력 문장을 형태소 분리하여 deletions을 수행하여 동일한 값이 있는지 체크 후 편집 거리가 짧은 순으로 오타 교정	3				
				도움말 각 항에 대표 인텐트 추출	[AL : TextRank] : 페이지랭크를 기반으로 한 텍스트 요약 알고리즘. 문서내 문장을 이용하여 문장의 랭킹을 계산한 후 대표 인텐트를 추출한다					
				학습용 데이터 생성 및 이를 활용한 데이터 증강	[AL : Markov chain] : 상태변이확률을 기반의 문장 생성 알고리즘. 각 학습 문장을 행렬 변환 후 상태변이확률을 예측하여 추가 학습 데이터 증강 [AL : RNN_HSHOW_FAQ] : 순차데이터를 학습 후 순서대로 다음 단계에서 실행하여 문장의 의미가 달라지고 앞에 어떤 단어가 쓰였는지 기억했어 뒤에 오는 단어를 예측하는 등의 문제를 해결. 예측 단어를 활용 하여 데이터 증강	1				
				ParagraphVector 변환	[AL : Paragraph2Vector_HSHOW_FAQ] : 학습 문장을 벡터화 하여 벡터모델을 생성. 사용자 질의어를 벡터 변환하여 벡터거리를 측정하는 답변 추론 모델	1				
				페이지 단위 Doc2Vec 변환	[AL : Document2Vector_HSHOW_FAQ] : 문서 전체를 벡터모델로 변환. 사용자 질의어를 벡터 변환 후 어떠한 카테고리에 속하는 질의어인지 추론하는 모델	1				
				딥러닝 챗봇 엔진	[AL : Seq2Seq_HSHOW_FAQ] : 입력된 시퀀스로부터 다른 도메인의 시퀀스를 출력하는 딥러닝모델. 질문과 대답을 학습하여 챗봇 형태로 활용	1				
				핵심 키워드 Slot filling 처리	[AL : CNN_HSHOW_FAQ] : 입력된 문장을 행렬 변환후 합성곱 연산 결과 후 결과 벡터를 활용하여 단어별 개체명 태그 부착. 부착된 태그중 핵심 키워드가 없을 경우 반환되는	1				
				답변 ReRank	[AL : ReRank] : 각 모듈에서 반환된 결과값을 가중치를 계산한 후 행렬 변환 후 답변에 ranking 부여, 최적의 답변을 찾는 알고리즘				1	
			AIML 챗봇 조회	AIML 챗봇 조회	챗봇 답변 파일				1	
			챗봇 데이터 검색 조회	챗봇 데이터 검색 조회	챗봇 답변 파일				1	
			챗봇 답변 파일	15. 챗봇사용 기록 파일						1
	PS-1.1.7	1.1.7 한셀 FAQ 챗봇	한셀 FAQ 챗봇 답변 출력	한셀 FAQ 도움말 분석 및 데이터 전처리 알고리즘	[AL : Probability Model] : 형태소 분석을 위한 확률모형 알고리즘. 문장을 형태소 단위로 분할하고 품사를 부착. 의미있는 단어를 추출하고 품사 태깅을 통해 형용사, 명사, 동사 등을 추출하기 위한 알고리즘 [AL : TF-IDF_HCELL_FAQ] : 단어의 중요도를 고려하여 단어별 가중치 부여 알고리즘. 특정 단어에 대한 중요도 결정 [AL : word dictionary_HCELL_FAQ] : 형태소 분리 및 불용어 처리가 완료된 데이터를 벡터기반의 워드 딕셔너리 생성 알고리즘 [AL : Word Embedding_HCELL_FAQ] : 각 단어들을 벡터로 변환하여 단어간 관계를 계산하고 유사어, 반의어에 대한 사전 데이터 구축용 알고리즘	3				

✏️ 투입 인력의 수와 기간에 의한 AI소프트웨어 개발비 산정

투입 인력의 수와 기간에 의한 소프트웨어 개발비 산정은 [표 2-4] 와 같이 개발 대상 업무에 따른 필요(투입)인력의 수와 투입기간에 따라, 소위 맨·먼스$^{Man \cdot Month}$ 방식으로 AI소프트웨어 개발비를 산정하는 방식이다. 이 방식은 AI시스템 개발에 따른 PoC를 포함한 요건 정의 사업 등 업무 규모나 양^{量} 등이 정해지지 않아 불분명할 때, 개발 비용을 산정하는 방식이다. 업무량의 추가에 따른 발주자와 수주자 간에 추가 비용 산정 등에 대한 상호 이해와 신뢰가 무엇보다 중요하며, 애자일 개발 방식의 준위임 계약에 활용할 수 있을 것이다. [표 2-4 참조]

[표 2-4] OOO플랫폼 챗봇 개발 견적서(예)

구분	품목	내용	세부 내용	M/M (투입인력)	개발자 비용	Month(월)	비용(원)	비고
챗봇 구축 견적	한컴 커스터마이징 챗봇 구축 (룰 + 시나리오 + 자연어 처리 베이스)	초기 커스터마이징	기반 솔루션 분석	특급 개발자 ×1	12,000,000	0.5	6,000,000	*인건비 왕궁비 포함 본사 콜라우드 환경사용
			솔루션 API 구성	상급 개발자 ×1	8,000,000	1	8,000,000	
			솔루션 고도 연동	특급 개발자 ×1	12,000,000	1	12,000,000	
			아키텍처 구조 변경	특급 개발자 ×1	12,000,000	2	24,000,000	
			솔루션 UI 구성	고급 개발자 ×1	10,000,000	0.5	5,000,000	
			대화 로그 설계	고급 개발자 ×1	10,000,000	1.5	15,000,000	
			대화 로그 개발	고급 개발자 ×1	12,000,000	1.5	18,000,000	
		시나리오	추가 시나리오 생성 및 튜닝	고급 개발자 ×1	10,000,000	1.5	15,000,000	
			시나리오 분석 및 구성	고급 개발자 ×1	10,000,000	1	10,000,000	
			한컴 시나리오 디자이너툴도 설계	고급 개발자 ×1	10,000,000	2	20,000,000	
		관리 AS	챗봇 엔진 고도화 업체수주 비용		10,000,000	12	120,000,000	
			연간 유지보수	6인팀 / 팀팀 100명 보장	15,000,000	12	180,000,000	
		챗봇	기술 사용 비용		20,000,000	1	20,000,000	
	한컴용 챗봇 관리 툴 구축	요구사항 분석	기능 분석 및 개발범위 정의	중급 개발자 ×1	8,000,000	0.5	4,000,000	*인건비, 재경비 포함 본사 클라우드 환경사용
			논리 데이터베이스 설계	고급 개발자 ×1	8,000,000	0.5	4,000,000	
		시스템 설계	솔루션 데이터베이스 설계	고급 개발자 ×1	10,000,000	1	10,000,000	
			챗봇 엔진 연동 아키텍처 설계	특급 개발자 ×1	12,000,000	1	12,000,000	
		기획	관리 툴 기능 기획	상급 개발자 ×1	8,000,000	1	8,000,000	
			UI/UX 기획	중급 개발자 ×1	8,000,000	0.5	4,000,000	
		디자인·퍼블리싱	메뉴 및 기능 기획	상급 개발자 ×1	8,000,000	1	8,000,000	
			UI/UX 디자인	중급 개발자 ×1	8,000,000	1	8,000,000	
			퍼블리싱	상급 개발자 ×1	8,000,000	1	8,000,000	
		개발	챗봇 엔진 연동 아키텍처 수립	특급 개발자 ×1	12,000,000	1	12,000,000	
			챗봇 엔진 연동 추가 개발	고급 개발자 ×2	12,000,000	2	24,000,000	
			관리 툴 개발	특급 개발자 ×1	16,000,000	1.5	24,000,000	
		관리	실나라팅 페이지 구축 (솔브, 대통기록)	상급 개발자 ×1	8,000,000	2.5	15,000,000	
		문서작업	각종 필요문서, 사용 기술	상급 개발자 ×1	8,000,000	1	8,000,000	
				2단계 총합계			801,000,000	

📚 AI업무 운용 비용 견적

업무 운용 비용은 이 서비스를 운영할 때 발생하는 각각의 업무에 대해 어느 정도 시간이 걸릴지, 또 그 시간을 인건비로 환산하면 얼마가 될지의 관점에서 계산한다.

어떤 비용이 고정비인지, 주문하는 수량이나 회원(사용자) 수에 따라 변하는 변동비인지를 명확히 해 둬야 한다. 이는 수익 모델 계산에 필요하다.

📚 마일스톤이나 목표를 정해 사업 계획을 정리해야

시간대별 이용자 수나 매출, 초기 비용 회수 기간 등을 구체적인 수치로 정리한다. 아무것도 없이 사업 계획을 세울 수는 없다. 우선은 최초의 디딤돌로서 상품이나 서비스를 세상에 전개할 스토리나 마일스톤, 목표치를 정한다. 만약 3년 내 초기 비용을 회수한다는 마일스톤이나 목표를 세웠다고 한다면 가격이나 비용은 이미 구체화되어 있으므로 3년 안에 회수하려면 매출을 얼마나 올려야 할지를 계산할 수 있다.

이를 위해서는 1~3년 안에 어느 정도 이용자 수가 필요한지, 그 결과 비용은 어느 정도로 해야 할지와 같은 계획을 세울 수가 있다. [그림 2-16]

[그림 2-16] AI프로젝트 사업 계획서(예)

〈사업 계획〉

		2019년				2020년				2021년			
		1Q	2Q	3Q	4Q	1Q	2Q	3Q	4Q	1Q	2Q	3Q	4Q
매상		0	390	885	1260	1755	2206	2897	3515	4713	5568	6873	7938
이익		-450	-60	435	710	766	1591	2232	2727	3867	4497	5597	6633
					2,535				10,372				25,092
					635				7,316				20,594
마일스톤		▲○○○○ 도입 2사(3분 계약) ▲화장판 개시				▲×× 플랜 개시 ▲직판 개시							
매상	합계	0	390	885	1,260	1,755	2,206	2,897	3,515	4,713	5,568	6,873	7,938
					2,535				10,372				25,092
원가(재료비용)	합계		79	198	317	492	667	885	1104	1390	1723	2135	2500
이자		0	311	687	944	1,263	1,539	2,012	2,410	3,323	3,845	4,738	5,438
					1,942				7,224				17,345
인건비													
	합계	345	345	345	345	270	270	390	390	510	510	855	855
변동비													
	합계	105	105	105	205	227.4	344.5	275.1	397.6	336	561.5	420.9	450
코스트 합계		450	450	450	550	497.4	614.5	665.1	787.6	846	1071.5	127.5	1305
수지		-450	-60	435	710	766	1591	1131.9	2736.9	3867	4496.5	5597.1	6633

출전: Nikkei Systems (2020년 1월호)

    이 시점에서 기대하는 수익성이 예상되는 경우는 문제가 없지만, 명확히 수익성이 낮을 가능성도 있다. 이런 경우, 비용에서 삭감해야 할 곳은 없는지 매출을 줄여야 할지를 재검토한다. 더 높은 가격을 책정할 수 없을지 등, 서비스의 내용 그 자체를 재검토할 필요가 생길 수도 있다. 사업 계획이 정리되면 개발 단계별 예산 배분도 정한다. A사의 빵 정기 도착 서비스의 경우 3개년의 계획으로 수립했다. [그림 2-17]

[그림 2-17] 단계를 나누어 계획을 세운다

	단계 1 (20x1년 10월) 서비스 가설 검증기	단계 2 (20x2년 10월) 서비스 대도시권 전개기	단계 3 (20x3년 10월) 서비스 전국 전개기
개발 대상 기능	· 신청/변경 취소 · 빵 추천 AI기본형 (POS 기본 데이터) · 기본 관리 화면	· 포인트 프로그램 기능 · 푸시형 안내 등 마케팅 기능 · 분류계 관리 화면	· 빵 추천 AI의 고도화 (기후 등도 입력 데이터 로 한다)
개발 대상 기능	· POS	· CRM	· 회계 시스템
대응 점포	· 서울	· 서울 판매점	· 전국

출전: Nikkei Systems (2020년 1월호)

단계 1에서는 기본적인 기능이나 AI의 기본형, 기본적인 관리 화면을 개발한다. 단계 2에서는 포인트 프로그램이나 마케팅 목적의 푸시형 안내 기능 개발이 들어 있다. 여기까지 정해지면 다음 공정인 요건 정의 대상도 결정한다. 즉, 요건 정의 작업 계획을 세울 수 있다. 반대로 여기에서 정하지 않으면 모든 기능을 대상으로 하거나, 요건 정의가 시작될 때 단계 배분을 검토하게 되므로 매우 비효율적이다.

프로젝트 계획서 작성

구상 단계의 마지막 작업은 요건 정의다. 요건 정의 단계에서는 구상 단계와 달리 많은 관계자를 끌어들여서는 안 된다. 무엇을 누가 언제까지 할 것인가? 에 대한 설명 자료가 없으면 관련 부서의 협력을 얻기 어려워진다. 협력을 원하는 측도 어느 정도의 인력이 필요한지를 알 수 없으면 안 된다. 그래서 요건 정의 작업을 하기 위한 프로젝트 계획서를 확실히 만들어야 한다. [표 2-5]

[표 2-5] 프로젝트 계획서의 구성

종류	항목	내용
프로젝트 계획의 내용	서비스 기획 내용	개발 프로젝트에서 최종적으로 어떠한 서비스를 만들고 있는지를 정리한 것
	프로젝트 스콥	서비스를 구성하는 시스템의 전체상
	개발 단계	각 단계의 목적이나 스콥을 정리한 것
	개발 전체 스케줄	단계1의 릴리스를 위한 마스터 스케줄안
요건 정의 작업의 내용	요건 정의 작업 대상	단계에 대응하는 서비스 요구 정의에서 정리한 시스템 기능과 AI, 업무 등
	요건 정의 작업 내용	요건 정의 작업으로서 무엇을 하는가, 각각 어떠한 성과물이 필요한가 예)화면 요건, AI처리 요건, 데이터 요건, 인터페이스 요건, 비기능 요건, 업무 요건 등
	작업 분담·역할	대상이 되는 기능이나 작업을 어떠한 팀으로 분할하여 추진하는가. 또 각각의 역할 분담 예)PM 팀, 프론트 엔드 팀, 백 엔드 팀, 업무 팀, AI팀 등
	체제	발주자 측의 멤버, 워킹 처 멤버, 스티어링커미티 등의 승인 멤버, 승인 프로세스
	리스크와 대응 방침	요건 정의 공정에서 예상되는 리스크와 대응 방침 예)점포 측의 요건이 확고해지지 않을 리스크 ⇒ 점포측 요건의 확정 마일스톤을 결정한다
	마일스톤/스케줄	요건의 승인 타이밍, 연결 타이밍 등의 마일스톤과 그에 따른 작업 스케줄
	프로젝트 관리 계획	회의체의 정의나 각종 커뮤니케이션 룰, 진척 관리나 과제 관리, 품질 관리 룰 등

출전: Nikkei Systems (2020년 1월호)

규모가 작은 서비스나 시스템의 경우는 몇 사람 정도의 소수의 요원이 요건 정의 작업을 진행할 수 있으므로 그다지 신경 쓰지 않아도 되지만, 규모가 커지면 팀을 짜 작업을 분담할 필요가 있다. 어느 팀이 담당할지 애매한 항목이나 누락을 방지하기 위해서는 전체적인 시스템 구성도가 절대적으로 필요하다.

[그림 2-18]과 같이 어느 팀이 어디를 담당(분담)할지를 정한다.

[그림 2-18] 시스템 구성도에서 담당 팀을 분담한다

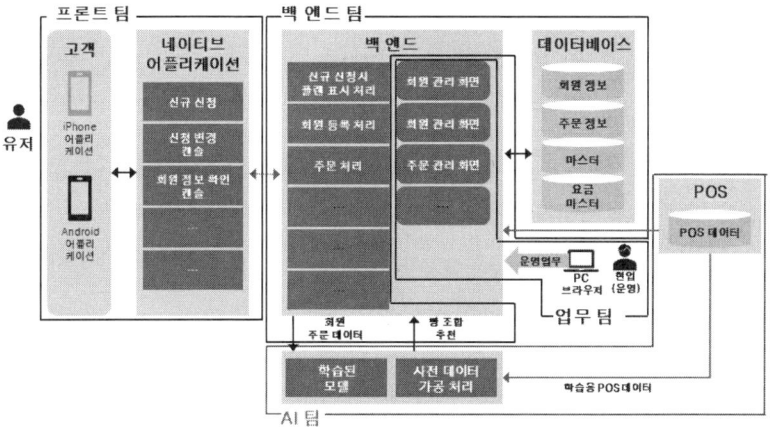

출전: Nikkei Systems (2020년 1월호)

시스템 구상도를 작성하면 작업 누락을 방지하면서 동시에 각 팀에게 자신들의 담당을 알기 쉽게 할 수 있다. 체제도 내의 멤버명은 이 단계에서는 공란이라도 상관없다. 인력 준비나 관계 회사 준비가 끝나지 않으면 공란을 채울 수 없기 때문이다.

관계자 협력을 얻는 게 중요

요건 정의를 원활하게 시작하려면 인력 확보가 중요하다. 요건 정의에서는 UX$^{User\ Experience}$나 와이어프레임(화면 레이아웃)을 작성하는 디자이너, 기계 학습 엔지니어, 데이터 사이언티스트, 업무 담당자, 관련 시스템 담당자 등 해당 관계자가 프로젝트에 참여하는 것이 중요하다. 이 사람들의 협력을 얻으면 성공적인 요건 정의를 할 수 있다. 관계자의

협력은 프로젝트 계획서를 그대로 작성할 수 있는 시점에서 요청한다. 제대로 된 프로젝트 계획서가 있으면 자신의 역할(역량)이 왜 필요한지, 어느 정도 부하가 걸릴지 알기 쉬우므로 협력을 손쉽게 얻을 수 있기 때문이다. 반대로 계획서가 없으면 자신이 무엇을 해야 하는지가 애매하다. 디자인 회사, AI개발 회사, 모바일 애플리케이션 개발 회사 등에 요건 정의를 위탁하는 경우, 이들 회사에 RFP(제안 요청서)를 보내 견적을 받고 요건에 맞는 개발 회사를 선정한다. RFP는 서비스 기획서와 프로젝트 계획서만 있으면 제안 요청 사항을 작성할 수 있으므로 계획서를 만들어 두는 것이 중요하다. 물론, 사내 관계 부서나 관련 시스템과의 협력도 타진한다. 이때, 프로젝트 오너가 사장이나 임원급이면 부서 간 조정이 비교적 무난하지만, 임원 아래 직급에서 프로젝트 오너를 맡게 되면 상급자인 임원 결재 과정을 거쳐야 하고 타 부서와의 협력에도 많은 수고가 필요하다. 다양한 사람에게 몇 번씩 설명하는 등 작업 비용이 들 뿐 아니라 시간도 늦어질 가능성이 있기 때문에 이러한 작업 비용을 줄이기 위해서라도 사장이나 임원이 프로젝트 오너가 되는 것이 매우 중요하다.

2-3
AI시스템 도입 프로세스

　AI를 활용한 시스템 구축은 종래의 SI 방식의 시스템 구축과 어떤 점이 다를까. 요건 정의나 PoC 등 AI를 위해 새롭게 실시하는 프로세스가 추가된다. 가상 기업의 AI시스템 구축을 예로 들어, 프로젝트 진행 방법의 개요를 알아보자.

　AI를 이용하는 시스템(AI시스템) 구축 프로젝트에 대해 종래 프로젝트와의 진행 방법의 차이나 AI시스템만의 태스크^{Task}, 검토 사항을 알아보자. 여기서 말하는 AI시스템이란, 업무를 하는 데 있어서 지금까지 사람이 해 오던 예측·판단 역할을 AI가 대체 혹은 지원하는 시스템을 말한다. [그림 2-19]

　예측판단 이외의 지각^{知覺}이나 실행에 관한 기능 구축은 종래의 SI 방식의 기업 시스템 구축과 크게 다르지 않다. 지각은 AI가 예측판단하기 위한 데이터를 획득하여 AI로 전달하는 기능이다.

[그림 2-19] AI모델을 시스템에 도입한 예

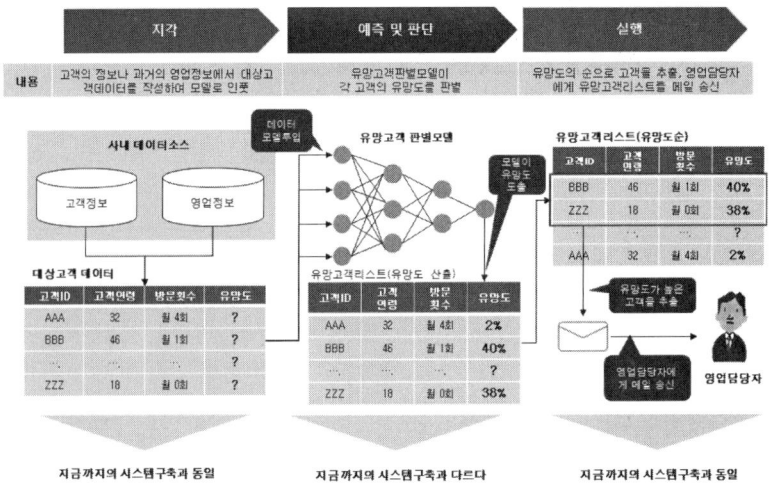

출전: Nikkei Systems (2018.9월호)

　잠재적 고객의 데이터에서 각 고객의 유망 정도를 판별하여, 유망 고객 리스트를 메일로 보내는 시스템을 예로 생각해 보자. 이 경우 지각은 고객의 속성 정보나 영업 정보에서 대상 고객 데이터를 작성하여 AI로 입력하는 기능을 말한다.

　실행은 AI의 예측·판단을 토대로 정해진 업무 처리를 실행하는 기능이다. 유망의 정도순으로 고객을 추출하여 영업 담당자에게 유망 고객 리스트를 메일로 보낸다. 이와 같은 데이터 생성이나 처리 기능은 기술적으로는 종래의 시스템과 같다고 생각할 수 있다.

　그럼, AI가 담당하는 예측·판단은 어떨까. AI의 예측과 판단 처리는 사람이 정해 놓은 로직만으로 실현할 수 있는 것이 아니다. AI는 데이터로부터 학습한 입출력 패턴을 토대로 예측·판단을 한다. 구체적으로는 학습 데이터를 알고리즘에 투입하면 알고리즘이 데이터 패턴을 자동으로 학습, 예측과 판단을 실행하는 모델을 생성한다. 이것이 AI시스템에 있어 예측·판단 기능의 실현 방법이다. [그림 2-20]

[그림 2-20] AI시스템에 있어 예측과 판단 기능의 실현 방법

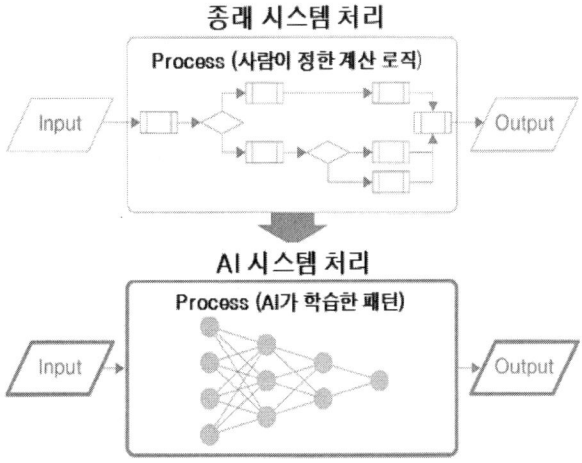

출전: Nikkei Systems (2018.9월호)

다음으로는 학습이라는 프로세스가 종래의 시스템 구축 프로젝트의 진행 방법과 어떤 점이 다른지, AI시스템 구축 프로젝트의 특징과 전체상에 대해 알아보자.

📚 예측과 판단을 모델이 대체

AI시스템의 구축 프로세스를 워터폴 형태의 프로세스에 적용해 보면 [그림 2-21]과 같다.

[그림 2-21] AI시스템의 구축 프로세스

	업무 정의 단계		설계 단계		구현·테스트 단계		운용·보수 단계	
종래의 시스템 구축 프로세스	업무 요건 정의	시스템 요건 정의	애플리케이션 설계 기반 설계	애플리케이션 개발 기반 구축		통합 테스트 시스템 테스트 도입 테스트	시스템 운용 보수	
AI시스템구축의 추가 프로세스		AI 요건 정의	PoC	AI애플리케이션 설계 AI기반 설계	AI학습 기반구축	AI학습 정확도 검증	AI정확도 감시평가	AI 재학습	AI모델 관리

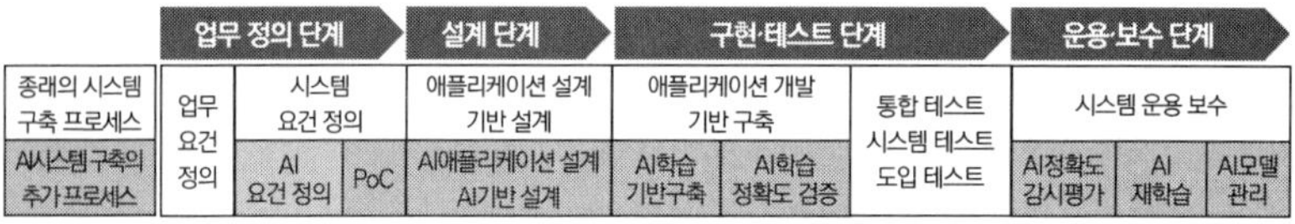

출전: Nikkei Systems (2018.9월호)

지각, 실행은 종래의 시스템 구축과 같은 프로세스로 구축하지만, 예측·판단의 실현에는 회색으로 칠한 부분의 프로세스가 추가로 필요하다. 이 부분의 프로세스에는 예측·판단 기능을 학습하여 실현하고 유지하기 위한 프로세스도 포함된다.

추가하는 프로세스 중에서 매우 특징적인 것이 요건 정의 단계의 진행 방법이다. 업무 요건을 정한 후, 시스템 요건 정의에서 AI요건 정의를 한다. AI요건 정의에서는 시스템을 구성하는 하나의 영역으로 AI의 기능이나 비기능 요건을 정한다. 여기서는 AI요건 정의의 실현성을 PoC(Proof of Concecpt=개념 실증)으로 검증, 그 결과를 토대로 요건을 수정하거나 상세화한다. 이와 같이 진행하는 이유는 나중에 다시 설명한다.

지금부터는 AI시스템 구축 프로세스를 구체적으로 이미지화해 보기 위해 AI를 도입한 영업 지원 시스템 구축을 예로 알아보자.

사무 용품 판매 기업 A사의 영업 담당 부서에서는 최근 고객의 행동 이력을 토대로 미구입 상품의 추가 제안을 할 수 있는 유망 고객을 AI로 예측하여 영업 담당자에게 알리는 시스템을 개발하고자 한다. 행동 이력 데이터로는 자사가 운영하는 웹 사이트의 상품 페이지 목록 이력이나 카탈로그 청구 데이터, 견적 발주 의뢰 등을 가지고 있다.

A사는 현행, 고객으로부터 문의 등을 통한 직접적인 대화에서 얻은 정보를 토대로 니즈를 파악하고 추가로 제안해 왔다. 하지만 판매 경로의 다양화 및 상품 점포 수의 증가, 수주 수의 소량화 등으로 특정 대량 고객 이외는 영업 담당자가 전부 커버할 수 없는 상황이 발생했다. 여기서 영업 담당자가 커버할 수 없는 고객의 행동 이력을 AI로 체크, 추가 제안을 해 주는 시스템 도입을 결심했다.

요건 정의 단계(업무 요건 정의, AI요건 정의)

A사는 업무 요건 정의에서 AI가 해야 할 역할을 고객의 행동 이력을 토대로 수주 정확도 예측이라 정의했다. 그리고 AI요건 정의 중에서 수주 정확도 예측에 관한 AI기능, 비기능 요구를 정한다. [그림 2-22] 그럼 A사의 AI에 관한 기능, 비기능 요구를 구체적으로 살펴보자.

[그림 2-22] AI시스템을 구축할 시 요건 정의 포인트

예측 및 판단에 관한 기능요구(실무 기능)	· 모델한테 얻고자 하는 출력 데이터 형식 및 내용 · 모델이 예측 및 판단을 실행하기 위한 입력 데이터의 형식과 내용 · 모델 생성을 위한 알고리즘 선택과 학습 데이터의 상정
예측 및 판단의 성능 유지에 관한 기능 (운용 기능)	· 모델의 예측 및 판단 정확도의 평가 방법 · 모델의 감시와 정확도 평가, 재학습, 모델 관리의 운용 플로우와 기능 요구
비기능 요구	· 모델에게 요구되는 예측 및 판단의 정확도와 응답 성능 · 알고리즘의 학습 시 데이터 양과 처리 시간

출전: Nikkei Systems (2018.9월호)

📚 예측 및 판단에 관한 기능 요구(업무 기능)

A사는 고객별, 상품별 수주 정확도를 AI로 예측, 유망 고객을 판별하고자 한다. 그리고 수주 정확도 예측 모델을 생성하는 알고리즘 후보로 결정목^{決定木}을 응용한 알고리즘인 랜덤 포레스트$^{random\ forest}$를 선택하였다.

AI의 기능 요구에 있어 중요한 포인트는 AI에 무엇을 예측, 판단시킬 것인가, 그리고 그 결과를 어떤 식으로 출력하고 싶은가(출력 데이터 요구)이다. A사의 사례에서는 과거의 수주 고객의 행동 패턴을 토대로 수주 확정도 예측이라 정의하였다.

이로써 AI시스템의 모델 생성에 이용하는 학습 데이터와 운용에서의 예측, 판단에 활용하는 입력 데이터가 명확해졌다. 고객의 과거 행동 이력이 이 AI시스템에서 이용하는 학습 데이터이다.

그리고 이 학습 데이터를 행동 패턴으로 이끌 알고리즘에 부여함으로써 수주 고객의 행동 패턴을 학습시킨 모델이 생성된다. 생성한 모델에 고객의 최근 행동 이력을 입력하면 최신 수주 확정도를 얻을 수 있게 된다. 이로써 입력 데이터에 대한 요구는 최근 행동 이력이라 정의할 수 있다.

예측과 판단의 성능유지에 관한 기능 요구(운용 기능)

A사가 취급하는 사무 용품은 유행이나 법 제도 등 사회적 요구의 영향을 받아, 발주에 이르는 고객 행동의 경향이 변한다. 경향이 변하면 과거의 고객 행동 패턴을 기반으로 한 예측의 정확도가 저하되므로 변화 후의 행동 패턴도 재학습시킬 필요가 있다.

A사는 재학습시킬 시기를 예측 정밀도가 저하하였을 때로 정의, 예측 정밀도를 감시하기 위한 구조를 운용 기능 요건에 포함했다. 또한 재학습 후의 모델의 오류 발생에 대비하여 학습 데이터, 학습용 알고리즘, 생성한 모델을 한 세트로 버전 관리하는 모델 관리 기능이 필요하다고 생각하여 이를 운용 기능의 요건에 추가하였다.

AI시스템 운용 기능의 주요 논점은 재학습의 여부와 실시 빈도, 긴급성이다. 예측·판단의 전제가 시시각각 변화하는 비즈니스는 재학습을 시의적절하게 실행하기 위한 운용 환경이 필요하다.

📚 비기능 요구(모델 정확도 등의 요구)

모델의 예측 결과에 대한 정확도를 나타내는 평가 지표를 정하여 영업 담당자가 예측 결과를 추가 제안 시에 참고하기 위한 예측 정확도의 최저 기대치를 설정한다. 이외에도 모델의 응답 시간이나 학습 시 처리 시간의 요구 등도 정의한다.

여기서 중요 포인트는 모델의 예측 빈도를 어떤 식으로 검토하여 평가하는가이다. 이를 결정함으로써 정확도의 요건 설정이 가능하다. 또, AI의 운용 기능에서 요구되는 감시, 정확도 평가 구조를 검토할 수 있다.

📚 요건 정의 단계

이상 프로세스에서 실시한 AI요건 정의이지만, 여기에 따라 학습한 AI는 원하는 기능과 정확도를 실제로 실현할 수 있는지 PoC로 검증할 필요가 있다.

AI요건 정의 단계에서 정의한 대로 기능이나 비기능 요건이 실현할 수 있는지는 실제로 해 보지 않는 한 알 수 없다. 하지만 AI는 학습 데이터로 데이터의 패턴을 학습하여 이를 통해 예측·판단하기에 효과적인 학습이 이루어졌는지는 실제 학습 데이터를 사용한 모델을 생성해 봄으로써 비로소 판단할 수 있다. 적정 학습 데이터의 양이나 사용하는 알고리즘의 판별도 어려운 문제다.

여기서 실제 프로젝트에서는 이와 같은 불확실성이 높은 문제를 남긴 상태에서 개발을 진행하지는 않으며, PoC로 AI요건 정의의 실현 가능성을 검증해 본다. PoC에서는 AI요건 정의를 토대로 학습 데이터와 알고리즘으로 실제 모델을 생성, 요건대로의 기능, 비기능이 실현 가능한지를 검증한다. 요건을 충족시키지 못하는 부분이 있는 경우 업무 요건 정의, AI요건 정의로 피드백하여, 업무 플로우의 변경이나 AI의 학습 데이터, 알고리즘을 수정하는 등 요건을 조정한다.

PoC는 시행착오를 전제로 한 구조가 되므로 이와 같은 요건 조정을 포함한 실시 계획을 책정한다.

설계 단계

다음은 설계 단계이다. A사가 도입하는 AI시스템은 (Ⅰ)수주 확정도 예측 기능군과 (Ⅱ)모델 관리 기능군 2가지의 기능군으로 구성되어 있다. 이들 기능군에 대해서는 A사가 기반 설계, 애플리케이션 설계 관점에서 어떤 식으로 검토하여 구현 레벨의 설계에 적용해 나가는지를 알아보자. [그림 2-23]

[그림 2-23] AI시스템을 구현 레벨의 설계에 도입한 케이스

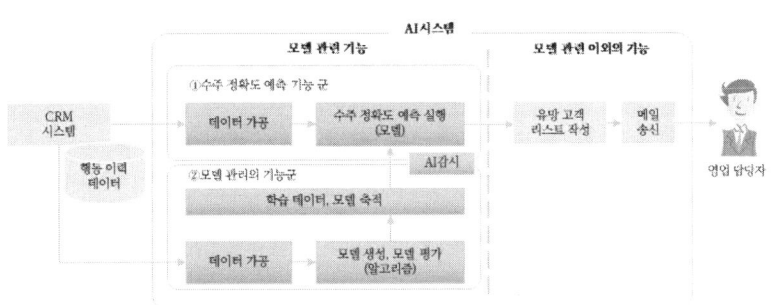

출전: Nikkei Systems (2018.9월호)

AI기반 설계

AI시스템의 기반 구축에 있어 무엇을 구축하는가와 어디에 구축하는가는 스펙과 더불어 검토해야 할 주요 테마이다. [그림 2-23-1]

[그림 2-23-1] AI시스템의 기반 설계 시에 검토해야 할 사항과 선택 포인트

주요검토 테마	구축방식	방식설명	메리트	선택 포인트
무엇으로 구축할 것인가? (제품, 오픈소스 라이브러리의 선정)	조합형	개별 제품, 라이브러리, OSS, SaaS 등을 조합하여 이용	• 과제나 문제에 의해 적합한 형태의 제품 선택이 가능 • 기능이나 제품의 확장, 교체에 유연하게 대처	평가항목으로 이하를 중요시하는 경우 • 스몰 스타트 • AI 역할변화에 맞춘 기능확충의 유연성
	원스톱형	토털 솔루션으로 전개하고 있는 것을 이용	• 도입시기, 공수가 명확 • 운용 스킬의 수준이 명확	평가항목으로 이하를 중요시하는 경우 • 도입 속도 • 안정성
어디에 구축 하는가? (이용형태의 선정)	클라우드형	클라우드 상에 구축	• 스케일이나 구성을 유연하게 변경 가능 • 스몰 스타트가 가능 • 도입 기간, 공수가 명확 • 운용 스킬 수준이 명확 • 하드나 DB 등의 관리 공수가 명확	• 화상 데이터의 실시간 식별 등, 네트워크에 의한 지연이 상정되는 경우, 어울리지 않는다
	온프레미스형	자사 데이터 센터 상에 구축	• 클라우드에 비해 사내 네트워크 설계의 공수 등이 걸릴 가능성	• 사내 규칙 등으로 클라우드의 메리트가 충분히 발휘되지 않을 수도

출전: Nikkei Systems (2018.9월호)

우선 무엇을 구축하는가부터 살펴보자. A사에서는 AI시스템의 초기 단계에서는 도입 규모를 한정하여 실제 운용을 개시 후에 AI의 업무상 유효성을 검증한 후에 향후 확장 범위를 검토하기로 하였다.

조금씩 규모를 확장하기 위해, 필요에 따라 개별 제품이나 라이브러리 등을 단계적으로 도입하는 조합형 AI시스템을 구축하기로 하였다. 단 부서, 외부 환경의 상황에 따라 비용이 어느 정도 있더라도 도입 속도를 우선하고 싶은 경우, AI 도입에 필요한 소프트웨어를 사전에 설정하는 원스톱형 제품을 도입하는 방법도 있다.

구축하는 수단과 더불어 검토해야 할 것은 어디에 구축할 것인가이다. A사가 도입하는 AI시스템은 스몰 스타트를 전제로 하여 향후 확장

가능성을 보류하고 있으므로 클라우드형으로 도입하는 것이 적절하다. 사내 네트워크 환경 등에 따라 온프레미스$^{On\text{-}premise}$형으로 도입할 가능성도 있다.

(Ⅰ)수주 정확도 예측 기능군과 (Ⅱ)모델 관리 기능군의 배치 환경은, 양쪽이 필요로 하는 시스템 리소스의 규모나 실행 빈도를 토대로 검토한 결과, A사에서는 동일한 환경으로 배치하기로 하였다. 시스템 리소스의 요구가 양쪽이 크게 다른 경우이거나 실행 시기가 맞지 않는 경우, 각각의 환경에 맞춰 배치하는 것도 생각해 볼 수 있다.

AI애플리케이션 설계

AI시스템의 애플리케이션 설계에 대해 A사 시스템의 기능 실현을 위한 설계 단계에서 실행한 것을 알아보자.

(Ⅰ) 수주 정확도 예측 기능군

이 기능군은 모델로 행동 이력 데이터를 넘겨 수주 정확도 예측의 결과(수주 정확도)를 얻는 예측 실행을 위한 기능군이다. 데이터 가공과 수주 정확도 예측(모델) 2가지 기능으로 구성된다.

데이터 가공 기능은 CRM시스템의 데이터를 수집한 다음, 모델로 입력하여 가공하는 기능이다. 설계 사항은 CRM시스템의 데이터와 모델의 입력, 인터페이스와의 데이터 항목 매핑, CRM시스템에서 AI시스템으로 인터페이스 시의 데이터 가공 내용이 된다. 모델로 입력하기 위한 데이터 가공은 PoC로 시행하므로 설계 단계에서는 그 내용을 구현 레벨에서 상세화한다.

다음은 수주 정확도 예측 모델의 설계이다. 최근의 행동 이력을 토대로 모델이 수주 정확도를 예측하는 기능이다. 앞에서도 말했듯이, 모델은 알고리즘이 생성한다. 처리 내용을 사람이 정하는 것이 아니므로, 본기능의 설계 사항은 모델의 입출력 인터페이스만이 가능하다. 이 점은 사람이 처리 내용을 정하여 프로그램 코드로 구현하는 종래의 시스템과 크게 다른 점이다.

(II) 모델 관리의 기능군

여기서는 알고리즘에 의한 데이터의 학습과 모델의 생성, 모델의 예측 정확도의 평가, 모델 변경 시 버전 관리 등 AI의 학습에 관련된 운용을 위한 기능군이다. 데이터 가공, 모델 생성, 모델 평가(알고리즘) 학습 데이터 모델 축적, AI감시 등 4가지로 구성된다.

데이터 가공은 CRM시스템의 데이터를 수집하여 알고리즘에 입력하기 위한 데이터를 가공하는 기능이다. 처리 내용은 (I)수주 정확도 예측의 기능군의 데이터 가공과 거의 비슷하므로, 설계, 구현을 공통화할 수 있다. A사의 경우 알고리즘의 학습 시에 예측 응답에 필요한 지도 학습을 실행하므로 학습용 데이터에 수주 유무(1 또는 0)를 설정하는 점이 추가 설계 사항이 된다.

모델 생성, 모델 평가(알고리즘)는 과거의 행동 이력을 토대로 알고리즘이 수주 정확도를 예측하는 모델을 생성하는 기능이다. 본기능에서는 생성한 모델의 예측 정확도를 평가하는 기능도 포함된다. 예측 정확도의 평가는 예측의 답을 알고 있는 평가용 데이터를 모델에 입력하여 예측 결과의 정답률 등을 검증하는 것이다. 이 단계에서는 평가 방법이나 평가 지표를 설계한다.

학습 데이터, 모델 축적은 재학습한 모델을 갱신할 때, 알고리즘과 학습 조건, 학습용 데이터, 생성한 모델을 축적하여 버전을 관리하는 기능이다. 재학습을 빈번하게 하는 경우, 본기능을 탑재한 제품이나 클라우드 서비스의 도입도 고려해 볼 수 있다.

AI감시는 AI시스템 전체의 기능과 데이터의 상태를 감시하는 기능이다. 목적은 업무에 영향을 줄 가능성이 있는 AI시스템의 리스크를 탐지하는 것이다. 모델로 입력하는 데이터의 학습 시점부터의 경향 변화, 모델의 예측 정확도의 학습 시점부터의 변화 등이 감시 대상에 해당한다. 감시 대상과 운용은 AI요건 정의로 정한다. 설계 단계에서는 감시를 위한 데이터 수집, 축적, 지표 산출, 정형 리포트 출력 등의 설계를 한다.

📖 구현 · 테스트 단계

설계 단계가 끝나면 구현 · 테스트 단계에 들어간다. AI시스템과 종래의 기업 시스템 구축을 비교한 결과, 태스크 면에서 크게 달라지는 부분이 모델 구현에 관여하는 부분이 된다. 어떻게 모델을 구현하고 테스트에서 무엇을 확인하는지 알아보자.

모델 구현은 최신 학습 데이터를 토대로 실무에서 사용하는 모델을 생성하는 것이다. PoC부터 예측 대상을 망라한 학습 데이터를 이용할 수 있고 데이터의 변화가 발생하기 어려운 경우에는 PoC로 생성한 모델을 실무에 그대로 사용하기도 한다.

구현 단계에서 모델을 생성할 시에는 학습 환경의 구축, 학습용 데이터의 수집, 가공, 알고리즘의 학습 파라미터의 설정(PoC 시 설정을 토대로 조정을 실행), 그리고 학습 실행 작업을 추가할 필요가 있다.

모델이 요건대로 구현되었음을 검증하기 위해 모델의 예측 정확도 체크를 한다. 예측 정확도 체크 결과에 따라 요건 정의에서 정한 업무 내용을 부분적으로 수정할 수도 있다. 충분한 예측 정확도를 얻지 못하기도 한다. A사의 경우 일부 상품의 예측 정밀도가 기대치 미치지 못하여 그 상품을 유망 고객 리스트의 대상에서 제외하고, 정확도가 높은 상품만으로 운용을 개시한다는 판단을 내렸다.

예측 정밀도를 체크한 후의 모델은 종래의 시스템 구축 프로세스와 같이, 통합 테스트 및 시스템 테스트에서 다른 기능이나 시스템과의 연계에 문제가 없는지 확인한 뒤 실무 환경에 도입한다.

운용 및 보수 단계

A사에서는 [모델에게 기대하는 예측 정밀도의 수준을 정하여, AI감시 기능으로 예측 정확도가 떨어진 징후를 탐지, 대책을 세운다]라는 예측 정확도의 PDCA운용을 실시하고 있다. 감시^{Do}, 리스크 탐지, 평가^{Check}의 내용은 앞에서 기술했으므로 여기선 예측 정밀도의 수준 설정^{Plan}과 대책 실시^{Action}에 대해 알아보자. [그림 2-24]

[그림 2-24] AI시스템의 PDCA

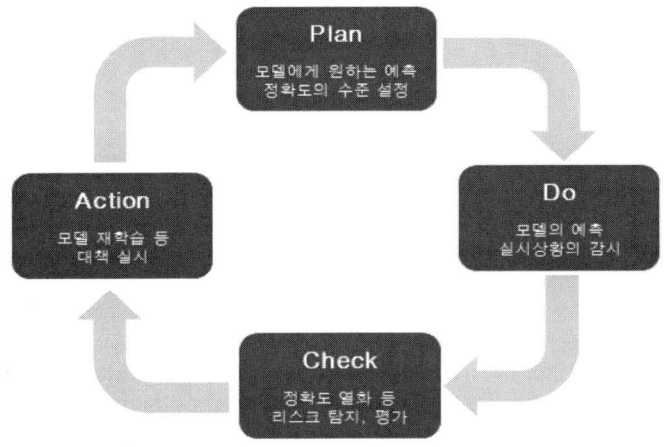

출전: Nikkei Systems (2018.9월호)

모델에 기대하는 예측 정확도의 수준은 AI요건 정의를 정해 그 수치를 밑돌 시에 대책을 실시하게 된다. 수준은 예측 대상 전체에서 일률적으로 적용할 필요는 없다. A사의 경우 상품별로 세분화하여 수준을 설정했다. 상품별 고객 행동의 변화 이유 등이 달라서 예측 정확도의 변화에 차이가 발생하기 때문이다.

모델의 예측 정확도가 수치를 밑돌 시에는 무언가의 대책이 필요하다. 예를 들어 최신 학습 데이터로 모델을 생성하여 수정하는 재학습이나, 모델을 생성하는 알고리즘의 재검토, 업무 이용의 일시 정지 등을 실시한다.

이번 장에서는 AI시스템의 도입 프로세스와 태스크에 대한 전체 이미지를 살펴보았다. A사의 시스템 구축을 예로 설명했지만, 실제 프로젝트에서는 여기에 나오지 않았던 과제나 태스크가 발생하게 될 것이므로 다양한 연구가 필요하게 될 것이다.

다음 장부터는 각 단계의 논점, 검토 사항을 더욱 상세하게 살펴봄으로써 실제 프로젝트에서 도움이 되는 노하우를 얻게 될 것이다.

📚 프로젝트 관리에 대한 명언들

1. 팀 내의 커뮤니케이션

→ 커뮤니케이션은 진도 관리의 첫걸음이다.
　일상 대화 중 상호 작업 내용을 파악하는 것도 진도 관리의 하나이다. 또한 일상의 대화 중 자연스럽게 작업 내용 얘기가 나오게 하는 분위기 조성이 중요하다.

→ 1일 1회 진도 관리가 필요하다.
　작업자에게 1일 1회 말을 걸어 진척 상황(실태, 사태)을 듣고 고민이 무엇인가에 대한 상담을 하여 조속히 문제의 해결을 할 수 있도록 도모한다.

→ 상급자에게는 적절한 상황 보고
　일이 막힐 때는 정치적인 해결도 필요하다. 이때 상급자에게 상황을 정확하게 보고하지 못하면 협조를 기대할 수 없다.

→ 식사하면서 의견 교환
　계속 계획보다 일이 늦어지면 퇴근 후에 식사하면서 격의 없는 대화의 장을 갖는다. 본심을 들어 보지 못하면 알 수 없다.

2. 팀워크(Teamwork)

→ 개발의 확실한 성과는 팀워크에서 나온다.

개발 프로젝트 팀원 간의 좋은 인간관계, 신뢰 관계가 있어야 좋은 결과를 낳는다. 개발 요원들이 "우리를 위한 AI시스템이다."라는 생각을 가지면 시스템 개발은 성공한 것이나 다름없다.

→ 개발은 인간관계를 가장 중시한다.

개발 관리는 기술을 알면 된다고 생각하는 리더는 요원들에게 비인간적인 사람으로 비추어져 개발팀의 분위기를 결정적으로 악화시킨다.

→ 잘 훈련된 팀워크도 감이 다르다.

AI시스템 개발의 성과물은 기탄없이 논의하여 끝을 내야 한다. 왜냐하면 시스템은 타협의 "타협의 산물"이기 때문이다. 따라서 형식적으로 외관만 번지르르한 팀워크은 도리어 실패를 초래한다.

3. 프로젝트 멤버의 준수 사항

→ 소가 도살장에 들어가는 기분이 드는 시스템 운용 개시일

주관 부서에서는 자신들의 '요구가 반영되어 있지 않다' '처음에 한 말과 다르다' 등의 별의별 이유를 달면서 시스템 운용에 지극히 비협조적이다. 적극적으로 움직여 주지 않는다. 상대를 마냥 기다리게만 한다. 결과적으로 비참한 결말을 맞이하게 된다.

→ 오늘 일은 오늘 끝내도록

1년 이상의 개발 계획이 잡혀 있는 경우, 때에 따라서는 '이것은 내일 해도 된다, 또 날이 있다'라고 생각하여 계속 일을 미루는 경우가 많다. 그러나 이것이 쌓이고 쌓이면 날짜가 없다, 사람이 부족하다는 불평을 하게 되고, 테스트 기간이 짧아지게 되어 결과적으로 질 좋은 소프트웨어 개발을 할 수 없게 된다.

→ 번거롭다고 생각하지 말고 어떠한 대책을 세운다.

현상 유지는 어떠한 경우에서든지 좋지 않다. "궁하면 통한다." 개혁은 리스크가 있지만 상황을 개선한다.

→ 50%의 정보라도 결정을 한다.

조사가 불충분하면 결론도 내리기 어렵다. 필요한 경우에는 어느 정도의 부담이 있더라도 결정을 하는 것이 일을 빨리 추진시키는 열쇠가 된다.

→ 걱정보다는 낙관적으로

상황이 나쁘다고만 생각하면 아무것도 할 수 없다. 생각보다도 잘될 거라고 생각하면 일이 쉽게 풀린다.

→ PM은 명쾌하고 공평해야 한다.

장기 프로젝트를 추진하다 보면 고민을 하고 슬럼프에 빠진 멤버도 나타난다. 이때 PM은 부드러운 격려의 말로 그들에게 용기를 북돋아 주어야 한다. PM은 항상 누구에게나 부드럽고 공평하게 대하는 마음을 가져야 한다.

→ 누구를 위해 시스템을 개발하는가?

　시스템화하기 어렵다든가, 그 기능을 추가하는 데는 시간이 걸린다고 말하지만 결국 유저를 위한 시스템 개발이다. 실현 가능한 방법을 생각해 내는 것이 SE의 역할이다.

→ 원인을 조사해 보면 자신에게 있다.

　납기가 지연된 원인을 잘 찾아보면 자신이 작성해야 할 자료의 지연이나 내용의 누설 등의 경우도 있다.

→ 진실(사실)로 생각하기 곤란한 워드프로세싱 문서

　워드프로세서로 작성된 설계 서류는 정확하다고 하는 선입관이 발동하여 의심 없이 지나칠 위험성이 있다. 신경을 쓰지 않으면 안 된다.

→ 관리의 포인트는 품질, 성능, 납기와 코스트

　시스템 개발에 있어서 관리의 포인트는 품질, 성능 관리, 공정 관리, 코스트 관리이다.

→ 설계는 대담하게, 개발은 세심하게, 테스트는 면밀하게, 운용은 신중하게

　트러블이 발생하면 초조하거나 당황하지 말고 침착하게 그리고 신속하게 동작한다.

→ 운용 개시를 기쁘게 맞이하는 것은 과거 노력의 산물이다.

　운용 개시까지에는 몇 가지 문제점과 과제를 극복하고 넘어왔다. 운용 개시가 멋들어지게 잘되었을 때 맛보는 기분은 SE로서 최대의 행복이다.

ARTIFICIAL INTELLIGENCE

제3장

PoC

3-1

PoC단계

　AI를 도입할 때 중요한 공정은 개념 실증이라고 하는 PoC$^{Proof\ of\ Concept}$ 공정이다. [그림 3-1] 개발하려는 시스템의 콘셉트가 정말 실현 가능한지 검증하는 작업이기 때문이다. AI 도입은 검증된 기술이 아니라 새로운 기술을 사용한다. 이 때문에 원래 생각한 대로 결과가 나오지 않는다든지 데이터가 예상한 대로 모이지 않는다와 같은 리스크가 따를 수 있다. 이 리스크를 고려하지 않고 프로젝트 스케줄을 짜면 프로젝트 전체가 지연될 수 있다.

[그림 3-1] AI시스템의 업무 프로세스(PoC의 위치)

	업무 정의 단계		설계 단계		구현·테스트 단계			운용·보수 단계		
종래의 시스템 구축 프로세스	업무 요건 정의	시스템 요건 정의	애플리케이션 설계 기반 설계		애플리케이션 개발 기반 구축		결합 테스트 시스템 테스트 인수 테스트	시스템 운용 보수		
AI시스템구축의 추가프로세스		PoC	AI 요건 정의	AI애플리케이션 설계 AI기반 설계	AI학습 기반설계	AI학습 정확도 검증			AI정확도 감시평가	AI 재학습	AI모델 관리

출전: 일경컴퓨터 2018.10월호

📚 PoC는 언제?

PoC는 언제하면 좋을까? 요건 정의 전에 실시할지, 혹은 요건 정의 후에 실시할지는 개발하는 서비스 규모에 따라 다르다. AI가 핵심 기능이고, 관련 기능이 적은 경우 즉, AI 이외의 시스템 개발 규모가 작으면 요건 정의를 한 후 PoC를 해도 문제가 없을 것이다. AI기술 리스크가 관련 시스템 개발에 미치는 영향이 적기 때문이다. [그림 3-2] 또 요건 정의를 한 후에는 요건이 구체화되어 PoC로 검증해야 할 내용이 더욱 명확해지기 때문이다.

[그림 3-2] PoC의 실시 타이밍은 서비스의 규모에 따라 다르다

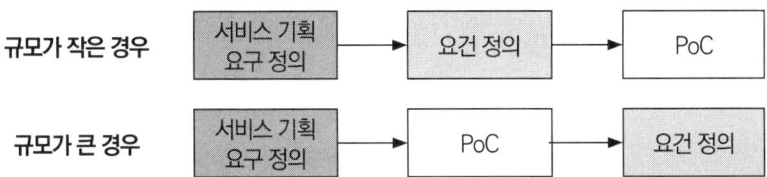

출전: 기획입안에서 시스템 개발까지 실제로 사용하는 DX프로젝트의 교과서 (일경BP사, 2020.3)

A사의 예처럼 화면이나 결제 구조, 관리 화면 등 많은 주변 기능이 있으면 서비스 요건 정의 전에 PoC를 해야 한다. 만약 PoC를 요건 정의 후에 했는데 기술 리스크가 해소되지 않을 때는 기획부터 다시 해야 한다. 요건 정의 작업이 허사가 될 우려가 있기 때문이다. 단, 기술 리스크가 해소되지 않는다 해도 대체안이 있는 경우에는 요건 정의 후에 PoC를 실시해도 괜찮을 수 있다. 프로젝트 내용에 따라 다르므로 기술 리스크가 요건 정의에 미치는 영향도를 고려하면서 전체 개발 프로세스 중 PoC를 어느 시점에서 실시할지 결정하면 된다.

📚 PoC 단계서 무엇을 실시할지 결정해야

A사를 예로 PoC 단계에서 구체적으로 무엇을 할지 알아보자. 이 프로젝트에서 PM 등 PoC에 관여하는 3인이 등장한다.

PM: 이번 프로젝트 PM으로 경영 기획실 부장으로 마케팅부에서 실적을 쌓아 왔다. 사용자를 잘 알고 있어 PM으로 발탁되었지만, IT에는 그다지 정통하지 못하다.

IT 담당: AI시스템 개발을 담당하고 있으며, 정보시스템부 소속이다. SI 방식의 시스템 개발에는 익숙하지만 AI시스템 개발은 처음이다.

컨설턴트: AI전문 컨설팅 회사의 디지털 컨설팅 사원이며 A사에 상주하며 AI 도입 PM의 보좌로서 이번 프로젝트를 지원하고 있다. AI 관련 프로젝트 경험이 풍부하다.

실제로 시스템을 개발하면, 처음에 예상한 대로 작동하는지를 검증하는 것이 PoC이다. 하지만 어디까지 검증할 것인가에 대한 고민이 생긴다.

PM: 그동안 세미나에서 AI를 도입했는데 예상한 대로 결과가 나오지 않았다는 실패담을 들었습니다. 우리 프로젝트에서도 AI를 도입하려고 하는데 이용자가 충분히 만족할 수 있을까요?

IT 담당: 그건 해 보지 않으면 뭐라고 말할 수 없겠지요.

PM: 그래도 상당한 돈을 들여 시스템을 구축한 후에 "제대로 잘 안되었습니다."라고 사장님께 설명할 순 없어요.

컨설턴트: 그렇지요. 도입한 AI시스템의 정확도가 낮으면 시스템의 근간이 흔들려요. 과거의 POS 데이터로 현실적으로 사용 가능한 AI를 개발할 수 있을지 여부를 PoC로 검증해 보는 것이 좋다고 생각합니다.

이처럼 PoC에서 실시할 내용을 결정하려면 먼저 어디에 리스크가 있는지를 특정할 필요가 있다. 리스크의 특정은 그 분야의 노하우나 경험이 필요하다. 자사의 경험이나 지식에만 의존하지 말고, 이용하고자 하는 기술 분야에 능통한 사람의 협력을 얻지 않으면 안 된다. 아침식사용 빵 추천 시스템에서는 기술적 난도가 가장 높은 것은 역시 AI 부문이다. POS 데이터 등을 바탕으로 두 종류의 빵 중 고객이 좋아하는 빵이 무엇인지를 알아맞히는 AI를 구축했더니 정확도가 50%였다고 하자. 이것은 반밖에 맞추지 못한다는 것을 의미하므로 동전 던지기와 크게 다르지 않다. 일부러 AI를 만들 필요가 없다.

3-2
PoC 계획서

결과가 어떻게 나오면 좋다고 할 수 있을까? 하는 목적과 목표치를 정하는 게 좋다. PoC를 실시할 때 발생하는 작업이나 역할 분담, 스케줄 등을 정리한 실시 계획을 작성하는데, PoC 계획에서는 어떤 결과가 나오면 좋다고 하는 목표치의 정의가 중요하다. 앞에서는 PoC 목적이나 검증 범위를 결정했다. 이어서 해야 할 일이 무엇인가를 알아보자.

PM: 적어도 PoC 데이터를 관리하고 있는 마케팅부에 데이터 제공을 요청해야 하겠네. 마케팅부에 아는 사람도 많으니까 바로 부탁해 보지요.

컨설턴트: 아, 조금 기다려 주세요. 요청하기 전에 PoC 실시 계획서를 만들어 작업이나 스케줄을 구체화하는 것이 좋다고 생각합니다.

IT 담당: PoC 실시 계획서? 어떤 것을 포함해야 하나요?

컨설턴트: PoC로 무엇을 하고 싶은가, POS 데이터를 언제까지 원하는가, 필요한 것은 어느 범위의 데이터인가 등을 정하는 겁니다.

PoC 목적이나 대략적인 범위를 정리한 후에는 컨설턴트의 말처럼 PoC 실시 계획을 세운다. PoC에도 데이터 제공 부서나 개발 회사 등 적지 않은 사람들이 관여한다. PoC 실시 준비 작업에도 여러 가지 항목이 있어 발생하는 작업, 역할 분담, 스케줄 등을 정한다. 무엇을 검토할까, 검토하여 어떤 결과가 나오면 좋다고 판단할 것인가 등의 목표를 정한다. PoC 계획서 구성과 기재해야 할 내용의 예를 들어 보면 [그림 3-3]과 같다.

[그림 3-3] PoC 계획서에 기재해야 할 내용

컨텐츠	기재 내용
PoC의 목적·목표	예상되는 기술적 리스크와 검증 목적, 목표 KPI나 결과를 수용한 액션안 예) 빵 추천 AI의 예측 정확도를 검증한다
스콥	서비스 전체 중에서 검토 대상으로 할 범위 (서비스, 기능 / 데이터, 인프라, 업무 운용 각각의 레이어로 정리)
실시 내용	PoC 실시 내용(구체적으로 어떠한 검증을 하는가)
시스템 환경	필요한 기능 / 데이터, 인프라, 연계처 시스템과 그 구성도
준비 / 실시 작업	PoC 실시에 맞게 필요하게 되는 준비 작업 및 PoC 실시시의 작업
체제·역할	준비, 실시의 체제 및 역할 분담
스케줄	준비 스케줄, 실시 스케줄
관리·운영 방법	회의체의 정의, 기타 커뮤니케이션 룰, 진척 관리 등 프로젝트 관리 방침

출전: 기획입안에서 시스템 개발까지 실제로 사용하는 DX프로젝트의 교과서 (일경BP사, 2020.3)

📚 PoC 목적

처음에 PoC 목적을 기재한다. 예를 들면 다음과 같이 검토 내용이나 목표치 등을 명확히 한다.

① 과거 1년치 POS 데이터를 사용하여 빵 추천 AI가 80%의 정확도로 추천 데이터가 나오는지 검증한다.
② 과거 1년치 POS 데이터와 연계하여 빵 추천 AI기반으로 하는 데이터 추출을 1시간 이내에 할 수 있는지를 검증한다.
③ 이러한 목표를 정의해 두지 않으면 PoC 결과를 어떻게 판단하면 좋을지 알 수 없다. 예를 들면 80%의 정확도가 나오면 되는지, 90%가 아니면 안 되는지 등을 정한다.
④ 추천은 일반적으로 교사 없는 학습의 부류가 된다고 생각할 수 있다. 이 경우, 교사 있는 학습과 달리 정답 데이터가 없으므로 정확도를 어떻게 측정할지가 문제가 된다. 빵 추천을 예로 들면 구매자 중에서 샘플로 100명을 선정해 그들의 구입 이력과 AI추천 결과를 사람이 비교하여 추천이 그럴듯한지를 판단한다는 검증 방법이라고 예상할 수 있다.

정확도 수치는 80명 추천이 그럴듯하면 80%, 50명 정도가 그럴듯하면 50%가 된다. 이 그럴듯함의 정의를 어느 정도 기계적으로 계량화할 수 있으면 사람이 아니어도 시스템으로 정확도를 산출할 수 있을 것이다.

제공하는 서비스에 따라 이 정확도에 대한 요건의 눈높이는 다르다. 높은 정확도가 요구되는 대표적인 분야가 병원이다. 병의 진단에 AI를 사용하는 경우 상당히 높은 정확도가 아니면 오진으로 이어질 우려가 있다. 목표를 정할 때는 기계 학습 엔지니어나 데이터 사이언티스트 등 전문가로부터 기대 가능한 정확도에 대한 의견을 듣는 것이 좋다. 또, 목표 달성 여부에 따른 그 후 작업을 정해 두는 것이 좋다. 예를 들면 다음과 같은 기준과 그 후의 작업을 생각할 수 있다.

① 80%를 달성하면 다음 스텝으로 간다(본격 개발을 위한 예산 조정 등).
② 70~80%의 경우, 튜닝 여지 유무에 따라 다음 스텝으로 갈지를 판단한다.
③ 70% 미만인 경우, 2회까지 PoC를 반복한다. 그래도 달성하지 못할 때는 개발을 단념한다.

이런 내용을 경영진에게 설명해 양해를 얻어 두면 PoC 후 작업을 바로 개시할 수 있다. 그렇지 않으면 PoC 성패를 판단할 수 없다. 설령 좋은 결과였다고 해도 PoC 후 작업에 들어가기 위한 여러 가지 설명이나 승인에 시간이 걸린다.

PoC로 검증하는 범위 Scope

서비스 전체에서 어느 부분을 PoC로 검증할지를 나타낸다. 누구든 범위를 정확히 이해할 수 있도록 그림 등으로 표시하면 좋다. [그림 3-4]

[그림 3-4] PoC로 검증하는 범위를 그림으로 나타낸다

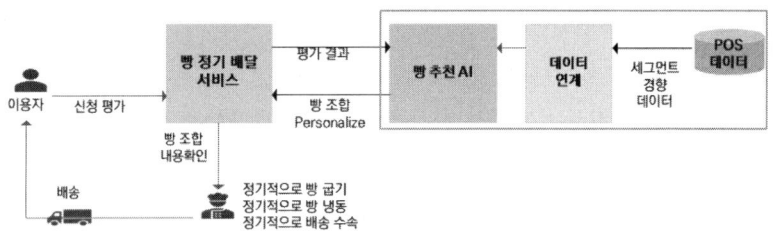

출전: 기획입안에서 시스템 개발까지 실제로 사용하는 DX프로젝트의 교과서 (일경BP사, 2020.3)

실시 내용과 시스템 및 환경

　PoC에서 구체적으로 어떤 검증을 할지를 정한다. 예를 들면, n년치 POS 데이터를 바탕으로 추천 AI의 학습 모델을 구축, 그 정확도를 검증하는 것이다. 여기를 제대로 해 두지 않으면 필요한 환경이나 작업이 명확해지지 않기 때문에 구체적으로 명확히 해야 한다.

　시스템 및 환경에서는 PoC를 실행하는 시스템 구성도를 작성한다. 예를 들면 클라우드상에서 가동시킬지, 로컬 PC상에서 가동시킬지 등을 결정한다. 데이터 수신 성능도 검증하고 싶을 경우, 데이터 연계하기 위한 기반을 준비한다. 학습 모델 검증은 성능이 아니라 정확도 검증을 위해 로컬 PC라도 상관없다.

준비 및 실시 작업

　준비나 실시에 협력하는 관계자가 해야 할 작업을 할당한다. A사의 예에서는 다음과 같은 준비 작업이 필요하게 될 것이다.

① POS 데이터의 구체적인 추출 조건 결정
② POS 데이터 제공 요청
③ 파일 서버나 데이터 연계 환경의 구축(라이선스 계약, 셋업도 포함)
④ 학습 모델 개발 환경의 구축
⑤ 실시 수단 작성(데이터 연계 검증)

이들 작업은 2~3회 정도 반복해야 한다. PoC가 1회로 끝나는 경우는 드물기 때문이다. 1회째는 데이터나 수순 미비, 학습 모델의 정확도가 나오지 않는 등의 문제가 발생할 가능성이 있다. 2회째 이후 비로소 올바른 상태로 검증할 수 있으며 학습모델의 정확도를 높일 수 있다.

스케줄

스케줄을 짤 때는 준비에 필요한 시간을 예상하고, 실시 사이클별로 재검토하는 시간을 충분히 설정해야 한다. [그림 3-5]

[그림 3-5] 사이클별로 재검토를 실시하는 기간을 설정한다

출전: 기획입안에서 시스템 개발까지 실제로 사용하는 DX프로젝트의 교과서 (일경BP사, 2020.3)

📚 PoC 결과를 토대로 다시 계획을 짠다.

A사에서는 이상과 같은 계획하에 PoC를 실시했다. 그 결과는 어땠을까?

PM: 전체적으로 78%, 정확도로 80%에는 도달하지 않았지만 이 정도면 괜찮다고 생각합니다.

컨설턴트: 그렇지요. 목표는 어느 정도 달성했습니다. 다만, 60대 이상 고령자 세그먼트의 추천 정확도가 58%로 낮은 것이 신경이 쓰입니다.

PM: 뭔가 대책이 있을까요?

컨설턴트: 60대 이상 세그먼트의 POS 데이터가 분명히 부족합니다. 그러므로 과거 3년분까지 범위를 넓혀 AI에 입력하는 데이터를 늘려 보면 어떨까요?

이렇게 AI는 데이터가 부족해서 정확도가 나오지 않는 경우가 있다. 전체적으로는 충분한 양의 데이터가 있지만, 어느 부서(세그먼트) 단위로 좁혀 보면 데이터가 부족한 경우가 많이 있다. 이런 경우에는 '그 세그먼트를 AI의 대상으로 한다.' '데이터를 더 모은다.' '다른 세그먼트와 머지^{merge}한다.' 등의 대책이 있다. 또, A사의 예에서는 POS 데이터만 이용하기 때문에 파라미터 종류가 적지만, 다양한 데이터를 이용하는 경우에는 어느 파라미터를 사용할 것인가, 라는 점도 AI정확도를 향상시키는 요인이 된다. 여기에서 말하는 파라미터란 AI에 입력하는 데이터 항목이다. 특정량$^{Specific\ amount}$이라고도 한다.

예를 들면 성별, 나이, 지역과 팔린 상품을 입력하여 AI에 학습시키는 것과 성별, 나이, 팔린 상품만을 입력으로 학습시켜 얻어지는 결과가 달라지는 것이다. 수중에 있는 데이터를 바탕으로 어떤 방법(데이터를 늘리거나 파라미터를 늘리는 등)을 강구할 수 있는지? 등을 검토하여 어느 시점(다음 PoC 사이클이나 본개발 등)에 대책을 실시할지를 정해야 한다.

실패하지 않는 PoC 추진 방법

기술 검증 부분을 PoC라고 하고, 사업적인 유효성 검증은 PoB$^{Proof\ of\ Business}$라고 한다. 그러나 특별히 정의하지 않는 한, PoC는 기술 검증과 사업성 검증 두 가지를 모두 포함한 개념으로 쓰인다. 최근 PoC 실시 건수를 디지털화 조직의 목표 수치로 잡는 기업도 적지 않다. PoC는 사업의 디지털화라는 목적을 달성하기 위한 수단일 뿐이지 AI 도입 목적이 될 수 없다. 목적과 수단을 혼동하면 안 된다. [그림 3-6]

[그림 3-6] PoC의 주요 실패 요인

| 실현하고 싶은 서비스가 불명확 | 검증 항목이 불충분 | 실행 체제의 불비 |

PoC에서 앞으로 나아가지 않는다

출전: Nikkei systems. (2019.10)

📚 3개 관점에서 프로젝트 추진

PoC에서 멈춰 버리는 이유는 크게 3가지가 있다.

① 실현하고 싶은 서비스가 불명확하기 때문이다. MaaS$^{\text{Mobility as a Service}}$를 검증한다는 추상적인 테마가 주어지지만 구체적으로 어떤 서비스를 만들고 싶은지 명확하지 않은 경우가 많다. 이런 상황에서 사업 부서에서 수용할 수 있는 서비스를 만들 수 없는 건 당연하다.
② 검증 항목이 불충분하기 때문이다. 흔히 기술 검증에만 몰두해 버리는 경우이다.
③ 실행 체제 미비 때문이다. PoC를 추진하기 위한 적절한 멤버를 모으지 못하는 경우이다. PoC를 능숙히 진행하려면 비즈니스, 이용자, 시스템 등 3개 관점에서 추진해야 한다. [그림 3-6]

비즈니스 관점은 그 서비스로 수익을 창출할 수 있을지의 여부이다. 이용자 관점은 그 서비스가 사용자에게 바람직한지의 여부이고, 테크놀로지 관점은 그 서비스가 기술적으로 실현 가능한지의 여부이다. 이 3개의 관점 중 어느 하나가 빠져도 서비스화하기는 어렵다. 이 3개의 관점에서 실현하고 싶은 서비스 검증 항목, 실행 체제를 정의하는 방법을 알아보자. [그림 3-7]

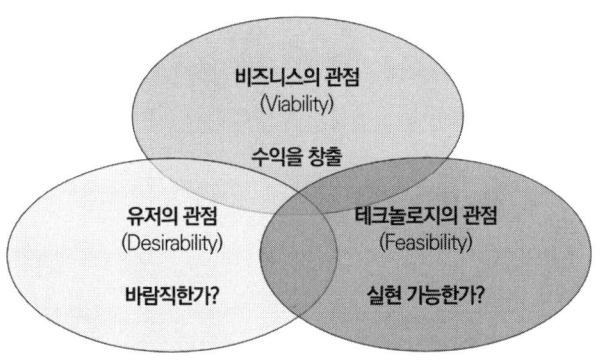

[그림 3-7] PoC에 필요한 3개의 관점

출전: Nikkei systems. (2019.10)

　PoC 성공에 가장 필요한 것은 실현하고 싶은 서비스를 제대로 정의하는 것이다. 하지만 목적이 불명확한 채 기술적인 검증만 언제까지나 계속하는 기업이 있다. 예를 들면, RFID 태그를 사용해 상품의 재고 관리를 하려고 프로토타입 시스템을 구축한 기업이 있다고 하자. 판독의 정확도를 높이는 노력을 계속했지만, 판독 오류는 완전히 없어지지 않았다. 그럼에도 불구하고 PoC를 계속하는 경우가 있다. 기술 검증을 끝없이 계속하고 있는 기업은 업무 현장의 과제가 보이지 않는 경우가 많다. 실제 업무에서 어떤 과제가 있고, 그 해결을 위해 어느 정도의 RFID 판독 정확도가 요구되고 있는지 모르고 있기 때문이다. 이 경우, 현장 조사를 하여 필요한 해결책을 도출할 수 있다. 즉 실현하고 싶은 서비스를 제대로 정의하려면 PoC에서 어떤 태스크를 실시할지를 리스트업 할 필요가 있다.

　어떤 태스크를 실행할지는 프로젝트에 따라 다르지만, 비즈니스와 사용자, 테크놀로지 3개 관점은 어떤 PoC에도 적용할 수 있다. IT 담당 부서가 PoC를 진행하면 아무래도 테크놀로지 관점에서 태스크를 정하기 쉽다. 그러면 비즈니스나 사용자 관점이 빠져, 실현하고 싶은 서비스가 불명확해지게 된다. 또 이 3개의 관점에 프로덕트 릴리즈 Release 후까지 예측한 운영 계획을 만들어야 한다. [그림 3-8]

[그림 3-8] PoC의 단계에서 프로덕트의 릴리스 후를 주시하여 행동 계획을 세운다

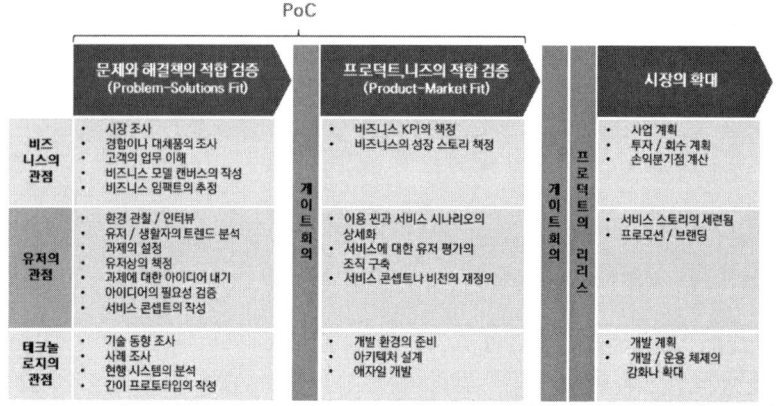

출전: Nikkei systems. (2019.10)

문제와 해결책의 적합성 검증에서는 사용자의 과제를 추출하여, 그 과제를 해결할 방법을 검증한다. 프로덕트와 니즈의 적합성 검증에서는 해결책을 구체화한 프로덕트의 프로토타입을 작성하여 사용자의 니즈에 합치하는지를 검증한다. 시장 확대 에서는 프로덕트의 릴리즈 후에 해야 할 일을 결정한다.

📚 사업 부서를 설득할 수 있는 숫자 취득

PoC의 검증 항목에 대해서도 비즈니스, 사용자, 테크놀로지 이 3개 관점에서 검증하는 것이 성공의 지름길이다. 일반적으로 'AI예측 정확도는 90% 이상이다'와 같은 테크놀로지 관점 평가만으로 그치는 경우가 적지 않다. 그러나 예상되는 매출이나 업무 개선 효과, 액티브 사용자User의 수 등 비즈니스나 사용자 관점에서도 평가해야 한다. [그림 3-9]

[그림 3-9] 검증 내용과 평가 지표의 예

	검증 내용	평가 지표
비즈니스의 관점	• 매상 • 업무 개선 효과 ⋮	• 10만엔 / 월 • 100시간 삭감 / 년 ⋮
유저의 관점	• 서비스가 필요한가 • 액티브 유저 수 ⋮	• 프로토타입 유저의 지지율이 60% 이상 • 100명 ⋮
테크놀로지의 관점	• 실현 가능한가 • AI의 예측 정확도 ⋮	• 프로토타입의 완성 • 정답률 90% 이상 ⋮

출전: Nikkei systems. (2019.10)

PoC 단계에서 실제로 서비스화했을 때의 수익 예상이나 설삼 가능한 인력 등을 산출하여 ROI(투자 대 효과)를 계산하여 보여 주면 경영층이나 사업 부서의 이해를 얻기 쉬워진다.

테크놀로지 관점과 사용자 관점에서 검증해야 할 평가 항목이 크게 다른 예를 보자. 어느 금융 기관에서 기존 사용자의 활동 이력 등에서 부정 혐의가 큰 거래를 발견해 내는 AI시스템을 도입하려고 했다고 하자. 이를 위한 AI는 IT 전문 회사의 서비스를 이용했다. PoC 단계에서 검증한 결과, 사전에 예상했던 검지율을 상회하는 결과였다. 테크놀로지 관점에서는 만족스러운 결과였다. 그러나 실제로 그 시스템은 도입할 수 없었다. 혐의가 큰 거래를 발견하면 기존 사용자에게 그 취지를 알려 주어야 한다. 왜 부정 혐의가 있었는지, 그 근거를 제대로 설명할 수 없으면 거래 중지 등의 조치를 할 수 없다. 이렇게 사업 부서는 판단했다. IT 전문 회사의 AI서비스를 이용했기 때문에 왜 부정으로 판단하는지의 로직^{Logic}은 금융 기관에서는 블랙박스였기 때문이다.

결과적으로 사용자에게 근거를 설명할 수 없었기 때문에 이 부정 검지 시스템의 도입은 보류되었다. 이를 막으려면 PoC 관점에서 사용자(이 경우는 사업 부서)의 관점에서 부정이 의심되는 사용자에 대해 일정 근거를 설명할 수 있는가? 라는 검증 항목을 추가했어야 했다.

제4장

요건 정의

4-1
AI시스템 요건 정의

AI에 대한 개요는 대충 이해하고 있지만, 시스템 구축 현장에서는 AI를 어떻게 사용해야 할까? 라고 하는 의문에 답하기 위해 AI시스템 구축 시 반드시 알아 두어야 할 기본적인 프로세스를 소개한다.

📚 요건은 책상 위에서 모두 작성할 수 없어

요건 정의는 AI 도입만이 아니라 정보 시스템 구축 프로젝트의 성패를 좌우하는 가장 중요한 프로세스이다. 특히 AI시스템 구축에서는 AI가 수행해야 할 역할이나 AI시스템 구축 목적이 명확하지 않은 경우가 많으므로 SI 방식의 시스템을 구축할 때보다 요건 정의를 하기가 더 어렵다. AI시스템 구축 특징으로 요건 정의 단계에서 PoC(개념 검증 =Proof of Concept)가 있다는 것을 들 수 있다. 일반적인 업무 프로세스를 시스템화하는 프로젝트와 달리 대부분의 AI시스템 구축 프로젝트는 요건 정의를 탁상에서 판단할 수 없는 사항이 수없이 많이 있기 때문이다. [그림 4-1]

[그림 4-1] AI시스템의 구축 프로세스(AI요건 정의의 위치)

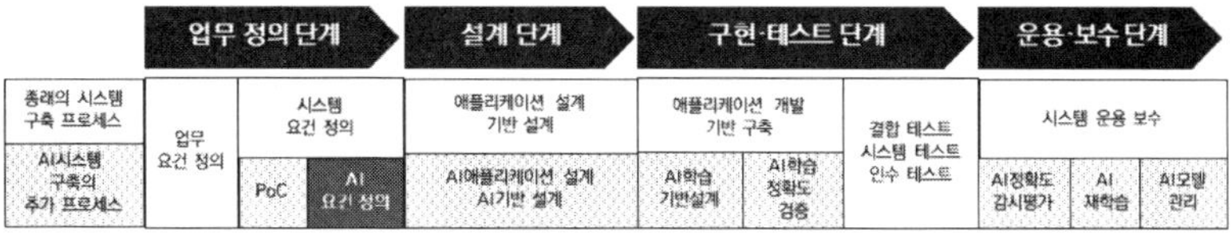

업무 정의 단계			설계 단계		구현·테스트 단계		운용·보수 단계		
종래의 시스템 구축 프로세스	업무 요건 정의	시스템 요건 정의	애플리케이션 설계 기반 설계		애플리케이션 개발 기반 구축		결합 테스트 시스템 테스트 인수 테스트	시스템 운용 보수	
AI시스템 구축의 추가 프로세스		PoC	AI 요건 정의	AI애플리케이션 설계 AI기반 설계	AI학습 기반설계	AI학습 정확도 검증		AI정확도 감시평가	AI 재학습	AI모델 관리

출전: 일경시스템즈. (2018.11)

📚 프로젝트 범위의 정량화 및 구체화

　프로젝트를 개시할 때 AI 도입 목적을 명확히 해야 한다. 지극히 당연하다고 생각할지 모르지만, AI 도입 프로젝트에서 최초로 부딪히는 어려운 문제가 바로 이것이다. AI시스템 도입 실패 중의 하나가 AI의 도입 자체를 목적으로 하는 경우를 자주 볼 수 있다. AI는 비즈니스의 목적을 달성하기 위한 하나의 수단일 뿐이다. AI 도입 목적을 브레이크 다운$^{Break-down}$하여 세분화해야 한다. 또 사용자^{User}가 AI는 만능이라고 생각하여 목적을 명확히 하지 않는 경우도 자주 볼 수 있다. 이래서도 안 된다. 소매업에서 점포별 수요를 예측하여 상품 발주 작업을 지원하는 시스템을 도입한다고 생각해 보자. AI 도입으로 어떠한 효과를 얻을 수 있다고 생각할까? 실제 프로젝트에서는 다음과 같은 AI 도입 목적이 있을 수 있다.

① 구입하고자 하는 상품의 발주 누락 방지로 매상 증대
② 재고 폐기율 저하로 비용 절감
③ 상품 발주 업무 시간 단축으로 잔업 시간 단축
④ 상품 요건의 증가 경향을 종업원에게 교육하여 사용자의 상품 제안력 강화

⑤ 사용자의 잠재적 구입 욕구를 끌어내는 감동적인 품질 실현

이 중 몇 가지는 상품 발주 및 업무 지원 시스템 목적으로 무리가 있다고 느끼는 사람도 있을 것이다. 하지만 실제 AI 도입 프로젝트를 시작하면 그렇지 않다.

AI는 만능이 아니다

일정한 비용과 스케줄로 프로젝트를 진행하려면 실현성 있는 목적과 범위를 설정해야 한다. 프로젝트의 범위를 명확히 하기 위한 유효한 수단 중 하나는 AI시스템 구축 목적과 효과를 정량화하거나 구체화하는 것이다. 목표로 해야 할 지표를 보다 구체화하면 목적 간 우선순위를 결정하기 쉬워진다.

앞의 예처럼 프로젝트 목적을 재고 폐기율 저하에 따른 비용 절감으로 설정하면 AI로부터 높은 예측 정확도를 얻을 수 있다. 상품 수요 증가 경향을 종업원에게 교육하여 사용자의 상품 제안력 강화가 목적일 경우에는 정확도보다 해석성(AI가 왜 이러한 예측 결과를 나타내는가, AI를 사용하는 인간이 이해할 수 있는 것)이 높은 알고리즘을 선택하는 것이 더 좋다. AI에 해석성이 필요한가는 업무 요건을 작성하는 데 가장 중요한 포인트 중 하나이다.

📚 요건 정의 단계의 전체 이미지

　AI기술을 도입하여 신서비스를 개발하는 경우, 기존 업무를 정리하여 시스템 요건을 정의하는 SI 방식의 시스템 개발 정석은 통용되지 않는다. 시스템화 대상이 되는 기존 업무가 없다는 전제하에 요건 정의를 어떻게 해야 할지를 설명한다.

　A사는 서비스 기획 및 전략 단계가 끝나고 드디어 개발해야 할 시스템의 내용을 구체화하는 요건 정의를 하려고 하고 있다. 먼저 AI 도입 리더인 PM, IT 담당, 컨설턴트 간에 주고받은 대화를 들어 보자.

PM: 자, 드디어 요건 정의를 하는군요. 어떻게 진행할까요?

IT 담당: 그러네요! 우선은 업무 요건 정의를 먼저 한 다음, 시스템 기능 요건 정의를 하는 것이 정석이지요.

PM: 역시…. 단, 업무 요건이라고 해도 새로운 서비스니까 기존 업무가 아니겠네요?

IT 담당: 음…. 확실히….

컨설턴트: 신시스템 개발 요건 정의는 SI 방식의 시스템 개발과는 프로세스가 다릅니다.

　이 대화처럼 AI기술을 도입하여 신시스템을 개발하는 경우는 기존 업무에 없는 새로운 업무를 대상으로 한다. SI 방식의 시스템처럼 시스템화 대상이 되는 업무를 정리한 후 시스템 요건을 정의하는 개발 방법은 통용되지 않는다. 그럼 어떻게 하면 좋을까? AI 도입도 그 내용에 따라 요건 정의 작업의 진행 방식이 다르다. 구체적으로 보면 그 차이는 [그림 4-2]와 같다.

[그림 4-2] AI프로젝트와 SI 방식 시스템 개발 프로젝트의 요건 정의 작업의 차이

요건 종류		요건 정의 프로세스	
SI 방식 프로젝트		업무 요건 정의 →	시스템 요건 정의
AI프로젝트	RPA나 업무의 AI기술 등 업무계 AI	업무 요건 정의 →	시스템 요건 정의
	AI기술을 이용한 신서비스계 AI	시스템 요건 정의 (녹서비스 요구) →	업무 요건 정의

출전: 기획입안에서 시스템 개발까지 실제로 사용하는 DX프로젝트의 교과서 (일경BP사, 2020.3)

먼저 SI 방식의 시스템 개발 프로젝트의 요건 정의 흐름을 보자. 생명 보험 회사의 보험 계약 체결 관련 시스템의 예를 보면, 보험 계약 체결과 관련된 업무는 보험 신청 내용에 부족한 점이 있는가? 에 대한 체크나 피보험자의 총액 보험 금액 확인 등이 있다. 이것을 정리한 것이 업무 요건이다.

새로운 보험 상품을 개발할 시에는 기존 업무의 어디를 어떻게 바꿀지를 업무 요건으로 정리한다. 이 업무 요건 중 어떤 업무 요건을 시스템화할까? 또는 어느 시스템 기능을 변경할지를 정리하는 것이 시스템 요건 정의다.

📚 업무 개혁을 위한 요건 정의는 SI 방식과 동일

AI 도입은 현재 하고 있지 않은 업무를 AI기술을 활용해 시행하는 프로젝트와 현재 하고 있는 업무를 자동화하는 프로젝트 등 두 종류가 있다. RPA$^{Robotic\ Process\ Automation}$는 후자에 속한다. RPA는 기존의 업무(작업)가 있고 그것을 어떻게 자동화할지를 생각한다. 즉, 기본적으로 SI 방식의 시스템과 같은 요건 정의 흐름이 된다. 예를 들면, 영수증을 AI를 활용한 OCR(광학 문자 인식)시스템으로 판독하여 인식한 정보를 회계 시스템에 입력하는 시스템을 구축하는 경우, 영수증 처리 절차 자체는 기존 업무로 존재하기 때문에 이것이 업무 요건이 된다. 그 절차 중 어느 부분을 AI나 RPA를 이용해 자동화할지가 시스템 요건에 해당한다.

📚 신서비스 개발은 기능을 먼저 정의해야

AI기술을 이용한 신서비스 개발 프로젝트는 기존의 업무가 있는 게 아니기 때문에 업무 요건이 존재하지 않는다. 그럼 어떻게 하면 좋을까? 먼저 시스템 이용자에게 어떠한 기능과 시스템을 제공할지를 정의해야 한다. 웹^{Web} 애플리케이션이나 모바일 애플리케이션이라면 화면$^{Front\ End}$과 시스템 이용자용 UI$^{User\ Interface}$안을 작성한다. 이용자에게 어떤 서비스를 제공하고 싶은지에 대한 시스템 기능을 정리하면서 정의해 나간다. 어떠한 시스템을 제공할지가 정해진 후에는 그것을 운영하기 위한 업무로 무엇이 필요한지를 정의한다. 업무 요건을 업무 프로세스 요건으로 파악하면 신시스템 개발 프로젝트에서 요건 정의 프로세스는 시스템 요건 정의→업무 요건 정의 순서로 이뤄진다. SI 방식의 프로젝트와는 그 순서가 반대이다.

📚 신서비스를 개발하기 위한 AI 도입 요건 정의

신서비스 개발을 위한 AI 도입의 요건 정의 작업을 더 상세화하면 [표 4-1]과 같이 5개로 정리할 수 있다.

[표 4-1] 신서비스 개발의 요건 정의에서 필요한 작업

요건 정의 종류	작업 내용	정의할 것, 성과물
프론트엔드 기능 요건 정의 (엔드 유저 기능 요건 정의)	엔드 유저(서비스 이용자)용에 어떠한 서비스, 기능(화면이나 통지 등의 UI)을 제공할지를 정의한다	• 프론트 기능(화면) 요건 정의서 - 화면 와이어 프레임, 처리 요건 - 화면 전이 - 화면 목록 - 메일, SMS 목록 - 푸시 통지 목록 - 대응 OS, 브라우저 등
업무 요건 / 관리 기능 요건 정의	서비스를 제공하기 위해 필요한 운영 업무와 그 내용을 정의한다. 운영 업무를 서포트하는 관리 기능으로써 필요한 기능(화면 등)을 정의한다	• 업무 요건 정의서 - 업무 목록 - 업무 처리 요건 (업무별) • 관리 화면 목록 • 관리 화면 와이어 프레임, 처리 내용 • 양식, 파일 목록 등
AI기능 요건 정의	AI의 목적이나 처리 개요, 출력 데이터의 정의, 입력 데이터의 조건이나 가공 요건 등을 정의한다	• AI기능 요건 정의서
백 엔드 기능 요건 정의	프론트엔드 기능이나 관리 기능 등을 실현하기 위해 필요한 백 엔드 기능이나 데이터, 타 시스템과의 인터페이스 등을 정의한다	• API 목록 • 배치 목록 • 인터페이스 목록 • 양식, 파일 목록 • 데이터 목록 / 개념 E-R도 등
비기능 요건 정의	예상 액세스 수나 이용자 수, 가능성 등 인프라에 요구되는 규모나 시스템 구성을 결정할 때 필요한 비기능면의 요건을 정의한다	• 비기능요건 정의서 - 액세스 수, 이용자수 - 안전성 요건 - 성능 요건 등

출전: 기획·입안에서 시스템 개발까지 실제로 사용하는 DX프로젝트의 교과서 (일경BP사, 2020.3)

A사의 프로젝트의 경우 어느 부분의 요건을 정의할지를 정의한다. [그림 4-3]

[그림 4-3] A사의 서비스에서의 요건 정의 작업의 종류

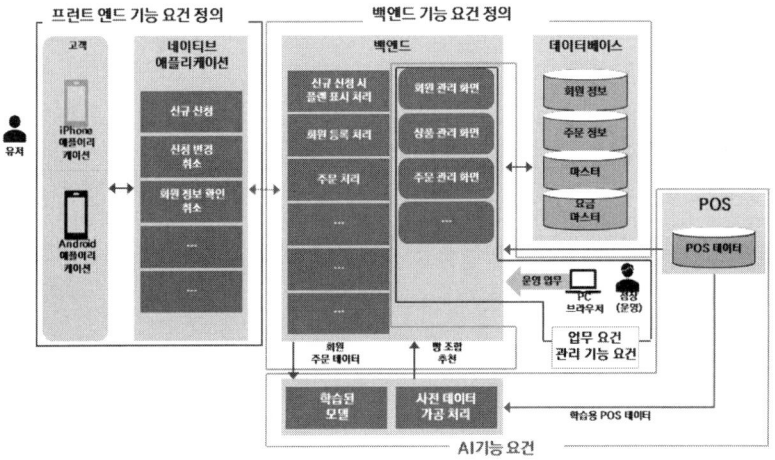

출전: 기획입안에서 스템 개발까지 실제로 사용하는 DX프로젝트의 교과서 (일경BP사, 2020.3)

회원 관리나 주문 관리와 같은 각 점포의 점장 등이 운영하는 업무가 대상이 된다. [표 4-1]에서 정의한 5종류의 작업은 [그림 4-4]와 같이 진행한다.

[그림 4-4] 요건 정의 작업의 전체상

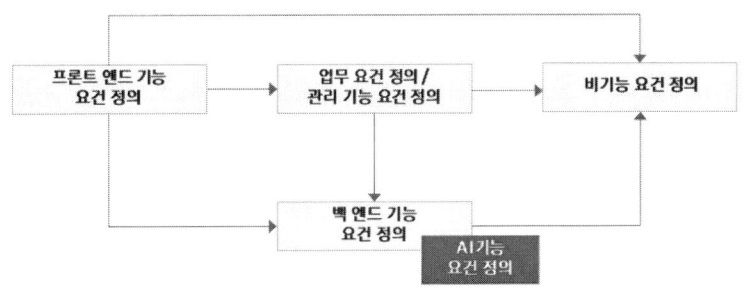

출전: 기획입안에서 시스템 개발까지 실제로 사용하는 DX프로젝트의 교과서 (일경BP사, 2020.3)

먼저 서비스 이용자^{User}용 화면 기능$^{Front\ End}$을 정리하여 제공하고 싶은 서비스나 표현하고 싶은 것을 확정한다. 다음에는 그 서비스 제공에 필요한 운영 업무나 그 업무를 지원하는 관리 기능을 정의한다. 그 다음, 화면$^{Front-End}$ 기능이나 관리 기능을 실현하는 데 필요한 AI기능이나 백 엔드$^{Back-End}$ 기능, 데이터 및 관련 시스템과의 인터페이스를 정의한다. 마지막으로 모든 요건을 수용하여 가용성이나 안전성 등의 비기능 요건을 정의한다. 개개 작업의 관련성을 상세히 알아보자. 먼저 프런트 엔드$^{Front-end}$ 기능 요건과 업무 요건 및 관리 기능 요건의 작업 관계성에 대해 알아보자. [그림 4-5]

[그림 4-5] 프론트 엔드 기능 요건과 업무 요건 / 관리 기능 요건의 작업의 관계성

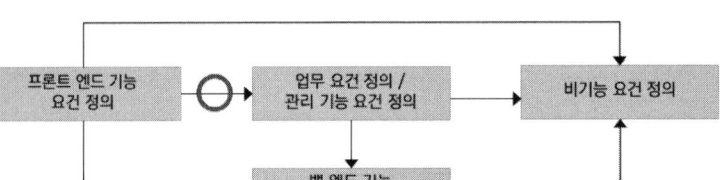

출전: 기획입안에서 시스템 개발까지 실제로 사용하는 DX프로젝트의 교과서 (일경BP사, 2020.3)

신서비스 개발 프로젝트의 경우, 먼저 서비스 이용자용 기능을 정하지 않으면 업무 요건이 확정되지 않는다. [그림 4-6]

[그림 4-6] 프론트 엔드 기능 요건이 운영 업무나 관리 기능의 요건에 영향을 준다

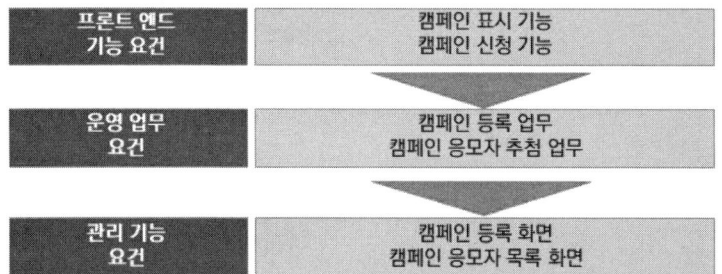

출전: 기획입안에서 시스템 개발까지 실제로 사용하는 DX프로젝트의 교과서 (일경BP사, 2020.3)

예를 들면, 빵 추천 서비스 이용자용 기능 요건의 검토 중 서비스 이용자 화면에 본사나 점포가 기획 및 운영하는 캠페인을 표시해 이용자가 거기에 응모할 수 있다는 요건이 나왔다고 하자. 캠페인을 표시하려면 캠페인 등록 업무가 필요하고, 시스템 이용자가 캠페인에 응모할 수 있도록 하려면 응모자를 확인해 추첨 작업을 하는 업무도 발생한다. 업무를 하기 위해서는 관리 화면도 필요하다. 캠페인 등록 화면이나 응모자를 목록으로 참조하는 화면 등이다.

이처럼 신시스템계 개발 프로젝트의 요건 정의는 먼저 시스템 요건 중 프런트 엔드 기능 요건을 정해야 한다. 그 결과에 따라 필요한 운영 업무를 정리해 나간다. 이어 프런트 엔드 기능 요건이나 업무 요건 및 관리 기능 요건과 AI기능 요건 및 백 엔드 기능 요건의 관계를 살펴보면 [그림 4-7]과 같다.

[그림 4-7] 프론트 엔드 기능 요건· 업무 요건 /
관리 기능 요건과 AI기능 요건·백 엔드 기능 요건의 관계성

프론트 엔드 기능
요건 정의
업무 요건 정의 /
관리기능 요건 정의
비기능 요건 정의
백 엔드 기능
요건 정의
AI기능
요건 정의

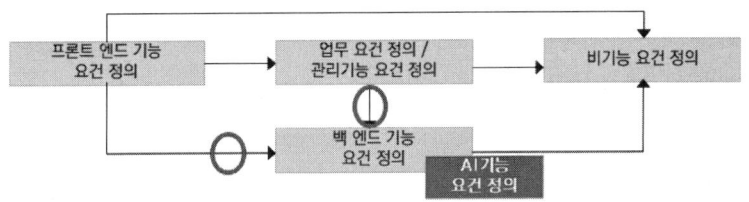

출전: 기획입안에서 시스템 개발까지 실제로 사용하는 DX프로젝트의 교과서 (일경BP사, 2020.3)

AI기능 요건은 [그림 4-8]처럼 프런트 엔드 기능 요건을 수용해 결정한다.

[그림 4-8] AI기능 요건은 프론트 기능 요건을 수용하여 결정한다

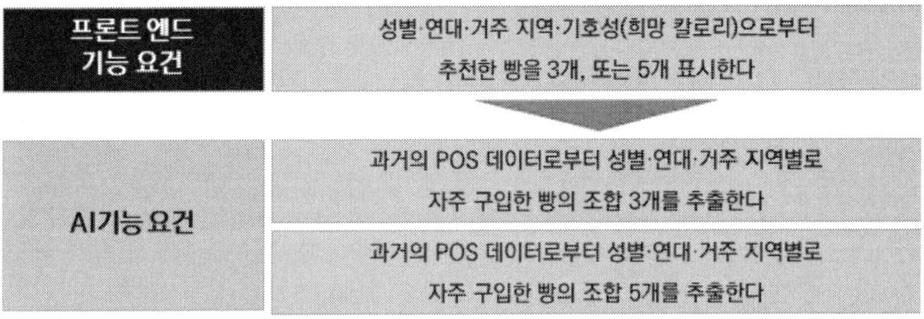

프론트 엔드
기능 요건
성별·연대·거주 지역·기호성(희망 칼로리)으로부터
추천한 빵을 3개, 또는 5개 표시한다
AI기능 요건
과거의 POS 데이터로부터 성별·연대·거주 지역별로
자주 구입한 빵의 조합 3개를 추출한다
과거의 POS 데이터로부터 성별·연대·거주 지역별로
자주 구입한 빵의 조합 5개를 추출한다
출전: 기획입안에서 시스템 개발까지 실제로 사용하는 DX프로젝트의 교과서 (일경BP사, 2020.3)

예를 들면 프런트 엔드 기능 요건에서 추천하는 빵의 수는 3개와 5개의 패턴이 있다는 요건으로 했다고 하자. 이 경우, AI의 요건에도 3개의 조합을 추출하기 위한 학습과 5개의 조합을 추출하기 위한 학습 등 두 종류가 필요하다. 백 엔드 기능 요건도 프런트 엔드 기능 요건의

결정을 수용해 [그림 4-9]와 같이 결정한다.

[그림 4-9] 백 엔드 기능요건도 프론트 엔드 기능 요건의 영향을 받는다

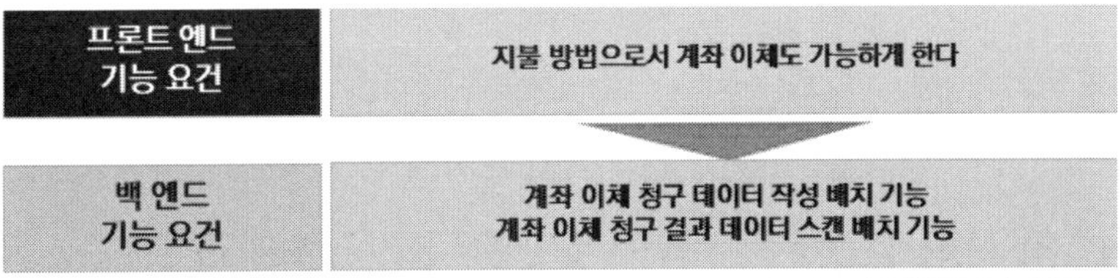

프론트 엔드 기능 요건	지불 방법으로서 계좌 이체도 가능하게 한다
백 엔드 기능 요건	계좌 이체 청구 데이터 작성 배치 기능 계좌 이체 청구 결과 데이터 스캔 배치 기능

출전: 기획입안에서 시스템 개발까지 실제로 사용하는 DX프로젝트의 교과서 (일경BP사, 2020.3)

예를 들면 프론트 엔드 기능 요건에서 지불 방법으로 계좌 이체도 가능하게 한다고 설정한 경우이다. 계좌 이체를 대행하는 수납^{Payment} 대행업자에게 청구 데이터를 보낼 필요가 있으므로 서버$^{Back\ End}$ 측에 계좌 이체 청구 데이터를 작성하는 배치^{Batch} 기능이나 청구 결과를 가져올 배치 기능을 준비하는 것이 필요하다. 백 엔드 기능 요건은 업무 요건의 영향도 받는다. [그림 4-10]

[그림 4-10] 백 엔드 기능 요건은 업무 요건의 영향도 받는다

업무 요건	발송 작업
백 엔드 기능 요건	발송용 수신처 씰 인쇄 배치 기능

출전: 기획입안에서 시스템 개발까지 실제로 사용하는 DX프로젝트의 교과서 (일경BP사, 2020.3)

빵 발송용 상자에 수신인 씰^{Seal}을 붙이는 업무를 점포에서 실시하는

경우 일일이 인쇄하는 것은 번거롭다. 발송 대상 회원의 수신인 씰을 일괄적으로 인쇄하는 백 엔드 기능이 필요하다는 것을 예상할 수 있다. 이처럼 백 엔드 기능 요건은 프런트 엔드 기능이나 업무 요건 및 관리 기능 요건 등을 수용하여 정리한다.

비기능 요건은 다양한 요건의 영향을 받아

마지막으로 비기능 요건이다. 이것은 프런트 엔드 기능, 업무 요건 및 관리 기능 요건, 백 엔드 요건 각각의 영향을 받는다. [그림 4-11]

[그림 4-11] 비기능 요건은 각종 기능 요건의 영향을 받아 결정한다

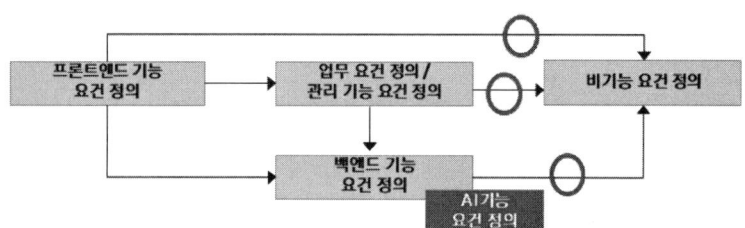

출전: 기획입안에서 시스템 개발까지 실제로 사용하는 DX프로젝트의 교과서 (일경BP사, 2020.3)

예를 들면, 이 시스템에서는 요구되는 성능 요건은 캠페인 표시 및 신청 기능의 첨부 여부에 따라 크게 달라진다. 캠페인 표시 및 신청 기능을 첨부하지 않으면 월 1회 추천하는 빵을 모바일로 확인할 정도의 접속access밖에 할 수 없다. 캠페인 표시 및 신청을 할 수 있게 되면 캠페인 기간에 따라 다르지만 많은 시스템 이용자가 같은 시기에 액세스하게 된다.

보안security 요건도 영향을 받는다. 업무 요건이나 관리 기능 요건으로 캠페인의 당첨 업무를 점포에서 하면 개인 정보를 점포에서 다루므로 높은 보안이 요구된다. 백 엔드 기능 요건으로 계좌 이체 청구 데이터를 외부의 수납 대행업자에게 보낼 필요가 있다고 하면 역시 보안 요건이 발생한다.

가용성 요건은 어떨까? 가용성 요건이란 어느 정도 시스템을 정지시키고 싶지 않은가(높은 가동률을 확보하고 싶은가)의 요건이다. 빵의 확인이나 캠페인 신청이 가능한 시스템 정도라면 절대로 시스템이 다운되면 안 된다는 등의 높은 가용성이 요구되지는 않을 것이다. 이처럼 비기능 요건은 각종 요건을 바탕으로 확정할 필요가 있다.

4-2
프론트 엔드 기능 요건 정의

이번 장에서는 신서비스 개발 AI 도입의 요건 정의를 상세히 설명한다. 요건 정의 중 가장 중요하다고 하는 프런트 엔드 기능 요건 정의에 대해 알아보자. [그림 4-12]

[그림 4-12] 가장 중요한 프론트엔드 기능 요건 정의

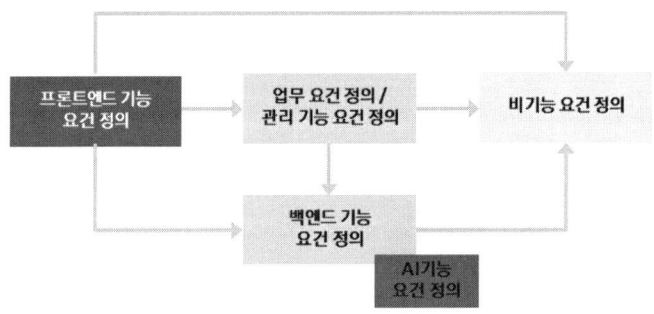

출전: 기획입안에서 시스템 개발까지 실제로 사용하는 DX프로젝트의 교과서 (일경BP사, 2020.3)

프런트 엔드 기능 요건 정의는 실사용자에게 어떠한 서비스(기능이나 콘텐츠)를 제공할지를 결정한다. 앞에서 설명한 대로 업무 요건 및 관리 기능 요건, 백 엔드 기능 요건 및 AI기능 요건 등에 영향을 주는 중요한 작업이다. 구체적인 프런트 엔드의 와이어프레임^{WireFrame}을 그리면서 통지 등 시스템 사용자와의 커뮤니케이션 등을 충분히 하면서 서비스 내용을 계속 보완해 나간다. 주요 작업을 정리하면 [표 4-2]와 같다.

[표 4-2] 프론트엔드 기능 요건 정의의 작업 내용

작업 종류	작업 내용	성과물
화면 요건 정의	• 화면 플로우·레이아웃 정의 각 액션의 정의	• 화면 목록 • 화면 와이어 프레임, 화면 처리 요건 정의
메일·SMS·통지 요건 정의	• 메일이나 SMS, 푸시 통지 등의 레이아웃이나 텍스트, 항목의 정의 • 배달 조건, 배달 대상 등의 정의	• 통지 목록 • 메일, SMS, 통지의 레이아웃 정의와 조건 정의
양식·파일 요건 정의	• 다운로드 파일이나 업로드 파일, 인쇄물의 레이아웃, 항목의 정의 (양식이나 파일이 있는 경우)	• 양식 / 파일 목록 • 양식 / 파일 레이아웃, 처리 요건 정의
프론트 엔드 환경 요건 정의	• 동작 보증을 하는 OS나 브라우저 종류의 정의	• 대응 OS / 브라우저 목록

출전: 기획입안에서 시스템 개발까지 실제로 사용하는 DX프로젝트의 교과서 (일경BP사, 2020.3)

웹^{Web} 내의 애플리케이션과 모바일 애플리케이션용 서비스 개발을 예상한 것이다. A사는 개발해야 할 서비스 내용을 구체화하는 첫 번째 요건 정의 작업인 프런트 엔드 요건 정의 작업을 하려 하고 있다. AI리더인 PM, IT 담당, 컨설턴트의 대화를 들어 보자.

PM: 프런트 엔드 기능 요건 정의에서 무엇을 해야 할지는 알겠는데 이것을 우리가 할 수 있을까요?

IT 담당: 음…. 저는 업무 프로세스를 만든 경험밖에 없어서요….

PM: 업무 요건은 발주자가 내는 것이 보통인데요, 프런트 엔드 기능 요건도 우리가 하는 것일까요?

IT 담당: 음….

컨설턴트: 프런트 엔드 기능 요건은 발주자 혼자 결정하는 것은 어렵다고 생각합니다. 벤더의 지원을 받는 것이 좋다고 생각합니다.

프런트 엔드 기능 요건 정의 작업은 업무가 아니라 서비스에 관한 요건 정의 작업에 해당한다. 따라서 프런트 엔드 개발에 강한 전문 회사나 디자인 회사, 시스템 개발 회사에 의뢰하는 것이 일반적이다. 모바일의 애플리케이션이나 웹^{Web} 시스템의 UX$^{User\ Experience}$나 UI$^{User\ Interface}$는 나날이 진화해 가고 있다. 예를 들면, 모바일 애플리케이션으로 성별이나 나이, 주소 등을 입력시키는 요건은 때로는 공개 불가라고 판단할 우려가 있다. 또, 위치 정보 취득 룰^{Rule} 등도 OS에 따라 여러 제약이 있다. 이러한 최신 정보는 모바일 애플리케이션 개발 실적이 많은 회사가 잘 알고 있다. 타사의 사례를 많이 알고 있는 경험과 지식이 많은 전문가가 최적의 UX를 생각할 수 있을 것이다. 프런트 엔드 개발에 능통한 회사를 요건 정의 단계부터 참여시키면 무난하다.

그렇다고는 해도 그런 회사에 전부 맡길 수 있는 건 아니다. 발주자인 사용자로서 무엇을 실현하고 싶은가? 현업 사용자에게 무엇을 제공하고 싶은가? 등을 확실히 전달할 필요가 있다. What(무엇을 만들까?)보다도 How(어떻게 만들까?)에 대해 외부의 지원을 받는 것이 좋다.

📚 리얼Real한 화면 이미지를 만들면서 구체화

그러면 주된 요건 정의 작업에 대해 하나씩 알아보자. 우선은 화면 요건 정의다. 구상 단계에서도 간단한 프런트 엔드 이미지는 정리하였지만 요건 정의 단계에서는 좀 더 상세히 검토한다. [그림 4-13]

화면의 구성이나 표시 항목을 나열한 와이어프레임 레벨까지 구체화한다. SI 방식의 시스템 개발의 요건 정의는 여기에 회원 정보를 입력한다는 등 엔티티$^{Entity=데이터}$ 단위 화면을 정의하는 방법이나 주요 항목만을 정의하는 방법이 일반적이다. 엔티티와 DB^{데이터베이스}의 관계는 [부록] 13. 엔티티^{Entity}와 같다 그러나 AI 도입은 기간계 시스템 개발 방식^{SI}과 달리 입력이 되는 명확한 기존의 업무 요건이 없다.

[그림 4-13] 요건 정의 단계에서는 화면의 구성이나 표시 항목을 정리해 간다

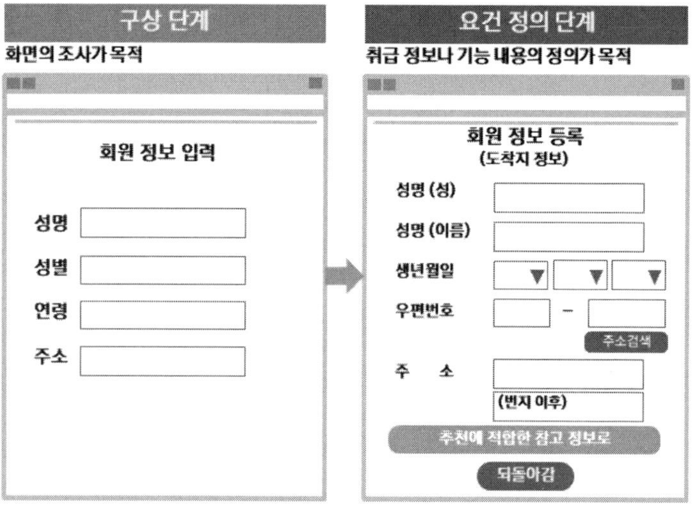

출전: 기획입안에서 시스템 개발까지 실제로 사용하는 DX프로젝트의 교과서 (일경BP사, 2020.3)

그래서 어느 정도 리얼한 화면 이미지를 만들면서 요건을 정의해 가는 애자일형 방식이 필요하다. 리얼한 화면 이미지란 하나하나의 표시 항목의 레벨까지 구체화한 것이다.

또 신서비스 개발에는 프런트 엔드 기능을 유지하기 위한 관리 기능이나 백 엔드 기능이 있다. 프런트 엔드 기능만이라도 빨리 구체화해 두지 않으면 스케줄이 대폭 지연될 우려가 있다. 원래 AI 도입은 기간계 시스템 개발보다 개발 기간이 짧은 경우가 많다. 기간계 시스템 개발과 같은 방식으로 할 수 없다는 것을 알 수 있다.

📚 유스케이스 Usecase별 요건 정의

화면 요건 정의 작업은 구상 단계에서 정리한 유스케이스별, 또는 관련 있는 유스케이스별로 진행한다. [그림 4-14]

[그림 4-14] 유스케이스의 단위로 화면 요건 정의를 진행한다

액터	유스케이스 분류	유스케이스
고객(액터)	신규 신청	정기 배달 서비스에 신청
		배달 내용을 확인한다
	먹는다	배달된 빵을 먹는다
	변경·취소	신청 내용을 변경한다
		신청 내용을 취소한다
빵집	주문 확인 ~ 상품 준비	주문한 빵을 구워 냉동한다
	배송 준비	포장한다
		배송 수속을 한다
배송업자	배송	상품을 받아 배송한다

출처: 기획입안에서 시스템 개발까지 실제로 사용하는 DX프로젝트의 교과서 (일경BP사, 2020.3)

유스케이스 단위로 요건 정의를 하는 목적은 UX 향상에 있다. 서비스 이용자의 화면 조작 Operation을 유스케이스 단위로 생각, 가장 쾌적한 UX를 제공할 수 있는 화면 구성이나 조작 플로우 Operation Flow를 검토한다. 그중에서도 우선적으로 검토해야 할 것은 서비스의 근간이 되는 유스케이스이다. A사 서비스에서는 빵 추천이 서비스 근간이므로 추천에 관한 유스케이스의 우선도가 높다. 실제로 빵 추천에 관한 유스케이스로 어떻게 화면 요건 정의를 해 나갈지에 대해 알아보자. 먼저 이용자의 조작 플로우를 그리고, 전체 UX를 생각하면서 각 화면의 구성을 검토한다. [그림 4-15]

[그림 4-15] 화면 플로우의 전체상을 그리면서 거듭 개선한다

출전: 기획입안에서 시스템 개발까지 실제로 사용하는 DX프로젝트의 교과서 (일경BP사, 2020.3)

  이 구성을 바탕으로 플로우를 수정해 나가는 방식으로 플로우와 구성의 정의를 반복하면서 완성도를 높여 간다. 예를 들면, 배송하는 빵을 AI가 선택하는 '위임 플랜'과 이용자 스스로 선택하는 플랜 등 2개를 준비하기로 한다. 화면 흐름^{Flow}이 다르므로 각각에 대해 정리한다. 위임 플랜은 AI가 추천할 때 필요한 정보를 이용자에게 입력하게 하는 것을 의식한 플로우이다. 조건(칼로리)을 선택하게 한다, 회원 정보를 입력하게 한다 등이다.

  도시와 교외에서는 기호성이 다를 것이며 춥거나 따뜻한 기온의 차이도 기호성에 영향을 줄 가능성이 있다. 성별, 나이에 의한 경향도 있을 것이며 칼로리를 신경 쓰는 사람과 그렇지 않은 사람으로 취향이 갈릴지도 모른다. 이런 것을 생각하며 어떤 화면이 필요한지를 검토한다. 그다음, 개개의 화면 레이아웃을 검토한다. 예를 들면 회원 정보를 입력하는 화면 레이아웃에서는 추천에 필요한 입력 정보를 항목 레벨로 정리해 간다. [그림 4-16]

[그림 4-16] 화면 레이아웃을 표시 항목의 레벨에서 검토한다

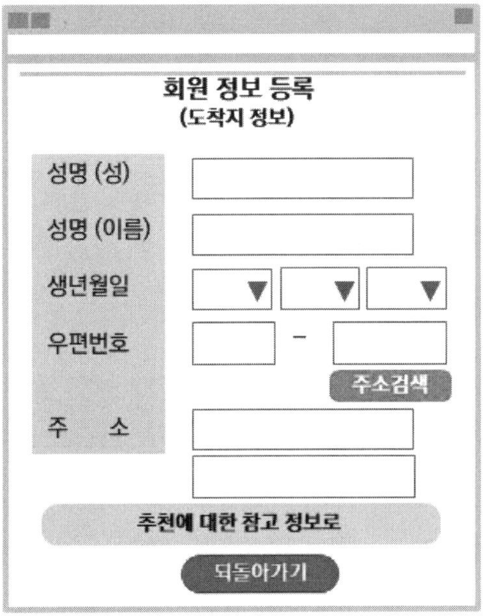

출전: 기획입안에서 시스템 개발까지 실제로 사용하는 DX프로젝트의 교과서 (일경BP사, 2020.3)

전 항목을 1개 화면에 입력할 것인지, 혹은 여러 개로 나누는 것이 좋을지를 생각해 UX를 고려, 화면 플로우와 화면 구성을 결정해 간다.

애플리케이션 작동이나 백 사이드의 처리를 마무리한다

화면의 흐름Flow과 구성이 대략 확정되면 각 화면의 처리 요건을 정의한다. 이용자가 문자 입력이나 화면 선택 등을 할 때 애플리케이션이 어떤 작동behavior을 하는지, 그 백사이드Back side에서 어떠한 처리가 필요한지를 정리한다.

정리할 내용은 정보를 출력하는 화면인지, 입력시키는 화면인지에 따라 다르다. 출력의 경우, 스스로 빵을 선택하는 코스를 선택한 이용자에게 빵의 선택 화면을 표시한다. 이때, 빵의 정보를 시스템 어디에서 취득, 어떻게 가공해 표시할지를 정의할 필요가 있다. [그림4-17]

[그림 4-17] 빵의 선택 화면에 관한 처리 요건의 정의 예

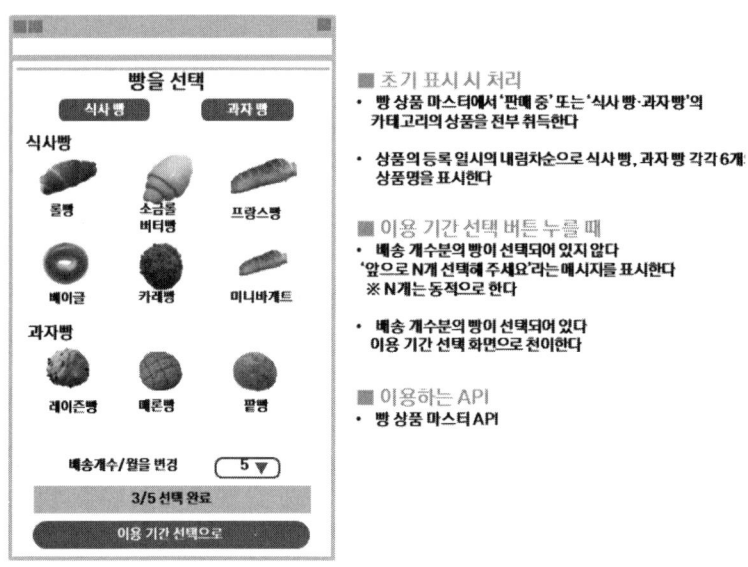

출처: 기획입안에서 시스템 개발까지 실제로 사용하는 DX프로젝트의 교과서 (일경BP사, 2020.3)

A사는 상품 정보를 마무리한 상품 마스터를 기존 시스템으로 관리하고 있다. 빵 선택 화면에서는 이 빵의 상품 마스터에 있는 정보를 표시한다. 상품 마스터 정보 API가 제공되면 이 API를 통해 정보를 검색하는 처리를 기재한다. 그다음, 취득한 정보를 어떻게 표시할지를 생각한다. 상품명을 문자만으로 표시할 것인지, 이미지를 넣을 것인지, 상

품명이 긴 경우에는 어떻게 표시할 것인지 등이다. 표시 순서나 개수도 검토한다. 순서는 상품의 등록 일자 순서나 가격이 싼 순서, 인기 순서 등을 생각할 수 있다. 또, 식사 빵으로 최대 몇 개까지 표시할지, 그 임계값을 넘는 상품은 어떻게 할지 등을 정한다.

중요한 것은 필요한 정보는 무엇인지, 그것을 어디에서 가져올 것인가를 명확히 하는 것이다. 이것이 백 엔드 기능 요건에 영향을 준다. 예를 들면, API가 없으면 배치^{Batch}로 데이터를 취득하는 기능이 필요하게 된다. 정렬순서는 상품 마스터에 없는 인기순을 이용한다면 관리 화면을 새로 만들어야 한다.

이용자에게 주소 등을 입력하게 하는 화면에서는 입력 데이터의 검증^{Validation}을 위해 무엇을 체크할 것인지, 데이터 등록이나 갱신 시에 어떠한 처리를 할 것인지 어느 시스템의 어떤 정보를 변경할 필요가 있는지를 정의한다.

예를 들면, 메일 주소를 ID로 하는 경우, 검증을 메일 어드레스에 2중 등록 체크로 검증할 필요가 있다. 신용 카드 번호를 입력하는 경우, 카드 회사의 시스템과 연계해 카드 번호 존재 확인이나 이용 금액 범위 확인 등의 처리가 발생한다.

이 서비스에서 새로 회원으로 등록한 이용자를 기존 CRM시스템에서도 관리하는 경우는 CRM시스템의 등록 API를 실행하는 처리도 필요하다. DMP$^{Data\ Management\ Platform}$ 등 데이터 분석용의 데이터베이스가 있는 경우, 그에 대한 정보 등록도 검토한다.

또, 이용자가 입력한 데이터 자릿수의 검증 등의 세세한 요건은 요건 정의 단계에서 정하지 않아도 된다. 이러한 요건은 백 엔드 요건 정의 등의 작업에 영향을 주지 않는 경우가 많기 때문이다. 여기서는 후속 작업에 영향을 줄 것 같은 항목을 명확히 한다는 의식을 가지도록 한다.

커뮤니케이션 수단의 정의

소비자용 서비스는 메일이나 SMS, 푸시 통지 등이 이용자와의 커뮤니케이션 수단으로 중요하다. 이 통지 등의 요건 정의는 프런트 엔드 기능 요건 정의와 업무 및 관리 기능 요건 정의 각각에서 실시한다.

프런트 엔드 기능 요건 정의에서는 이용자의 행동에 따라 발생하는 통지 요건을 정의한다. 업무 및 관리 기능 요건 정의에서는 서비스 운영자의 의향에 따라 발생하는 통지 요건을 정의한다.

여기에서는 프런트 엔드 기능 요건에 대한 통지 등의 요건 정의 진행 방식을 진단한다. 진행 방식은 화면 레이아웃 정의와 기본적으로 동일하다. 각 유스케이스 중에서 어느 타이밍에 어떠한 통지를 낼 것인가를 정의한다. 이때 전달해야 할 정보를 레이아웃으로 정리한다. A사의 빵 추천 서비스에서는 매월 청구가 발생하는 서비스이므로 본인 확인이 중요하다. 어카운트^{Account} 등록 시에 휴대 전화 번호를 입력하게 하여 SMS를 보내 본인 확인을 할 필요가 있을지도 모른다.

월정액 서비스 신청이 완료됐을 때는 확인 메일 송부도 필요하다. 매회 빵의 추천 내용이 확정되면 그 뜻을 푸시 통지로 알려 주는 애플리케이션 사용을 유도하는 요건도 생각할 수 있다. 이용자에게 송부하는 SMS나 메일, 푸시 통지가 어떤 내용이 되는지도 여기에서 정의한다. 세세한 문구는 통합 테스트 등 테스트 공정 전까지 결정하면 문제없다.

이 단계에서는 데이터베이스 등에서 취득해 동적으로 출력하는 항목을 정의한다. 어떤 정보를 어디에서 취득하여 어떻게 가공하여 어떤 순서로 몇 개를 표시해야 하는지 등은 모두 백 엔드 요건에 영향을 줄 가능성이 있으므로 요건 정의 단계에서 명확히 해야 한다.

통지 대상자나 타이밍 등도 정의할 필요가 있다. 프런트 엔드 기능의 통지 요건의 경우 발송 대상자는 액션을 일으킨 사람, 발송 타이밍은 리얼타임$^{Real-time}$인 경우가 많다. 본인 확인용 SMS를 보냈으나 발송되지 않았을 경우, 몇 회까지 재발송할 것인가? 같은 세세한 발송 방법도 정의해야 한다.

또한, 이후 업무 요건이나 관리 기능 요건에서는 1개월간 로그인하고 있지 않은 사람에 대해 재방문을 촉구하는 통지를 월초에 보낸다, 특정 지역만 캠페인 고지 통지를 설정한 타이밍에 발송한다 등 전송 대상자나 타이밍을 제대로 정의할 필요가 생긴다.

B2B 서비스는 양식도 필요

인쇄 출력 양식^{Form} 및 파일 요건 진행 방식은 메일, SMS, 통지 요건 정의와 기본적으로 같다. 서비스를 제공할 때 양식이나 다운로드 파일 등이 발생하는 경우 어떤 양식과 파일이 필요한지? 어떤 양식을 어떻게 생성할지? 등을 정의해 나간다. 양식이나 파일은 B2C 서비스의 이용자용 요건으로는 별로 눈에 띄지 않는다. 반면 B2B 서비스에서는 많은 경우 필요하다.

📚 어떤 OS나 브라우저를 대상으로 할까?

이 서비스가 대상으로 하는 OS나 웹 브라우저를 결정한다. 여기에서 결정하는 OS나 웹 브라우저의 동작을 보증해 준다. 모바일 애플리케이션의 경우 OS는 iOS나 안드로이드가 된다.

버전 n.n 이상과 같이 구체적인 버전도 정의한다. 웹 브라우저를 통해 제공하는 애플리케이션의 경우, 윈도와 맥 iOS와 안드로이드 등 PC와 모바일 단말 각각의 OS를 버전과 함께 정한다. 웹 브라우저도 마찬가지로 인터넷 익스플로러 n.n 이상, 크롬 최신판 등과 같이 정의한다.

이때 고려해야 할 것은 개발하려고 하는 서비스 대상 이용자가 어떤 단말을 사용하고 있는지이다. 비교적 연배 있는 이용자도 대상으로 한다면 윈도우나 인터넷 익스플로러의 오래된 버전을 이용하고 있을 가능성도 있다. 젊은 층을 대상으로 한 서비스라면 대상 범위는 조금 더 좁혀도 좋을 것이다. 넓은 범위를 보증하면 테스트도 그만큼 많이 할 필요가 있고 환경에 맞춘 사용자 인터페이스 수정 작업도 발생한다. 오래된 버전의 단말을 준비하는 데도 상당한 수고가 든다. 또 앞으로의 작업 인력$^{Man-hour}$에 적지 않은 영향을 미치는 요건이기도 하다. OS나 브라우저의 세어^{share} 조사 등도 참고로 하며 신중히 결정해야 한다.

📚 요건 정의에서 펼친 보자기를 닫는다

프런트 엔드 기능 요건 정의를 거쳐 A사의 서비스 내용은 구상 단계와 달라졌다.

PM: 구상 단계에서 정의한 내용과 달라졌네요….

IT 담당: 그렇지요. 당초 예상했던 요건 중 몇 개를 삭감했습니다.

PM: 이렇게 깎아도 괜찮나요?

컨설턴트: 괜찮아요. 오히려 삭감해서 좋았다고 생각합니다.

구상 단계에서는 보자기를 펼치지만, 요건 정의는 펼친 보자기를 접는 단계다. 특히 프런트 엔드 기능 요건 정의는 업무 및 관리 기능, 백 엔드 기능에 영향을 준다. 이 타이밍에서 인적 자원이나 스케줄 등을 생각한 현실적인 내용으로 할 필요가 있다.

A사의 경우 구상 단계에서는 택배하는 빵을 선택할 때, 식사 빵 등 메인이 되는 빵만을 선택하도록 하고 있었다. 실제로는 추천 로직이 복잡해진다는 이유와 결국, 전부 스스로 선택하고 싶은 사람이 있다는 가정하에 스스로 선택이라는 플랜으로 변경됐다. 이처럼 구상 단계에서 정한 것이 요건 정의에서 뒤집히는 경우가 드물지 않다. 이 부분이 워터폴형으로, 확실히 요건을 확정하여 기본적으로 재작업을 할 수 없도록 하는 SI 방식의 시스템 프로젝트와는 다르다.

B2C 서비스의 경우 기능을 많이 넣는 것보다 심플하게 하는 것이 이용자가 사용하기 쉬운 측면이 있다. 서비스 개발자는 이것도 하고 싶고 저것도 하고 싶다고 하기 쉽지만, 모든 것이 다 잘된다고 할 수는 없다. 이용자의 시선도 알고 있는 프런트 엔드 개발 회사나 제작 회사의 의견을 잘 들어 가면서 요건을 좁혀 가는 것이 좋다.

4-3
업무·관리 기능 요건 정의

신사업이나 신서비스를 개발하는 AI 도입은 업무 요건과 관리 기능 요건 정의를 병행하는 것이 효율적이다. 서비스 운영을 상상해 가면서 요건을 정리하면 된다. 요건 정의 작업은 어느 정도 업무 프로세스 지식이나 경험 외에 관리 화면 등의 시스템 기능 지식도 요구된다. [그림 4-18]

[그림 4-18] AI프로젝트에서의 업무 요건 정의 / 관리 기능 요건 정의

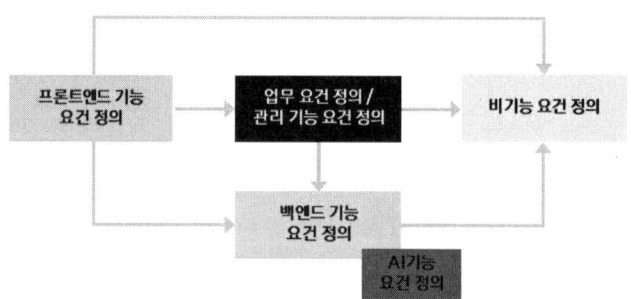

출전: 기획입안에서 시스템 개발까지 실제로 사용하는 DX프로젝트의 교과서 (일경BP사, 2020.3)

아래는 화면$^{Front\ End}$ 요건 정의를 끝낸 A사의 PM과 IT 담당자 사이에 오고 간 대화이다.

PM: 관리 화면은 업무 시스템 화면과 똑같지요?

IT 담당: 그렇지요. 업무 요건을 먼저 정리하고 그 후 관리 화면 요건 정의를 하는 것이 기본입니다.

PM: 그러면 상당한 기간이 필요하겠네요!

SI 방식의 시스템 개발 프로젝트는 먼저 업무 요건이 있고, 그 업무를 실현하기 위한 시스템 기능인 화면 요건이 있다. 반면 AI 도입의 신사업과 서비스 개발 프로젝트는 업무 요건과 관리 기능(관리 화면) 요건 정의를 병행해 나가는 것이 효율적이다. 기존 업무가 있지 않기 때문에 어느 정도 업무를 시스템에서 실행할 것을 예상하면서 업무 내용을 정리해 가면 된다. 예를 들면 매주 월요일에 그 주에 발송해야 할 빵을 구워 준비한다는 업무가 있다고 하자. 이때 우선은 준비할 빵의 개수를 확인한 다음 업무 요건을 임시로 정리하면 아래 표와 같다.

- 점포가 설정한 요일에 그 주^{week}에 구운 빵의 목록을 확인한다.
  (대상 주는 선택 가능하게 한다.)

- 확인 내용은 다음과 같다.
  - 대상이 되는 주 [YY/MM/DD 주]
  - 배송 예정일
    [빵 이름과 개수는 반복]
  - 빵 이름
  - 개수
  - 순서는 개수의 내림차순으로 한다.

이 내용을 보고, 그대로 관리 화면의 기능 요건으로 사용할 수 있다. 일부러 같은 내용을 다른 성과물로 정의할 필요가 없으므로 업무 요건 겸 관리 기능 요건으로 해 두는 것이 좋다. 이렇게 새 시스템계 프로젝트는 업무 요건과 관리 기능 요건을 병행해 나가면 좋다.

운영 업무나 이에 필요한 시스템 기능 정리

업무 요건 정의 및 관리 기능 요건 정의는 시스템 제공에 필요한 운영 업무나 그 업무를 지원하는 시스템 기능의 요건을 정리하는 작업이다. 주로 하는 작업은 [표 4-3]과 같다.

[표 4-3] 업무 요건 정의 / 관리 기능 요건 정의의 작업 내용

작업 종류	작업 내용	아웃풋
업무 요건 / 관리 기능 요건 정의	• 각 업무 내용 정의 • 관리 화면 플로우, 레이아웃 정의 • 각 액션의 정의	• 업무 목록 • 업무 플로우 • 업무 처리 내용 • 관리 화면 목록 • 관리 화면 와이어 프레임, 화면 처리 요건 정의 • 관리 화면 플로우
메일·SMS·통지 요건 정의	• 메일이나 SMS, 푸시 통지 등의 레이아웃이나 텍스트, 항목 정의 • 배달 조건, 배달 대상 등 정의	• 통지 목록 • 메일, SMS, 통지의 레이아웃과 조건 정의
양식·파일 요건 정의	• 다운로드 파일이나 업로드 파일, 인쇄물의 레이아웃, 항목 정의 • 양식이나 파일이 있는 경우	• 양식 / 파일 목록 • 양식 / 파일 레이아웃, 처리 요건 정의
분석 업무 / 분석 기능 요건 정의	• KGI나 KPI, 이용자 행동 등의 취득 수치나 취득처, 계산 방법 등의 정의	• 취득 수치 목록 • 분석 화면 목록

출전: 기획입안에서 시스템 개발까지 실제로 사용하는 DX프로젝트의 교과서 (일경BP사, 2020.3)

    운영 업무에서도 통지나 파일 출력은 발생하기 때문에 메일이나 SMS, 통지 요건 정의나 양식 및 파일 요건 정의 등 화면 기능 요건과 같은 작업이 있다. 업무 요건 및 관리 기능 요건 정의 작업은 어느 정도의 업무 프로세스 지식이나 경험 외에 관리 화면 등 시스템 기능 지식이 요구된다. 양쪽 모두를 갖춘 사람은 좀처럼 찾기가 어려울 것이다. IT 벤더나 컨설팅 회사에 지원을 요청하는 게 좋다. 업무 지식이 있는 사람은 다음과 같다. 예컨대 A사 예를 들면 빵을 굽는 업무에 정통한 점포 출신 사원을 말한다. 시스템 기능 지식이 있는 사람이라면 일반적인 업무 플로우는 대충 이해하고 있으므로 드래프트^{Draft}로서의 업무 요건은 정리할 수 있다. 반대로 업무 지식만 있는 사람이라면 시스템 지식이 없으므로 어디까지 시스템으로 할 수 있는지 몰라 업무

요건 정리가 지체되기 쉽다. 이 때문에 IT벤더나 컨설팅 회사 요원을 메인Main으로 두는 것이 좋다.

📚 머릿속에서 업무를 시뮬레이션

정의해야 할 업무 요건은 구상 단계와는 다르다. 구상 단계는 대략의 플로우를 정리하였지만, 요건 정의 단계는 [그림 4-19]처럼 플로우 하나하나(상자)의 업무 내용을 결정해 간다.

[그림 4-19] 요건 정의 단계에서는 플로우 상자의 내용을 상세히 채워 간다

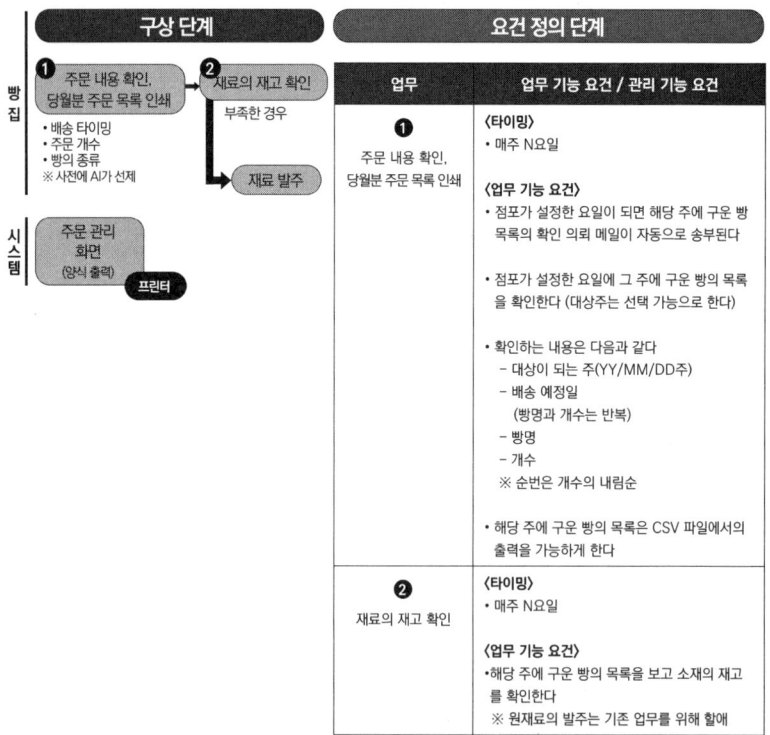

출전: 기획입안에서 시스템 개발까지 실제로 사용하는 DX프로젝트의 교과서 (일경BP사, 2020.3)

업무 요건 및 관리 기능 요건은 서비스의 근간이 되는 유스케이스에 우선도를 부여하며 정리해 간다. 이것은 화면 요건 정의와 같다. 구상 단계에서 정리한 플로우를 보면서 [그림 4-20]처럼 하나하나 상자의 업무 내용을 정의한다.

[그림 4-20] 구상 단계에서 작성한 플로우도를 보면서 작업한다

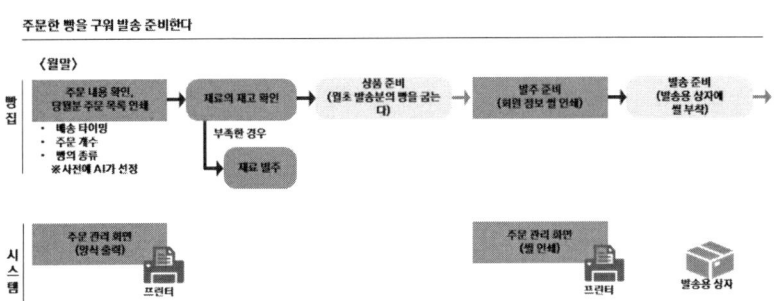

출전: 기획입안에서 시스템 개발까지 실제로 사용하는 DX프로젝트의 교과서 (일경BP사, 2020.3)

요건 정의는 시스템을 제공할 때 운영 시 무엇을 해야 할지를 구상하면서 정리하는 것이 포인트이다. 현시점에서 정답은 없으므로 머릿속에서 업무를 시뮬레이션하는 작업이 된다. 예를 들어 주문 내용 확인 및 당월분 주문 목록, 인쇄라는 업무는 [그림 4-21]과 같은 업무 요건 및 관리 기능 요건을 예상한다.

[그림 4-21] 주문 내용 확인 / 당월분 주문 목록 인쇄 업무 요건 / 관리 기능 요건

업무	업무 기능 요건 / 관리 기능 요건	관련 UI	백 엔드 기능 / 인터페이스

❶ 주문 내용 확인, 당월분 주문 목록 인쇄	〈타이밍〉
	• 매주 N요일
	
	〈업무 기능 요건〉
	• 점포가 설정한 요일이 되면 해당 주에 구운 빵 목록의 확인 의뢰 메일이 자동으로 송부된다
	
	• 점포가 설정한 요일에 그 주에 구운 빵의 목록을 확인한다 (대상주는 선택 가능으로 한다)
	
	• 확인하는 내용은 다음과 같다
	  - 대상이 되는 주(YY/MM/DD주)
	  - 배송 예정일
	    (빵명과 개수는 반복)
	  - 빵명
	  - 개수
	  ※ 순번은 개수의 내림순
	
	• 해당 주에 구운 빵의 목록은 CSV 파일에서의 출력을 가능하게 한다
		• 해당 주에 구운 빵 통지 메일
		
		• 해당 주에 구운 빵 목록(CSV 파일)
			해당 주에 구운 빵 통지 메일 자동 송부 배치

출전: 기획입안에서 시스템 개발까지 실제로 사용하는 DX프로젝트의 교과서 (일경BP사, 2020.3)

이것은 구상 단계에서 매월 작업하고 있지만, 검토를 해 나가는 동안 월 단위로 하면 이용자 편의성이 낮고 냉동실도 꽉 차 버린다는 것을 알 수 있다. 그래서 주 단위 작업으로 변경했다. 이렇게 업무 요건도 요건 정의 단계에서 필요에 따라 변경될 수 있다.

점포에서 빵을 굽는 계획을 세울 때 필요한 것은 빵 종류와 각각의 개수일 것이라고 예상할 수 있다. 또 점포에서는 그것을 인쇄물로 보는 것이 편리하다. 따라서 데이터를 CSV 형식으로 출력하여 엑셀^{Excel} 등으로 인쇄할 수 있게 한다. 점포 담당자가 확인을 잊지 않도록 매주 메일로 통지하는 요건도 포함했다. 이처럼 실제로 시스템을 운영하는 상황을 상상하면서 요건을 정리해 간다.

이들은 관리 화면에서 하는 작업이기 때문에 관리 기능 요건이 된다. 관리 기능 요건을 정리하는 중에 메일이나 양식, 파일 등의 입출력 데이터가 등장하거나 배치 기능 등이 발생한 경우는 표로 목록화해 정리해 두면 기능의 목록을 정리할 때 편리하다.

특히 관련 시스템과 교환이 발생할 때는 관련 시스템과 조정이 필요하다. 사양 조정이나 테스트 환경 준비, 어카운트 준비 등이다. 이러한 작업을 착실히 진행할 수 있도록 준비해야 할 필요가 있다. 예를 들면 빵을 구워 발송 준비를 하는 플로우 마지막에는 배송 업자용의 송장용 씰^{Seal}을 인쇄하는 업무 요건이 있다. 인터넷 판매는 배송 업자의 송장 인쇄 시스템을 이용하는 것이 일반적이므로 이 시스템을 이용한다. 이 시스템명을 [그림 4-22]의 가장 오른쪽 열과 같이 기재한다. 이렇게 함으로써 누락을 방지한다.

[그림 4-22] 관련 시스템명을 표 오른쪽 끝에 기재해 둔다

업무	업무 기능 요건 / 관리 기능 요건	관련 UI	백 엔드 기능 / IF

❹ 발송 준비 (회원 정보 씰 인쇄)	〈타이밍〉
	• 매주 N요일~토요일
	
	〈업무 기능 요건〉
	• 해당 발송 대상 회원 목록을 확인한다
	• 확인할 내용은 다음과 같다
	  – 대상이 되는 주(YY/MM/DD주)
	  – 배송 예정일
	    – 회원 이름 *
	    – 빵 이름 *
	  – 개수 합계
	  – 상자 사이즈
	  – 도착지 주소
	  – 전화번호
	  ※ 정렬 순서는 상자 사이즈·개수·회원 이름(한글)의 내림차 순.
	    회원 이름 한글은 가행부터 오름차 순
	
	• 해당 주 발송 대상 회원의 목록 CSV 파일에서의 출력을 가능하게 한다
	  ❶ CSV 파일은 발상 대상 회원 목록과 동일한 레이아웃으로 한다
	  ❷ 배송 회사 지정 포맷의 CSV의 2종류를 준비한다
		• 해당 주 발송 대상 회원 목록 (CSV)
		
		• 송장 용 해당 주 발송 대상 회원 목록(CSV)
			배송 업자 송장 인쇄 시스템

출전: 기획입안에서 시스템 개발까지 실제로 사용하는 DX프로젝트의 교과서 (일경BP사, 2020.3)

한편, 관리 기능과 관계가 없는 업무 요건도 있다. [그림 4-23]처럼 재료의 재고 확인이나 상품 준비(빵을 굽는 것)는 시스템화하지 않는다는 전제로 했다.

[그림 4-23] 관리 기능이 관계하지 않은 업무 요건

업무	업무 기능 요건 / 관리 기능 요건	관련UI	백 엔드 기능 / 인터페이스
❷ 재료의 재고 확인	〈타이밍〉 • 매주 N요일 〈업무 기능 요건〉 • 해당 주에 구운 빵의 목록을 보고 소재의 재고를 확인한다	• 해당 주에 구운 빵 통지 메일 • 해당 주에 구운 빵 목록(CSV 파일)	해당 주에 구운 빵 통지 메일 자동 송부 배치
❸ 상품 준비 (월초 발송분의 빵을 굽는다)	〈타이밍〉 • 매주 N요일 〈업무 기능 요건〉 • 해당 주에 구운 빵의 목록을 보면서 빵 굽기의 계획을 세워 계획에 근거하여 빵을 굽는다 ※ 점포에서의 판매 빵과 추천 빵의 관계는 다음에 정리	-	-

출처: 기획입안에서 시스템 개발까지 실제로 사용하는 DX프로젝트의 교과서 (일경BP사, 2020.3)

시스템화를 하지 않은 업무에 대해서는 업무 운용의 테스트인 통합 테스트 전까지 정리하면 되므로 요건 정의에서는 깊이 생각하지 않는다.

📚 이용자 종류와 권한 정의

　관리 기능 요건을 정리하면서 화면 레이아웃이나 메일 및 인쇄양식, 파일 등의 요건도 결정해 간다. 이 작업은 화면 기능 요건 정의 작업과 기본적으로 동일하다. 화면 기능 요건과 다른 것은 관리 기능의 경우는 이용자 종류와 권한을 정할 필요가 있다는 점이다. 예를 들면, 시스템 이용자의 개인 정보를 열람할 수 있는 사람과 그렇지 못한 사람의 권한을 나눠 메뉴로 전환^{Transit}나 화면 표시를 제한하는 요건을 생각할 수 있다. 관리 기능이 정리된 후에 이용자의 종류와 권한을 정리한다.

📚 잊어서는 안 되는 분석 기능

　아래 대화를 보자.

PM: 시스템의 이용자 수나 이용 상황을 경영진에게 보고할 필요가 있지요?

IT 담당: 그렇지요. 보수 업무로서 데이터를 추출하여 집계할까요?

PM: 그래도 꽤 귀찮을 것 같아요.

컨설턴트: BI 툴을 도입하는 것이 좋을지도 모르겠네요.

　신서비스계 프로젝트의 경우 빠뜨려서는 안 되는 것이 분석 기능이다. KGI(경영 목표 달성 지표)나 KPI(중요 업적 평가 지표) 취득이나 이용자 행동 등을 정량적으로 파악하기 위해 준비해야 한다. 분석 기능은 어떻게 이용할 수 있을까? 대표적인 것이 액세스 해석이나 시스템 이용자의 행동 추적이다. 화면 기능인 웹 페이지나 모바일 애플리케이션의 화면 내에 특정 문자열(태그)을 집어넣어 툴을 사용해 이용자의 조작을 파악한다. 그 데이터를 BI툴 등의 화면에서 참조한다. KGI나 KPI의 목표에 대한 실적을 확인하거나 시스템 이용자의 이탈을 유발하기 쉬운 부분을 발견하는 분석을 한다.

분석 업무/분석 기능 요건 정의의 작업 내용은 다음과 같다.

① 취득^{Acquisition} 수치의 정의$^{KGI/KPI}$
② 취득할 수치 정의(행동 지표)
③ 수치 취득처의 정의와 계산
④ 화면^F 기능 요건이나 서버 기능 요건 전달
⑤ 필요한 분석 화면 정리

📚 취득할 수치 정의$^{KGI/KPI}$

A사의 서비스처럼 과금^{Billing}이 발생하는 경우, 과금 대상 이용자 수나 월 수익액, 이용자 1인당 수익액 등이 KGI가 된다. KPI는 신청 페이지 액세스 수, 회원 신청률 등을 예상할 수 있다. 이처럼 비즈니스 면에서 체크할 필요가 있는 지표는 어떤 것인지를 생각해 정리한다.

📚 취득할 수치 정의(릴리즈 지표)

빵의 정기 배달 시스템 경우, 이용자가 신청 완료까지 원활하게 진행하는 것이 KPI나 KGI를 높이는 포인트가 된다. 신청 완료까지의 플로우 중에서 시스템 이용자의 이탈을 초래하고 있는 것이 어느 화면인가 등 이용자의 행동을 정량적으로 파악하는 요건이 필요하다. 마케팅 용어로 퍼넬^{Funnel}이라 불리는 틀^{Frame}을 분석하거나 그 이외의 이용자 행동을 포착하기 위해 봐야 할 수치를 정의한다. 또, 어느 점포에서 어떤 빵이 가장 추천되어 릴리즈되고 있는가, 지역별로는 어떤지? 등의 상품 면의 수치도 보고 싶을 수 있다. 이렇게 시스템 전체의 성과를 보기 위해 어떤 수치가 필요한지를 정의하는 것이 행동 지표다.

수치 취득처 정의와 계산

예를 들면 신청 완료까지의 시스템 이용자 행동을 분석하고 싶은 경우, 어떤 화면의 어느 액션을 측정할지를 정의한다. 이것이 태그가 채워질 장소가 된다. 신청률이나 로그인율 등의 수치를 보고 싶은 경우는 분모와 분자, 각각의 수치의 출력 방법 등을 정의한다.

화면 기능 요건이나 백 엔드 기능 요건으로 전달

어떤 화면의 어느 액션의 수치를 취하고 싶은지를 정리하여 화면 기능 요건에 추가한다. 요건이 발생하는 것은 분석 업무이지만 그것을 구현하는 것은 화면 기능이기 때문이다. 마찬가지로 월 수익액을 출력하고 싶은 경우, 그 금액을 계산하거나, 필요한 데이터를 BI$^{Business\ Intelligence}$ 툴에 전달하는 배치 기능도 필요하다. 즉 백 엔드 기능 요건에도 하고 싶은 것을 전달, 기능으로서 준비할 필요가 있다.

📚 필요한 분석 화면 정리

경영자가 분석 화면을 본다면 과금 이용자 수, 월 수익액, 액세스 수 등의 KGI나 KPI 수치는 1개의 화면으로 비주얼화해 보고 싶어질 것이다. 이른바 대시보드$^{Dash\ board}$이다. 한편 프로덕트 오너는 프로덕트(서비스) 개선에 주안점을 두고 있으므로 신청에 이르기까지의 이용자의 행동, 신청 후의 상품의 매상 행동 등을 각각 개별적으로 보고 싶을지 모른다. 이처럼 취득한 수치를 누구에게 어떤 화면에서 보여 줄지를 정의해 분석 화면 목록으로 정리한다.

📚 분석 업무 및 기능 요건 정의 진행 시 주의점

마지막으로 주의점을 정리해 보자. 시스템 성과를 제대로 보기 위해서는 다양한 수치를 다양한 각도에서 분석할 필요가 있다고 생각하기 쉽다. 물론 이론적으로는 BI툴 등을 사용하면 복잡한 조건에서도 비교적 간단히 분석 화면을 만들 수 있다. 그러나 현실에서는 너무 많은 수치를 취득하면 불량을 일으킬 수 있다. 예를 들면, 어느 시스템에서 분석 화면만으로도 100개 가까운 종류를 준비했다고 하자. 이것만 있으면 모든 화면을 보는 것은 불가능에 가깝다. 즉 모처럼 만들어도 많은 분석 화면이 거의 보이지 않는 상태가 된다. BI로 간단하게 만든다고 해도 분석 기능은 테스트가 힘들므로 그만큼의 노력이 든다. 노력했는데도 별로 사용되지 않는다면 안타까운 일이다. 예산이나 인적 자원에 여유가 있으면 먼저 많은 분석 화면을 만들어 두는 것도 하나의 선택지다. 그러나 여유가 없으면 화면 기능의 태그 삽입이나 BI툴의 입력 파일 준비 등에만 한정시켜 두는 것도 좋다. 우선은 날마다 열람하는 필요한 최소한의 분석 화면을 준비하는 것을 권하고 싶다.

4-4

AI기능 요건 정의

신서비스 개발에 AI를 활용하는 사례가 증가하고 있다. AI기능 요건 정의가 통상의 시스템 개발과 다른 점을 이해해야 할 요소가 있다는 것이다. 신서비스 개발 AI 도입 요건 정의 중 AI기능 요건 정의의 구체적인 작업 내용은 [그림 4-24]와 같다.

[그림 4-24] 신서비스 개발에 AI요건 정의는 뒤따르고 있다

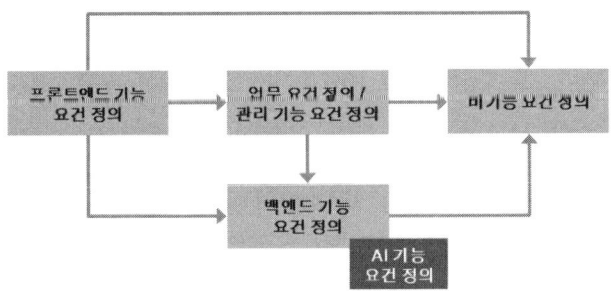

출전: 기획입안에서 시스템 개발까지 실제로 사용하는 DX프로젝트의 교과서 (일경BP사, 2020.3)

PM: AI기능 요건 정의는 무엇을 하면 좋을까요?

IT 담당: 글쎄요 상상이 안 되는데요. AI 자체도 잘 모르고요.

PM: 음, 하지만 IT 벤더에게 통째로 맡기는 것도… 우리가 어디까지 무엇을 하면 좋을까요?

컨설턴트: AI기술 내용까지 알 필요는 없지만, AI로 무엇을 하고 싶은지? 또 어떤 데이터를 AI시스템에 제공할지는 사용자(발주자)가 정해야 하지 않을까요?

　AI를 사용한 기능도 입력 데이터를 처리해 출력한다는 관점에서 보면 통상의 시스템과 다르지 않다. 다른 점은, 학습 요소가 있다는 것이다. 학습하고 대답하게 하는 기능을 학습 모델이라고 한다. 이 학습 모델이 통상의 시스템 기능의 처리(프로세스)에 해당한다. 학습 모델이 학습하는 처리 구조를 학습 알고리즘이라고 한다. 어느 알고리즘을 사용하느냐에 따라 정확도가 달라진다. AI로 대처하고 싶은 과제의 특성에 따라 적절한 알고리즘이 달라진다.

　학습 알고리즘에는 결정목^{Tree}, 로지스틱 회귀, CNN$^{Convolutional\ neural\ network}$ 등 여러 가지가 있다. 물론 이러한 지식이 있으면 좋지만, 적절한 알고리즘을 자동 선정하는 기계 학습 프레임워크도 있다. 사용자(발주자) 입장에서 AI 도입한다면 그렇게 신경 쓸 필요가 없다. 대표적인 알고리즘 명칭이나 높은 정확도가 나오는 알고리즘은 과제에 따라 다르다는 것만 알아 두어도 된다.

단, 요건 정의는 확실히 할 필요가 있다. 사용자나 IT 전문 회사가 AI에 대해 정리해야 할 요건은 다음과 같다.

① 출력(데이터) 정의: AI로 무엇을 얻고 싶은가?
② 입력(데이터) 정의: AI에 어떤 데이터를 줄 것인가?
③ 전^{Pre}처리 요건 정의: 데이터를 어떻게 가공할 것인가?
④ 교사 데이터(정답 라벨) 정의: AI로 어떤 출력이 얻어지면 정답으로 할 것인가? (교사가 있는 학습의 경우)

등 크게 4가지다.

이들 4개 요건을 자세히 알아보자.
① 출력 정의는 AI로 도출하고 싶은 것이 무엇인가를 결정하는 것이다. 구상 단계의 요건 정의 단계에서 정리한 AI기능과 무엇이 다를까? 그 차이는 화면 기능 요건 등 다른 요건이 명확히 되어 있다는 것이다. A사의 빵 추천 AI요건 정의에서는 매월 배송 개수가 3개, 5개, 8개 등 3개의 패턴이 있었다. 이를 화면 기능 요건 정의에서 정확하게 조사한 결과, 배송 개수는 3개만 결정, 5개나 8개는 선택할 수 없게 되었다. AI로 3개의 조합만 생각하면 되게 되었다. 즉, 출력은 이용자별로 3개의 빵 조합을 작성한다, 였다.

② 입력 정의이다. AI는 입력된 데이터 패턴을 정답으로 학습, 새로운 데이터가 입력될 때 그 패턴에 맞춰 답을 출력하는 처리를 한다. 잘못된 입력을 하면 잘못된 답을 출력한다. 그러므로 어떤

상태이면 옳은가, 라는 입력 데이터 조건을 확실히 정의해야 하며, 이는 관계자와 인식에 맞출 필요가 있다. A사 경우는 과거의 POS 데이터가 입력이었다. 이 POS 데이터에는 사용자 ID와 구입 이력이 들어 있다. 이 POS 데이터를 전부 AI의 입력으로 하지 않는다. 이용자별로 3개 빵 조합을 실현하기 위한 최적의 데이터만을 추출하여 출력할 필요가 있다. A사는 POS 데이터에서 아래 조건을 충족하는 데이터를 추출하는 것이 좋다.

- 최근 2년간의 구입 데이터
- 전개 예정인 수도권, 부산, 대구, 광주, 대전의 데이터
- 구입 일시가 아침 7~9시인 데이터
- 구입 개수가 3개 이하의 데이터

왜 이런 조건이 필요한가? 순서대로 알아보자. 먼저 최근 2년간의 구입 데이터이다. 시험 삼아 10년 전 구입 데이터를 이용해야 할지를 생각해 보자. 10년 지나면 원래 상품이 다를 가능성도 있고 지금의 20대 이용자와 10년 전 20대 이용자의 기호도 다를지 모른다. 이러한 이유로 최근 n년의 데이터를 이용할 필요가 있다. 이 n의 수치는 지금과 다름없는 구입 경향은 몇 년 전부터일까? 라는 관점에서 정하면 좋을 것이다. 둘째, 전개 예정인 수도권, 부산, 대구, 광주, 대전 데이터 문제다. 지역을 한정하는 것은 지역에 따라 라이프 스타일이나 기호성이 다를 가능성이 있다. 예를 들면, 대도시권 이용자에게 빵을 추천하는데 지방의 구입 데이터가 입력되면 올바른 추천을 할 수 없다. 그다음 구입 일시가 아침 7~9시의 데이터 문제다. 이 서비스는 조식 빵의 배달

을 예정하고 있다. 조식 빵은 점심이나 간식으로 구입하는 빵과는 종류가 다를 것이다. 그러므로 구입 시간을 좁힌다. 마지막으로 구입 개수가 3개 이하 데이터 문제다. 예를 들면, 다양한 빵을 5개 이상 구입하고 있는 데이터가 있다고 하자. 그 구입자는 자신만의 1인용으로 구입했다고 말할 수 없을 것이다. 가족 등 자신 이외의 것도 구입하고 있을 가능성이 높다. 이러한 데이터를 포함해 학습시키면 1인용 추천에 맞지 않는 결과가 될 우려가 있다.

　이상의 항목을 고려하는 것은 특별히 어려운 일이 아니다. 인간이라면 어떤 전제 조건으로 추천할까? 라는 사고방식으로 정리하면 된다. 이 작업에는 상품 특성이나 사용자, 사용자 행동의 지식과 이해가 요구된다. 이 때문에 발주자인 사용자가 해야 한다고 생각할 수 있다.

📚 사용자 심리나 행동을 파악한 파라미터 판별

　이용하는 데이터 조건이 명확해지면 다음은 파라미터(매개 변수)를 정한다. 성별이나 나이를 파라미터로 AI에 주면 AI는 성별, 나이와 구입한 빵의 경향을 판독해 추천할 빵을 제안한다. 여기에 지역을 더하면 AI는 성별, 나이, 지역과 구입한 빵의 경향을 읽어 낸다. 건강 지향의 여부도 구입 상품에 영향을 줄 수 있다. 구입한 빵의 총 칼로리도 파라미터에 추가하는 것이 좋을 것이다.

　AI는 이처럼 부여한 파라미터 경향을 판독해 학습한다. 실제 사용자 심리나 행동을 파악한 파라미터를 찾아낼 수 있는지가 A사의 실용화 여부를 판단하는 결정적 수단이 된다. 처음부터 완벽한 파라미터를 판별하는 것은 불가능하다. 가장 그럴듯한 파라미터를 선정, 자꾸 시도해 가는 수밖에 없다.

📚 데이터 전^{Pre}처리가 데이터 분석 성패 좌우

③ 입력이 정해지면 다음은 처리 요건 정의를 시행한다. 즉, 입력 데이터를 만들기 위한 전^{Pre}처리 요건을 정한다. 전^{Pre}처리는 원 데이터를 가공해 AI에 입력할 수 있는 데이터로 만드는 것이다. 이번 장에서는 서비스 이용자별로 그 이용자에게 최적의 빵을 추천하기 위한 학습 모델에 구입 이력을 입력한다. 만약 POS 데이터가 상품 단위로 되어 있는 경우, 이것을 이용자 단위로 [그림 4-25] 처럼 변환하는 처리가 필요하다.

[그림 4-25] AI에의 입력에 적합한 형태로 레코드를 변환한다

ID	구입 일시	점포명	상품명	수량	고객 코드
101	19-11-01 08:00	강남본점 내점	팥빵	1	C12345
102	19-11-01 08:00	강남본점 내점	크림빵	1	C12345
103	19-11-01 08:00	강남본점 내점	팥가루빵	1	C12345
104	19-11-01 07:57	부산역점	팥빵	1	C99901
105	19-11-01 07:57	부산역점	구운빵	1	C99901

변환

〈유저 단위의 레코드〉

구입 일시	점포명	상품명 1	수량	상품명 2	수량	상품명 3	수량	고객 코드
19-11-01 08:00	강남본점 내점	팥빵	1	크림빵	1	팥가루빵	1	C12345
19-11-01 07:57	부산역점	팥빵	1	구운빵	1			C99901

출전: 기획입안에서 시스템 개발까지 실제로 사용하는 DX프로젝트의 교과서 (일경BP사, 2020.3)

칼로리도 파라미터로 부여하고 싶으면 상품명으로 칼로리를 산출, 계산하는 처리도 발생한다. 예를 들면 조식 섭취 칼로리 목표로 500kcal를 기본으로 한다고 하자. 총 칼로리가 이를 넘으면 고^{High}, 300kcal 이하는 저^{Low}, 그 중간이면 중^{Mean} 등으로 분류해 놓는다.[그림 4-26]

[그림 4-26] 총 칼로리를 산출한다

〈유저 단위의 레코드〉

구입 일시	점포명	상품명 1	수량	상품명 2	수량	상품명 3	수량	고객 코드	총칼로리
19-11-01 08:00	강남본점 내점	팥빵	1	크림빵	1	콩가루빵	1	C12345	고
19-11-01 07:57	부산역점	팥빵	1	야키소바빵	1			C99901	중

출전: 기획입안에서 시스템 개발까지 실제로 사용하는 DX프로젝트의 교과서 (일경BP사, 2020.3)

개개의 사용자 성별이나 나이, 시도군구 데이터로 관련시켜 두고 싶으므로 회원 데이터베이스에서 이들 항목을 취득하여 구입 이력 데이터에 통합^{Merge}하는 처리도 필요하다. 이처럼 전^{Pre}처리로 정해 두어야 할 요건은 여러 가지가 있다. 데이터 분석 프로젝트는 데이터 가공이라고 하는 전^{Pre}처리에 총 공수$^{Man/Hour}$의 80%를 사용한다.

📚 어떤 교사 데이터를 준비할지 결정

④ 교사 데이터 정의를 결정한다. 교사가 있는 학습의 경우, 교사 데이터와 테스트 데이터를 준비할 필요가 있다. 교사 데이터란 어느 것이 정답인지 표시하는 라벨이 부착된 데이터이다. 교사 데이터는 AI의 경우에서는 필요하지 않을지 모른다. 추천의 경우, K근방법^{近傍法} 등 교사가 없는 학습 모델이 일반적으로 채용되기 때문이다. 그러나 교사가 있는 학습 모델의 경우 교사 데이터가 필요하다.

예를 들면 빵의 정기 배달 서비스를 이용자가 해약 여부를 예상하는 AI를 만든다고 하자. 교사 데이터로 일정 기간에 실제로 해약 이용자의 회원 정보나 신청 정보, 서비스 액세스 이력 등을 준비한다. 동시에 해약하지 않은 이용자의 같은 정보를 준비한다. 해약했다, 하지 않았다는 실제 이용자의 행동을 정답으로 각각 이용자의 경향을 학습하는 것이다.

그 학습 결과에 근거해 이용자의 예측을 실행한다. 새로운 이용자가 들어왔다면 그 사람의 속성이나 행동 데이터를 바탕으로 이 이용자는 해약한다, 혹은 해약하지 않는다고 예측한다. 교사가 있는 학습의 경우, 교사 데이터 조건을 요건으로 정해 둘 필요가 있다. '해약한다, 해약하지 않는다'처럼 대상을 2개로 분류하는 것은 2개의 2항 분류 문제라고 부른다. '해약한다, 계속한다, 플랜을 업그레이드한다'처럼 대상을 3개 이상으로 분류하는 경우는 다항 분류 문제라고 부른다.

교사 데이터를 준비할 때 중요한 것은 각 분류의 정답 데이터를 같은 분량으로 준비하는 것이다. '해약한다, 하지 않는다'처럼 2항 분류라면 해약 이용자 데이터와 해약하지 않은 이용자의 데이터를 같은 양으로 준비할 필요가 있다.

이상으로 AI기능 요건을 정리해 보았다. [그림 4-27]에서처럼 요건 정의 단계보다 요건도 좁혀 각각의 처리 요건도 구체화했다. 여기까지 정리되어 있다면 엔지니어도 순조롭게 설계에 들어갈 수 있을 것이다.

[그림 4-27] 빵을 추천하는 AI의 기능 요건

AI기능 요건	
목적	유저의 속성이나 기호에 맞춰 최적의 조식 빵 조합을 제안하고 싶다
개요	유저의 성별·연대·지역·기호성(희망 칼로리 총량)을 인풋으로 유저에게 추천하는 조식 빵의 조합을 제안한다
학습용 데이터	■ 과거의 POS 데이터 〈조건〉 • XX년 XX월 XX일부터 24개월 이내의 데이터 • 서울 25구, 인천, 부산, 대구, 대전, 광주, 수원의 점포 데이터 • 구입 일시가 7시~9시의 데이터 • 1인당 구입 개수가 3개 이내의 데이터 〈파라미터〉 • 고객 - 성별 • 고객 - 연대 • 구입 점포(지역) • 구입한 상품 • 구입한 상품의 총 칼로리 　500Kcal 이상: 고 　300~499Kcal: 중 　300Kcal 미만: 저
아웃풋	유저별로 3개의 빵 조합을 제시한다 (예: 크림빵, 팥빵, 치즈빵)
학습 모델	과거 구입 데이터의 고객 속성이나 구입 상품의 경향에서 고객 속성과 칼로리 기호성별로 가장 구입되기 쉬운 3개의 빵 조합을 학습한다

출처: 기획입안에서 시스템 개발까지 실제로 사용하는 DX프로젝트의 교과서 (일경DP사, 2020.3)

4-5
백 엔드 기능 요건 정의

　백 엔드 기능 요건 정의는 서버에 필요한 기능을 결정해 간다. 프런트 엔드 기능이나 관리 기능 요건 정의에서 정한 API는 이 프로세스에서 정리하여 통합한다. 서비스에서 유지하는 데이터를 정리한 데이터 요건은 항상 업데이트하여 기능 간 일관성을 유지해야 한다. 신서비스를 백업하는 백 엔드 기능 요건 정의 작업을 구체적으로 보면 [그림 4-28]과 같다.

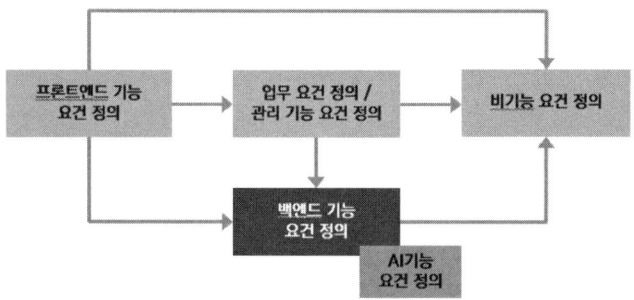

[그림 4-28] 서비스를 백업하는 백 엔드 기능 요건을 정의

출전: 기획입안에서 시스템 개발까지 실제로 사용하는 DX프로젝트의 교과서 (일경BP사, 2020.3)

IT 담당: 프런트 엔드와 업무 및 관리 기능, AI요건 정의는 상상 이상으로 대단하네요….

컨설턴트: 수고하셨습니다. 여러 가지를 생각하면서 진행해야 하니 머리를 사용하게 되네요.

PM: 백 엔드 기능 요건 정의는 무엇을 하는 걸까요?

IT 담당: 프런트 엔드 기능이나 업무 및 관리 기능에서는 처리 요건까지 확실히 정의했어요. 그것과 같지 않을까요?

지금까지 프런트 엔드 기능이나 업무 요건 및 관리 기능 요건, AI기능 요건과 시스템의 근간에 관한 부분의 요건 정의를 해 왔다. 백 엔드 기능 요건은 이들 요건을 받아 백 엔드 즉 서버에서 필요한 기능을 정의하는 작업이다. [그림 4-29]

서버 사이드 기능의 구현 기술이나 구현 방법은 여러 종류가 있다. 여기서는 모바일 애플리케이션이나 웹 애플리케이션에서 채용하는 경우가 많은 웹 API$^{\text{plication Programming Interface}}$를 이용하는 것을 전제로 설명한다. 웹 API란 인터넷을 통해 소프트웨어 기능을 호출하기 위한 기술이다. 구현 기술이나 구현 방법이 달라도 요건 정의에서 해야 할 작업은 같다.

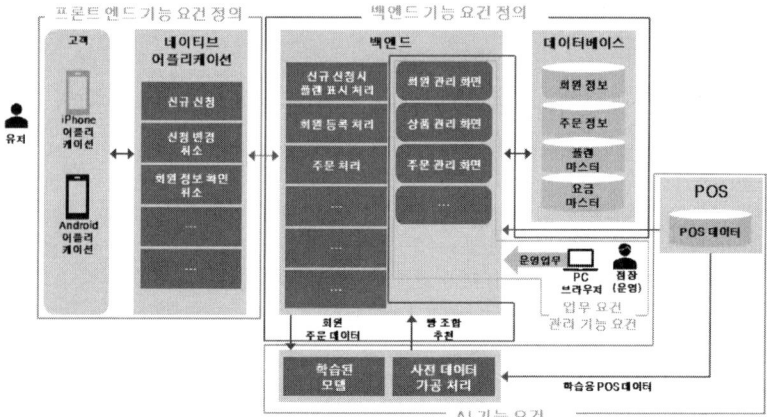

[그림 4-29] 서버 측의 처리 요건을 정의한다

출전: 기획입안에서 시스템 개발까지 실제로 사용하는 DX프로젝트의 교과서 (일경BP사, 2020.3)

📚 API를 정밀 조사해 통폐합

프런트 엔드 기능 요건이나 관리 기능 요건 정의 중 각 기능에서 이용하려는 API는 [그림 4-30]처럼 정리돼 있다.

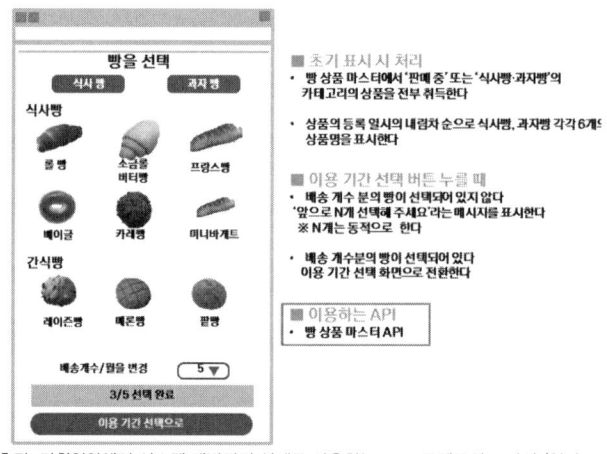

[그림 4-30] 이미 파악된 API를 정밀 조사, 통폐합한다

출전: 기획입안에서 시스템 개발까지 실제로 사용하는 DX프로젝트의 교과서 (일경BP사, 2020.3)

API 기능 요건 정의는 이미 파악한 API를 정밀하게 조사해 통폐합하면서 API 목록을 정리한다. 만약 이 단계에서 아직 API를 정리하지 않았으면 그 정리 작업부터 시작한다. 또, 프런트 엔드 기능이나 관리 기능의 요건 정의에서 API를 정리할 때 [그림 4-31]과 같이 각 기능의 처리 요건도 작성했다. 이들은 프런트 엔드에 한정한 것이 아니라 서버 사이드도 포함한 처리 요건으로 되어 있다. 이 때문에 백 엔드 기능 요건 정의에서 다시 각 기능의 처리 요건을 정리하면 프런트 엔드나 관리 기능 요건에서 기재한 요건 내용과 중복된다. 그러므로 API 기능 요건 정의에서는 기본적으로 처리 요건까지 작성할 필요가 없다. 검토 과정에서 프런트 엔드 기능이나 관리 기능에서 언급하지 않은 처리 요건이 있는 경우에만 거기에 대한 처리 요건을 기재하면 된다. 예를 들면 백 엔드 처리에 관한 공통 기능을 API로 잘라 낸 경우다.

📚 뿔뿔이 흩어진 API 정리

프런트 엔드 기능이나 관리 기능은 화면별로 이용하는 API를 정리했기 때문에 내용이 불규칙해지기 쉽다. API 명칭에 표기가 혼돈이 있거나 처리하는 정보 단위로 API를 정의하고 있는지 살펴봐야 한다. 또 취득 및 등록의 처리 단위라고 하는 차이가 발생하기도 한다. [그림 4-31]

[그림 4-31] API를 목록화한다

	화면명	API명
프론트엔드 기능	빵 선택 화면	빵 상품 마스터 취득 API
	레코멘드 표시 화면	빵 상품 마스터 API
		레코멘드 결과 API
	정기 구입 신청 완료	회원 정보 등록 API
		정기 구입 신청 정보 API
	회원 정보 변경 화면	회원 정보 참조 API
	…	…
관리 기능	회원 검색·목록 화면	회원 정보 참조 API
	회원 정보 참조 화면	정기 구입 신청
		정보 취득 API
	…	…

출전: 기획입안에서 시스템 개발까지 실제로 사용하는 DX프로젝트의 교과서 (일경BP사, 2020.3)

물론 처음부터 룰^{Rule}을 정해 정리하면 좋지만, 프런트 엔드 기능이나 관리 기능 요건은 리뷰할 때마다 내용이 변경될 가능성이 있으므로 항상 API 명칭의 일관성을 취하는 것은 매우 어려운 일이다. 이러한 흩어진 API를 정리하는 것이 여기서의 작업이다. 예를 들면 REST라 불리는 소프트웨어의 설계 방법을 따르면, API 단위는 엔티티 단위가 된다. 그러므로 [그림 4-32]와 같이 정리할 수 있다. 이처럼 API의 종류를 결정한다.

[그림 4-32] 엔티티 단위로 API를 정리

API	메소드
빵 상품 마스터 API	참조
레코멘드 결과 API	참조
회원 정보 API	등록
	검색
	참조
정기 구입 신청 정보 API	등록
	참조

출전: 기획입안에서 시스템 개발까지 실제로 사용하는 DX프로젝트의 교과서 (일경BP사, 2020.3)

여기서 API 종류가 어느 정도의 정확도로 밝혀지면, 설계 공정 이후의 견적 정확도가 높아진다. 화면의 수로 대체적인 규모는 알 수 있을지 모르겠지만, 웹 시스템 개발 현장에서는 서버 사이드 엔지니어와 프런트 엔드 엔지니어가 다른 경우가 많으므로 각각이 만드는 기능의 수를 명확히 하는 것이 포인트다. 그 방법이 개발 IT 벤더도 준비를 하기 쉽고 인력이나 비용의 견적 정확도도 높아질 수 있다. 또한, 여기에서 API를 통폐합했으므로 다시 화면과 API 대응 표를 정리해 두면 좋을 것이다. 개발이나 테스트의 관리상 이 표가 있으면 편리하다.

사내외 시스템과 연계 생각해야

관련 시스템 인터페이스 요건 정의에서는 연계되는 관련 시스템과의 인터페이스 내용을 정리한다. 관련 시스템은 사내 시스템과 사외 시스템으로 크게 2개로 나눠 생각할 수 있다. 우선 사내 시스템에 대해 A사의 경우로 생각해 보자. AI의 입력이 되는 데이터에는 POS 데이터가 있다. POS 데이터는 사내의 다른 시스템에서 관리되고 있으므로 여기에서 데이터를 꺼낼 필요가 있다. 데이터의 취득을 취득하는 타이밍(월 1회, 주 1회 등)이나 취득하는 내용(데이터의 종류나 항목) 등을 인터페이스 요건으로 정의한다. 기존의 CRM시스템 등이 존재하는 경우는 이번에 개발하는 시스템에서 신규 취득한 회원 데이터를 등록할 필요가 있을지도 모른다. 이 경우 서비스에서 CRM시스템으로 데이터를 넘겨주게 된다.

사내의 기간계 시스템에 데이터를 등록한다는 것은 이 시스템을 운용, 보수하고 있는 부서나 IT 벤더에게 적지 않은 영향을 미친다. 외부 시스템에서 데이터를 등록하면 그것을 출력하는 기능이 필요하게 될지 모르고, 그 작업을 보수 담당자가 할지도 모른다. 어쨌든 보수 담당자가 하면 부담 없이 대응할 수 있는 것은 아니다.

그러므로 사내 시스템과의 인터페이스가 있으면 요건 정의의 타이밍에서 어떤 시스템에 대해 언제, 어떤 데이터를 어느 정도 건수로 취득할까·등록할까 등을 확실히 정의해 둘 필요가 있다.

무엇을 하고 싶은가를 설명하고 협력 체제 구축

사외 시스템은 A사의 경우, 결제 수단으로 신용 카드 지불도 취급하기 때문에 신용 카드의 수납 대행 회사와 접속하게 된다. 이때 수납 대행업자가 제공하고 있는 카드 유효성을 확인하는 API나 오소리티 Authority라 불리는 결제 처리 등의 API 등을 이용하게 된다. 이러한 시스템의 프런트 엔드를 호출하는 경우가 있을지 모른다. 이들에 대해서도 인터페이스 요건으로서 빠짐없이 정의해 놓는다.

사내외를 불문하고 중요한 것은 연계할 가능성이 있는 시스템이라면 모두 망라하여 목록화하는 것이다. 그리고 각각에 필요한 인터페이스의 종류를 정리한다. AI 도입은 프로젝트 내부의 커뮤니케이션도 중요하지만, 사내의 타부서나 협력 업체 등 외부와의 커뮤니케이션도 중요하다. 외부 멤버는 프로젝트 내부 멤버와 온도 차가 있는 것이 일반적이기 때문에 무엇을 하고 싶은지 자세히 설명하여 협력 체제를 구축한다.

필요한 배치 기능을 파악한다

이어서 배치^{Batch} 기능 요건 정의를 설명한다. 프런트 엔드 기능이나 업무 요건 및 관리 기능 요건, 인터페이스 요건, AI기능 요건 등을 실현하기 위해 어떠한 배치 기능이 필요한지를 정의한다. 예를 들면, POS 데이터를 사내의 POS 시스템에서 정기적으로 취득한다고 하는 인터페이스 요건이 있는 경우, 데이터를 취득하여 시스템의 데이터베이스에 일괄 등록하는 배치 기능이 필요하다. 추천하는 빵 데이터의 작성이 월 1회라면 각각의 타이밍에서 빵 추천 데이터를 작성하는 처리나 데이터 작성 후에 메일이나 푸시 통지 등으로 알리는 정기 처리도 해야 한다.

이처럼 시스템 전체를 통해 필요한 배치 기능을 알아낸다. 그리고 배치 기능별로 입력 데이터나 출력 데이터의 파일 및 테이블 등을 정의한다. 처리 내용에 대해서는 개요 레벨에서 기재한다. 배치의 실행 순서나 의존 관계의 정리(Job설계), 배치 처리 설계는 설계 단계에서 한다. [그림 4-33]

[그림 4-33] 배치 기능의 인풋/아웃풋이나 처리의 개요를 정의한다

배치 기능명	인풋	아웃풋	처리 개요
POS 데이터 정기 수집 기능	POS 데이터 (파일)	POS 데이터 (DB)	POS 시스템이 제공한 POS 데이터 파일을 취득하여, 테이블에 투입한다. 테이블 내에 중복되는 데이터가 있는 경우는 해당 레코드를 수집하지 않는다.
상품 마스터 정기 수집 기능	상품 마스터 (파일)	상품 마스터 (DB)	상품 관리 시스템이 제공한 상품 마스터 데이터 파일을 취득하여 상품 마스터 테이블에 투입한다. 추가·변경이 있었던 상품 레코드만을 수집한다.
회원 데이터 수집 기능	회원 데이터 (DB)	신규 회원 데이터 (파일)	고객 관리 시스템에서 전 회 수집한 이후에 추가·변경이 있었던 회원 데이터 파일을 취득, 테이블에 투입한다.
추천 빵 정기 작성 기능	회원 데이터 (DB) 신청 데이터 (DB)	회원별 추천 빵 데이터 (DB)	회원 데이터와 신청 데이터를 추천 빵의 작성 모델(AI)에 건네 회원별 추천 빵 데이터를 취득. 추천 빵 데이터를 테이블에 투입한다.

출전: 기획입안에서 시스템 개발까지 실제로 사용하는 DX프로젝트의 교과서 (일경BP사, 2020.3)

📚 데이터 요건은 항상 업데이트한다

마지막으로 데이터 요건 정의 작업을 알아보자. 이번에 개발하는 시스템에서 보유할 데이터를 정리하는 작업이다. 데이터 요건은 프런트 엔드 기능 요건, 업무 요건 및 관리 기능 요건, 서버 기능 요건, AI기능 요건 등을 거치지 않으면 최종적으로 확정되지 않는다. 그렇다고 해서 마지막에 정리하면 된다는 것이 아니라 각각의 요건 정의와 병행으로 정리 및 업데이트해 간다.

데이터는 시스템의 모든 기능의 중심에 있다. 그러므로 항상 데이터 요건을 업데이트하여 기능 간 요건의 일관성을 유지할 수 있도록 해 놓아야 한다. 데이터 요건 정의는 프런트 엔드 기능, 관리 기능, 서버 기능 요건에서 취급하는 데이터의 종류를 알아내어 데이터 목록(테이블

목록)으로 정리한다. 목록화 후에 데이터를 보유할 장소도 검토한다. 모바일 애플리케이션의 경우는 사용자의 단말$^{Front\ End}$ 측에서 데이터를 보유할지, 서버 사이드에서 보유할지 등을 임시적일지라도 좋으니 일단 정리해 둬야 한다. [그림 4-34]

[그림 4-34] 데이터의 종류나 보관 장소를 정리한다

테이블명	처리 개요	보관 장소	
		백엔드	로컬
회원 정보	빵 정기 배달 서비스에 회원 등록을 한 유저의 속성 정보	O	-
신청 정보	빵 정기 배달 서비스에 회원 등록을 한 유저의 신청 내용(플랜이나 신고일 등)	O	-
회원 데이터 수집 기능	각 월의 유저별 추천 빵의 정보	O	-
POS 데이터	점포의 POS 데이터 (당 시스템에 수집된 데이터)	O	-
점포 마스터	각 점포의 점포명이나 주소 등의 속성 정보	O	O
상품 마스터	상품의 상품명이나 칼로리 등의 속성 정보	O	-

출전: 기획입안에서 시스템 개발까지 실제로 사용하는 DX프로젝트의 교과서 (일경BP사, 2020.3)

프런트 엔드와 백 엔드 어디에서 유지할 것인가를 결정하는 것은 설계 공정이다. 이 단계에서 소위 ER도(Entity 관련도)도 작성해 두는 것이 좋다. [그림 4-35] 데이터의 목록만으로는 데이터의 관련성을 알기 어려우므로 ER도로 시각적으로 알기 쉽게 정리한다.

[그림 4-35] 데이터의 관련을 ER도로 표시

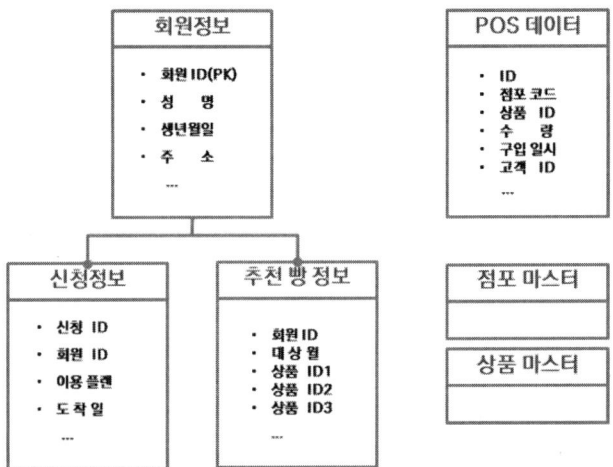

출전: 기획입안에서 시스템 개발까지 실제로 사용하는 DX프로젝트의 교과서 (일경BP사, 2020.3)

4-6
비기능 요건 정의

요건 정의 공정에서는 시스템 구성에 영향이 큰 비#기능 요건만 우선 결정해 둔다. 비기능 요건이 AI시스템 개발 시 인력이나 비용에 영향을 미치기 때문이다. 일반적으로 신규 시스템 개발 시 견적에 큰 영향을 주는 것은 가용성, 성능 및 확장성, 보안^{security} 등 세 요건이다.

요건 정의 마지막 작업인 비기능 요건 정의를 알아보자. 먼저 성능이나 보안 등 비기능 요건을 정리해 보자. [그림 4-36]

[그림 4-36] 기능 이외의 요건을 결정한다

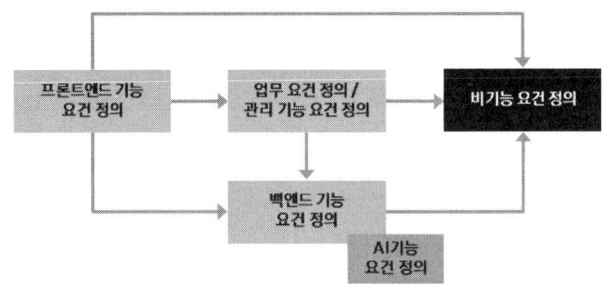

출전: 기획입안에서 시스템 개발까지 실제로 사용하는 DX프로젝트의 교과서 (일경BP사, 2020.3)

컨설턴트: 이제 드디어 요건 정의도 마지막입니다. 비기능 요건의 정의 작업에 들어갑시다.

IT 담당: 비기능 요건이라고 한마디로 말해도 가용성이나 성능 등 여러 항목이 있지요.

PM: 어디까지 정의하면 좋을까?

IT 담당: 어떤 서비스를 만들지를 정하고 있는 도중이므로 정의하기 어려운 곳도 있지요. 감시 요건 같은 것.

컨설턴트: 모든 것을 결정해야 하는 것은 아니지요. 우선적으로 정의해야 할 항목부터 봅시다.

가용성 요건에서 재해 대책을 필수 요인으로 결정했다고 가정해 보자. 서울과 부산 등 멀리 떨어진 복수 장소에 같은 시스템 인프라를 보유할 필요가 있으므로, 인프라 설계 작업 견적과 인프라 구축 및 운영 비용에도 영향을 준다. 이런 항목을 우선 검토해야 한다. 반대로 운영 및 보수 요건 등 시스템이나 애플리케이션 설계를 어느 정도 한 후 검토해도 되는 항목도 있다. 우선도가 높은 항목이 무엇인지는 프로젝트 특성에 따라 다르다. 각각의 프로젝트에서 판단이 필요하다. 앞서 말한 것처럼 신규 시스템 개발 시 견적에 큰 영향을 주는 건 가용성 요건과 성능·확장성 요건, 보안 요건 등 3가지다.

📚 가용성 정도에 따라 비용이 달라진다

시스템이나 서비스의 계속 가동을 어느 정도까지 담보할지를 정의하는 것이 가용성 정의이다. 예를 들어 웹 시스템이라면 24시간 365일 제공하는 것이 일반적이지만, 일부 금융 기관 시스템은 심야에는 제공하지 않을 수도 있다.

또, 인터넷 뱅킹 같은 시스템은 장애 등으로 정지 시간을 한정하지 않고 제로로 하는 것이 요구된다. 따라서 1개의 서버가 정지되어도 다른 서버에서 동작할 수 있는 백업 구성을 해야 한다. 최근에는 모바일 애플리케이션이나 웹 시스템 구축 기반에 AWS$^{\text{Amazon Web Services}}$나 마이크로소프트 애저$^{\text{Microsoft Azure}}$, GCP$^{\text{Google Cloud Platform}}$ 등의 클라우드 시스템을 이용하는 경우가 많아지고 있다.

클라우드에도 물리적인 서버는 어딘가에 설치되어 있다. 예를 들어, AWS를 사용해 한국에서 시스템을 제공하는 경우 서울 주변 서버를 이용하는 것이 일반적이다. 서울에서 대규모 재해가 있어 AWS 서버가 정지되어도 시스템을 운영할 수 있게 하려면 서울 지역뿐 아니라 부산이나 해외 등 지리적으로 떨어진 장소에도 같은 인프라를 준비할 필요가 있다.

복수의 거점에 인프라를 두면 그만큼 비용이 더 든다. 데이터나 애플리케이션 동기 처리도 시행할 필요가 있으므로 그 비용도 발생한다. 이처럼 가용성을 어디까지 요구하느냐에 따라 작업량이나 비용이 크게 달라진다. 이 점은 비기능 요건 정의 공정에서 확실히 정리해 둘 필요가 있다.

📚 시스템 부하도 예상한다

성능·확장성 요건은 액세스 사용자 수 응답 시간 요건 등을 말한다. 기간계 시스템은 기업 직원이나 관계자가 이용하므로 액세스 사용자 수가 크게 변동하는 경우가 많지 않다. 그러나 Web 시스템, 특히 소비자용 시스템의 경우 사용자 수가 고정되어 있지 않으므로 어느 정도의 증감이 있을 수 있을지를 예측해야 한다.

액세스 이용자 수가 적을 것으로 예상하고 서버를 구성한 경우, 돌발적으로 대량의 이용자가 액세스하면 처리가 대폭 지연되거나 서버가 다운되는 등의 문제가 생기기도 한다. AWS 등의 클라우드에서는 유연하게 서버 성능이나 서버 대수를 조정할 수 있으므로 시스템 부하에 따라 순차 스케일업(성능을 높이는 것), 혹은 스케일 아웃(서버 대수를 조정하는 것)을 하면 된다고 하는 생각도 있다. 이는 기술적으로는 맞지만, 비용 면에서 사용자 수나 액세스 수의 예측은 필요하다. 일반 기업에서는 시스템 운용 비용 예산을 확보할 필요가 있으므로 1년간의 인프라 비용 견적이 필요하다. 이용률 사업 계획을 수립하는 단계에서 매년 예상 회원 수를 산출하고 있으므로 이를 바탕으로 실제 이용률(액티브율) 등을 고려하여 액세스 사용자 수를 예측해야 한다. 각종 이벤트나 캠페인 등으로 돌발적으로 액세스 사용자 수가 증가할 가능성도 고려해 최대 어느 정도 이용자가 액세스할 가능성이 있을지를 정의한다.

📚 성능 요건은 조작감으로 정한다

기간계 시스템은 응답 시간$^{Response-time}$이나 스루풋^{Throughput}을 시작으로 하는 성능 요건을 정한다. 응답 시간은 시스템에 처리를 요청^{Request}하고 나서부터 응답이 돌아올 때까지의 시간이다. 온라인 처리의 경우 데이터 참조에 3초, 갱신에 5초와 같이 응답 시간 요건을 정한다. 스루풋은 일정 시간당 처리할 수 있는 데이터의 양이다. 예를 들면, 인쇄 양식^{Form}을 1초에 몇 장 출력할 수 있는가? 라는 요건이다.

웹 시스템의 경우 성능 요건 개념은 기간계 시스템과 조금 다르다. 즉, 회원 등록 버튼을 눌러 5초 동안 응답이 없으면 헤비^{Heavy}한 시스템이구나! 라는 인상을 준다. 이에 5초보다 빨리 이용자에게 무언가의 메시지를 보내 줄 필요가 있다. 또, 일반적으로 액세스가 집중되면 아무래도 처리 지연이 발생하여 약속한 응답 시간을 지키지 못할 경우도 있다. 웹 시스템은 너무 엄밀히 몇 초라고 하는 요건을 정하는 것보다 유사 시스템을 검토하여 이 시스템과 같은 조작감$^{Feeling\ of\ Operation}$을 실현한다 등의 요건으로 하는 것이 현실적이다.

서비스 내용에 따른 보안을 확보한다

보안 요건에서는 확보할 보안 레벨을 정한다. 보안 레벨도 시스템 구성이나 비용에 크게 영향을 준다. A사의 빵 정기 배달 시스템 경우 이름만이 아니라 주소 정보를 보유한다. 신용 카드로 처리를 할 때는 카드 번호 입력도 요구한다. 이러한 점에서 상당히 강력한 보안이 필요하다. 인프라로는 파이어월^{Firewall}은 물론 악성 코드^{Malware} 등의 침입 검지 구조는 고가인 경우가 많으므로 인프라 비용에 크게 영향을 미친다. 애플리케이션 면에서도 위조 방지를 위한 강력한 인증 기능이 요구된다.

휴대 전화 번호를 사용해 SMS를 송신, 본인 확인 등의 기능이 필요할 것이다. SMS를 송신하는 경우 그 처리에도 비용이 발생한다.

시스템 구성 이외에도 잊어서는 안 되는 것이 제3자에 의한 취약성 시험을 해야 할지를 결정해야 한다. 기업이 소비자용 시스템을 제공하는 경우는 그 기업의 보안 정책상 필요하게 되는 경우가 많다. 취약성 시험 내용에 따라 대기업 벤더 의뢰하면 그만큼의 비용이 발생한다. 비용만이 아니라 스케줄 면에서도 취약성 시험을 하는 것을 전제로 한 계획이 필요하다. 이처럼 보안 요건도 시스템 구성만이 아니라 작업 부하나 비용에 크게 영향을 준다. 제공하는 시스템의 전반적인 내용으로 볼 때 어떤 리스크가 예상되는지? 또 그 대책으로 무엇이 필요한지를 정의해 둘 필요가 있다.

제5장

설계

5-1
개발스피드와 품질

신서비스를 개발하는 AI프로젝트에서는 서비스 릴리즈^{Release} 자체는 목표가 아니다. 릴리즈 후 이용자의 반응을 보면서 서비스 개선을 거듭해야 한다.

📚 품질을 유지하면서 신속한 릴리즈와 개선

개발 스피드와 서비스 품질을 얼마나 우선시할지는 프로젝트마다 다르므로 이를 유의해 가면서 프로젝트를 진행할 필요가 있다.

지금까지 AI 도입을 추진하고 있는 A사의 서비스 내용을 구체화하는 요건 정의를 설명했다. 이제부터는 시스템 설계에 들어간다. 설계 단계 중심은 시스템 개발을 수탁받은 소프트웨어 개발 회사다. 그러나 발주자인 A사 입장에서도 파악해 둬야 할 포인트가 몇 개 있다. 따라서 발주자가 AI시스템 개발 시에 알아 두어야 할 사항을 중심으로 알아보자. 상사가 귀신같아야 부하가 움직인다. 발주자가 똑똑하지 않으면 개발자를 제대로 관리할 수 없다. 실제로 발주자가 개발자보다 더 실력이 있어야 프로젝트를 성공으로 이끌 수 있다. 또한 프로젝트의 성공은 오너십^{Ownership}에 달려 있다고 해도 과언이 아니다. 발주자는 AI시스템 도입에 강한 오너십, 즉 주인 의식을 가져야 한다.

요건 정의가 끝나고 한숨 돌린 PM과 IT 담당자와의 대화이다.

PM: 드디어 요건 정의가 끝났네요. 서비스 내용도 정했고 릴리즈가 기다려지네요.

IT 담당: 그렇네요. 그런데 여기서부터가 길어요. 설계나 개발에는 시간이 걸리고 만들어진 시스템의 리뷰도 힘듭니다.

PM: 상당히 힘들겠지요. 타사에 앞서 한시라도 빨리 릴리즈하고 싶은데 기다리기만 하면 되나요….

IT 담당: 글쎄요. 시스템에 정통한 멤버만 있는 것은 아니니 제대로 리뷰할 수 있는 체제를 구성할 수 있을지 모르겠습니다.

PM: 우리는 어떻게 대처하면 좋을까요?

신서비스 AI프로젝트는 서비스 릴리즈가 목표가 아니라 스타트 라인에 선 것에 지나지 않는다. 서비스를 릴리즈한 다음, 이용자 반응을 보면서 개선해 나가는 것이 바람직하다. 즉 개발 기간을 길게 잡고 릴리즈를 느긋하게 기다리는 것은 바람직한 방법이 아니다. 물론, 일정한 개발 기간은 필요하다. 신서비스에서 요구되는 품질 수준을 충족시키려면 그만큼의 시간이 걸린다. 다만 프로젝트 멤버가 품질 확보에 기여할 수 있어야 하는데 그렇지 못한 경우도 많다. AI 도입에 할당^{Assign}된 멤버 중 시스템 부서 이외의 사람은 시스템 개발 자체에 익숙하지 못할 것이다. 이들 멤버가 IT 벤더의 보고나 성과물을 바탕으로 품질 확보라는 중요한 역할을 담당하는 것은 어려운 일이다. 어떤 시스템 개발도 개발 스피드와 품질 그 어느 것 하나라도 소홀히 할 수 없다. 기간계 업무 시스템 개발 프로젝트와 AI 도입은 [그림 5-1]처럼 양자 간 밸런스가 크게 다르다.

[그림 5-1] 개발 스피드와 품질의 밸런스는 프로젝트에 따라 다르다

종류		개발 스피드와 품질의 밸런스	
기간계 프로젝트		개발 스피드 <	시스템 품질
AI 프로젝트	RPA나 업무의 AI화 등 업무계 AI	개발 스피드 <	시스템 품질
	AI나 IoT를 이용한 신서비스계 AI	개발 스피드 >	시스템 품질

출전: 기획입안에서 시스템 개발까지 실제로 사용하는 DX 프로젝트의 교과서 (일경BP사, 2020. 3)

또 같은 AI 도입이라도 내용에 따라 개념은 달라진다. 각각에 대하여 알아보자. 어디까지 품질을 요구할 것인지는 프로젝트에 따라 다르다.

📚 어디까지 품질을 요구할 것인지는 프로젝트에 따라 다르다

먼저 기간 업무 시스템 개발의 경우의 한 예로 휴대 전화의 계약 업무 시스템을 쇄신하는 프로젝트를 생각해 보자. 이 경우, 신규 계약 접수 화면이나 계약 상황 확인 화면이라는 프런트 엔드 기능 개발과 함께, 계약 정보 취득과 이 정보의 사용자 정보 관리 시스템에의 연계라는 백 엔드 기능 개발 등이 필요하다. 이러한 기간 업무 시스템 쇄신이나 개선 보수의 경우, 이미 기존 업무를 가동하면서 시스템 변경을 할 경우, 품질이 낮은 시스템이 릴리즈되면 문제없이 돌아가고 있던 기존 업무가 장애를 일으키거나 정지되기도 한다. 즉, 기간 업무 시스템 프로젝트의 경우 개발 스피드를 우선시하는 것보다 기존 업무에 영향을 주지 않도록 품질을 높인 다음 시스템을 릴리즈하는 요구가 많다. RPA를 도입하는 업무용 AI프로젝트 경우에도 기간업무 시스템과 마찬가지로 기존의 업무가 있는 상태에서 시스템 개발이 진행된다. 따라서 기존 업무에 영향을 미치지 않는 수준까지의 고품질 시스템 릴리즈에 유의하는 것이 중요하다.

위에서 말했듯, 신서비스를 개발하는 AI 도입은 시스템 릴리즈가 스타트라인에 선 것에 불과하다. 릴리즈 직후 많은 서비스 이용자를 획득해 궤도에 오르면 좋지만, 그렇게는 잘되지 않는다. 일반적으로 A/B 테스트, 서비스 이용 상황 확인을 반복하는 등 꾸준히 개선하면서 서비스를 확대해 간다. 개발 속도도 중요하다. 타사가 간단히 따라올 수 없는 혁명적인 서비스라면 문제가 없지만, 이러한 서비스는 드물다. 서비스의 스타트가 늦어지면 그만큼 경쟁 상대가 늘어난다. 따라서 경쟁사가 적은 블루 오션에서 서비스를 궤도에 올리려면 '①스피드 중시로 개발한다. ②가능한 한 빨리 서비스를 제공한다. ③서비스 기간을 가능한 한 길게 확보한다.' 등 3개의 전략이 중요하다.

그림, 품질은 어느 정도 수준까지 담보해 두면 좋을까? 이러한 서비스는 앱 스토어의 리뷰나 SNS 등에서 평가가 한순간에 확산하는 특성이 있다. 사용의 편의성이 나쁘거나 오류가 있을 수도 있다. 이러한 상황이 계속되면 아무리 서비스를 확대해도 돌이킬 수 없는 상태에 빠지게 된다. 서비스 중에 이용자가 직접 체감하는 부분의 품질만은 결코 소홀히 할 수 없다.

개발 프로세스 기간을 단축해야

신서비스 개발 속도를 단축하기 위해 중요한 사항과 최소 확보해야 할 품질을 담보하기 위해 발주자인 A사가 할 수 있는 것을 생각해 보자. 요건 정의 이후의 시스템 개발 프로세스에는 설계, 개발, 테스트 등의 크게 3개의 공정이 있다. 스피드를 중시해 릴리즈까지의 기간을 단축하려면 프로세스 자체의 커스터마이즈와 프로세스별 기간 단축이 필요하다. 먼저 프로세스 자체의 좁히기에 대해 살펴보자. 각 프로세스의 실제 작업은 IT 벤더가 담당하므로 발주자는 세세하게 이해할 필요는 없다. IT 벤더는 이런 작업을 하고 있구나? 정도를 이해하고 있으면 충분하다. 신서비스 업무의 AI 도입에서 필요한 프로세스를 [그림 5-2] 와 [표 5-1]에서 보여 주고 있다.

[그림 5-2] 신서비스 개발 업무 프로젝트에서 필요한 프로세스

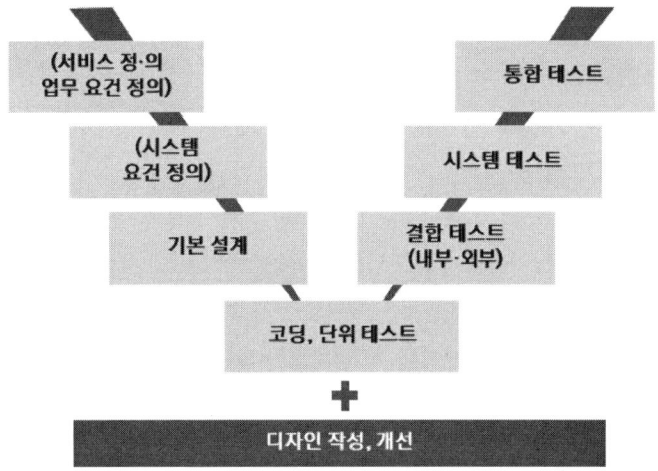

출전: 기획입안에서 시스템 개발까지 실제로 사용하는 DX 프로젝트의 교과서 (일경BP사, 2020. 3)

[표 5-1] 신서비스 개발계 프로젝트의 각 공정의 개요

공정	공정의 개요(기능면)	담당자
기본 설계	요건을 정리하여 기능의 분할 단위 정의한다. 또 각 시스템 간, 프론트 엔드·백 엔드 간의 인터페이스 정의 및 각 기능의 처리 로직을 결정한다	엔지니어
코딩·단위 테스트	공통 처리 등을 고려하면서 각 기능을 더욱 세분화, 프로그래밍 언어를 이용하여 프로그램을 작성한다. 또 최소 단위로 처리의 동작을 확인한다	엔지니어
내부 결합 테스트	시스템 내의 상대하는 기능을 결합, 처리의 동작을 확인한다 (프론트 화면 / API 간의 연계 동작 확인 등)	엔지니어 / 테스터
외부 결합 테스트	시스템 간의 상대하는 기능을 결합하여 처리 동작을 (확인하는 파일 연계 소스 / 이전 배치 처리 연계 동작 확인 등)	엔지니어 / 테스터
시스템 테스트	시스템 내외의 모든 기능을 연결하여 일련의 처리 동작을 확인한다	엔지니어 / 테스터
통합 테스트	시스템 내외의 모든 기능을 연결하여 업무 시나리오에 입각하여 일련의 처리 동작을 확인한다	발주자
디자인 작성 브러시업	주로 서비스 이용자가 이용하는 프론트 화면에 대하여 디자이너가 디자인을 작성한다. 또, InVison이나 Sketch 등의 디자인 툴을 사용하여 각 화면, 화면간 천이의 확인, 브러시업을 한다	디자이너 / 발주자

출전: 기획입안에서 시스템 개발까지 실제로 사용하는 DX 프로젝트의 교과서 (일경BP사, 2020. 3)

워터폴 개발 프로세스의 V자형 모델을 토대로 한 프로세스를 AI 도입의 특징에 맞춰 조금 변형한 것이다. 이 프로세스의 포인트는 ①애자일이 아니라 어디까지나 워터폴 개발이 베이스이고 ②상세 설계나 프로그램 설계 공정을 생략 ③디자인 작성 및 개선 공정을 명확히 정의한다 등 3가지이다.

워터폴 개발이 베이스가 되는 이유

 이와 관련해 스피드를 중시한다면 애자일 개발이 좋지 않을까? 라고 생각하는 사람도 있을 것이다. 그러나 요건 정의 이후의 프로세스를 생각하면 그렇지도 않다. 앞에서도 언급했지만, 애자일 개발을 성공시키기 위한 전제 조건 4가지를 되새겨 보자.

 프로젝트 내용 면에서는 ①개발 규모가 크지 않을 것. ②미션 크리티컬$^{\text{Mission critical}}$하지 않을 것. 프로젝트 체제 면에서는 ③프로덕트 오너가 의사 결정을 할 수 있을 것. ④생산성이 높은 엔지니어가 확보되어 있을 것 등이다. 신서비스 개발의 경우 ②와 ③의 요건을 충족하는 프로젝트가 많을 것이다. 그러나 ①과 ④의 요건에는 문제가 있는 경우가 대부분이다. PoC를 마치고 본격적인 서비스 실현을 위한 개발에 들어가면 프런트 엔드, 백 엔드 관리 기능을 개발할 필요가 있다. 개발 규모가 커지면 그만큼 많은 엔지니어가 필요하다. 이렇게 되면 생산성이 높은 엔지니어만을 확보하는 것은 곤란하다.

규모가 그다지 크지 않은 경우에도 사내의 업무 시스템이나 회계 시스템, 신용 카드 결제를 기반으로 한 사외 시스템과의 연계가 필요한 개발이 많아진다. 사내외 관계자와의 조정이나 시스템 연계 부분의 개발, 쌍방이 접속된 상태에서의 품질 확인 등을 실시할 필요가 있으며, 기본 설계나 외부 결합 테스트라는 공정을 착실히 진행해야 한다. 따라서 워터폴 개발 쪽이 친화성이 높아지게 된다.

반면 [그림 5-2]와 같이 상세 설계나 프로그램 설계는 생략한다. 워터폴형 개발에서는 필수라고 생각하는데 왜 생략할 수 있을까? 이들 공정은 소프트웨어 개발 회사가 알아서 하기 때문이다. 상세 설계나 프로그램 설계는 요건이 확정되었고, 사내외 시스템과의 사양 조정이 완료되어 있다는 것을 전제로 보수성이 높은 효율적인 처리를 어떻게 만들면 좋을지를 생각하는 것을 목적으로 한다. 물론 이 공정이 불필요하다고 할 수는 없지만, 스피드를 중시하는 경우, 굳이 다큐먼트를 작성하지 않고 구현하는 엔지니어에게 맡길 수 있다. 설계하면서 구현을 하면 그만큼 스피드가 올라간다. 앞에서도 언급했지만, 사양의 일관성을 취하면서 이러한 부분에 한정해 부분적인 애자일 개발을 도입해도 좋을 것이다.

디자인 작성 및 개선 공정을 명확히 해야

디자인 작성 및 개선은 엔지니어가 아니라 디자이너의 태스크이다. 프로젝트에서 디자이너 인력은 엔지니어보다 적은 것이 일반적이고 창조적인 작업이기 때문에 태스크 관리를 디자이너에 맡겨 버리는 경우가 있다. 그러나 이것은 위험하다. 신서비스계 AI 도입에서 디자인 계획 작성이나 진척 확인을 게을리하면 프로젝트 전체의 스케줄이 지연될 위험이 크게 높아질 수 있기 때문이다.

요건 정의 시점에서는 기본적으로 와이어프레임^{WireFrame}을 사용해 프런트 엔드 화면 이미지를 공유하면서 UI/UX를 검토한다. 기본 설계 이후에는 이 와이어프레임을 토대로 구체적인 디자인을 만들지만, 와이어프레임 자체를 변경하고 싶다는 요구가 제기되기도 한다. UI/UX 향상으로 이어진다면 그 요구를 받아들이는 것은 중요하다. 색상^{Color} 변경 같은 단순한 요건은 간단히 대응할 수 있을지 모르지만, 표시 방법이나 표시 내용에까지 영향을 주는 변경을 하고 싶은 경우에는 소스 코드 수정이 필요한 경우도 발생한다.

디자인 태스크 계획(디자인 작성 순번이나 드래프트 작성 예정, 발주자에 의한 리뷰 타이밍 등)이 불명확한 채 진행되면 디자인 작성이나 개발을 예정대로 완료할 수 없는 상황이 발생하기 쉽다. 따라서 신서비스계 AI 도입에서는 개발 계획과 같이 디자인 태스크 계획도 수립할 필요가 있다. 이 계획에 따라 발주자와 디자이너 간 의견 교환을 하는 것도 중요하다. 또, 화면 디자인 검토는 [그림 5-3]처럼 발주자가 해야 할 중요한 역할 중 화면이란 어느 의미에서는 알기 쉬운 성과물을 확인하고, 그 품질을 디자이너와 함께 높여 가는 작업은 UI/UX 서비스를 크게 좌우하기 때문이다.

[그림 5-3] 화면 디자인의 질을 높여 나간다

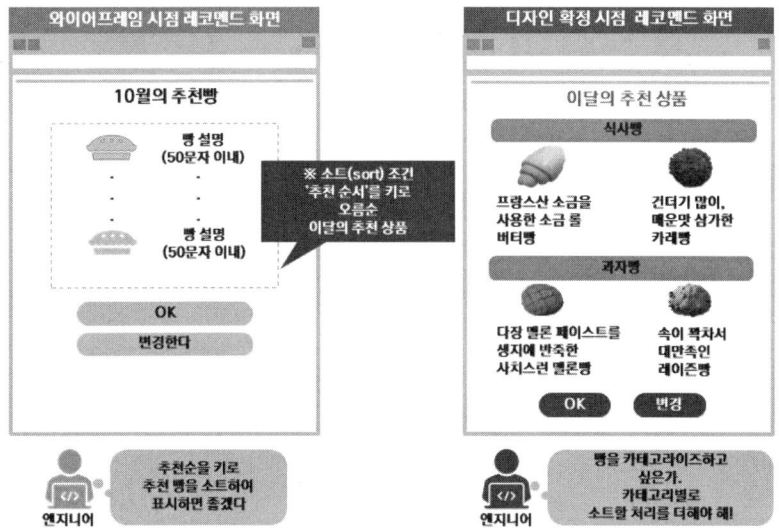

출전: 기획입안에서 시스템 개발까지 실제로 사용하는 DX 프로젝트의 교과서 (일경BP사, 2020. 3)

5-2
발주자의 설계서 리뷰 포인트

효율적인 개발을 위해서는 발주자인 사용자의 눈높이에서 사용하기 쉬운지, 장래 발생할 수도 있는 변경에 대응할 수 있도록 설계가 되어 있는지를 반드시 확인해야 한다.

개발 스피드 향상을 위해서는 프로세스별로 기간을 단축하는 것도 중요하다. 가장 효과적인 것은 각 공정에서 기본적인 성과물(다큐먼트 등)을 작성하는 것이다. 성과물의 리뷰도 참가자별로 리뷰의 관점을 명확히 하여 실시하도록 한다.

AI프로젝트에서 설계 공정에서 만들어야 할 성과물은 무엇인지, 그리고 이들 성과물에 대해 발주자인 사용자가 어떠한 관점에서 리뷰하면 좋은지를 알아보자.

AI프로젝트의 설계 성과물

워터폴 개발에서는 요건 정의~설계 단계까지 얼마나 상세하게 작성했는지가 시스템의 품질을 크게 좌우한다. 스피드 중시의 AI프로젝트라고 해도 최소한의 설계서의 작성은 필요하다.

설계서는 각 기능의 데이터 입력에 관한 정보를 작성한 인터페이스[IF] 정의서와 각 기능을 실현하는 구체적인 처리 로직을 작성하는 처리 정의서 등 크게 2종류로 분류할 수 있다.

스피드 중시의 AI프로젝트에서도 IF 정의서는 반드시 작성한다. 처리 정의서는 어느 정도 간소화하여 프로그래밍을 담당하는 엔지니어에게 맡기는 것도 가능하다. 여기에 포함되는 다큐먼트는 다음과 같다.

✏️ IF 정의서의 구체적인 예
- 외부 IF정의서: 신시스템과 기존 시스템 간의 IF를 정의
- 내부 IF정의서: 주로 프론트와 백 엔드 간의 IF를 정의
- 테이블 정의서: 주로 백 엔드의 처리 간에서 IF가 될 수 있는 정보를 정의

✏️ 처리 정의서의 구체적인 예
- 프론트 엔드 기본 설계서: 프론트 엔드 화면 내에서의 처리를 작성 (버튼 누를 때의 작동 등)
- API 처리 계획서: 입출력 정보를 바탕으로 API 자체의 처리 로직을 작성
- 배치 처리 계획서: 입출력 정보를 바탕으로 배치 자체의 처리 로직을 작성
- 관리 화면 기본 설계서: 관리 화면 내에서의 처리를 작성 (데이터의 오류 체크 등)

IF 정의서는 이름 그대로 복수 기능의 '접점 정보'를 정의한다. 예를 들면 외부 IF 정의서는 신시스템과 기존 시스템의 접점 정보를 정의하는 것으로 다른 시스템 간(각각을 개발하는 벤더 측)의 의사소통을 도모하기 위해 중요하다.

내부 IF 정의서는 프론트 엔드 기능과 백 엔드 기능 등의 접점 정보를 정의한다. 역할이 크게 다른 프론트 엔지니어와 백 엔드 엔지니어 간의 의사소통을 도모하는 데 필요하다.

이러한 IF 관련 설계 성과물의 작성을 소홀히 하면 시스템 전체를 접속했을 때 예상대로 작동하지 않아 벤더 간이나 엔지니어 간에서 기능 분해점이나 IF의 재조정, 소스코드의 재수정이 필요하게 된다. 그 결과, 당초 예정대로 개발을 완료할 수 없어 계획을 재검토하지 않을 수 없게 된다. IF 관련의 설계서는 기간 업무 시스템의 개발처럼 제대로 만들 필요가 있다.

한편, 처리 정의서란 입출력 정보가 정해져 있다는 것을 전제로 요건 정의서대로 실현하는 처리(로직)를 작성한 것이다.

물론, 요건 정의서에 다 넣지 못할 수도 있다. 분기 처리의 컨트롤 방법(분기의 조건을 설정 파일에 적어 둘 것인지, 분기 처리 자체를 프로그래밍해 버릴 것인지 등)이나 에러 발생 시의 처리 등이다. 단, 전체적인 처리의 흐름처리 시퀀스이나 그중에서의 처리의 개요만 작성되어 있으면 나머지 상세 사항은 프로그래머에게 맡기는 것도 가능할 것이다.

📚 서비스 이용자의 눈높이에서 사용 편의성을 확인

발주자인 사용자가 확인해야 할 것에 대해 알아보자. IT 벤더가 작성한 IF 정의서나 처리 계획서를 발주자가 어디까지 리뷰해야 할까?

기간 업무의 시스템 개발의 경우, 이러한 성과물은 정보 시스템 부서가 리뷰한다. 정보 시스템 부서는 IT 전문가이므로 내용을 이해할 수 있다. 한편 서비스 개발 AI프로젝트는 마케팅이나 상품 기획 부문에서 참여하기도 한다. 이러한 멤버는 리뷰는커녕 작성되어 있는 내용을 이해하기도 어려운 것이 현실이다.

이런 멤버는 어떤 점을 확인하면 좋을까. 다음 2개의 관점을 체크하면 될 것이다.

- 사용자의 사용의 편의성: UI/UX를 고려한 설계를 하고 있는가?
- 운용하기 쉬운 설계를 하고 있는가?

구체적인 예를 들어 보면, 먼저 서비스 이용자의 사용 편의성을 고려한 설계에 대하여 A사의 빵 주문 접수 처리의 예를 생각해 보자. 빵의 주문 접수에는 다음 3개의 스텝이 있다고 한다.

① 서비스 이용자로부터 주문 정보를 취득한다.
② 주문한 정보를 수주 관리 시스템에 전한다.
③ 서비스 이용자에게 주문 접수 완료를 통지한다.

이때 UX를 향상하려면 ①~③의 시간을 짧게 해서 서비스 이용자를 기다리지 않게 하는 것이 중요하다. 그 관점에서 보면 ②의 처리는 직접 서비스 이용자에게는 관계없다는 것을 알 수 있다.

　UX 개선이라는 것은 초 단위의 싸움이다. 통지를 1초 빨리 하는 것만으로도 서비스 이용자의 만족도가 상승, 리피트 고객으로서 재주문을 할지도 모른다.

　이 예에서는 이용자는 UI/UX의 관점에서 설계서, 특히 시퀀스를 확인한다. 서비스 이용자에게 관계없는 ②의 처리를 발견하면 ②의 처리를 ③ 전에 실행할 필요는 있습니까? 혹은 주문 버튼을 누른 후 완료 통지를 표시하기까지 얼마나 걸립니까? 좀 더 단축할 수는 있습니까? 라고 질문하는 것이 중요하다.

　이러한 질문만 할 수 있다면 그 지적을 바탕으로 IT 벤더가 타당한 처리를 해 줄 것이다. 예를 들면, 주문 정보의 취득에서 수주 관리 시스템에의 수주 등록, 주문 완료 통지를 연속 처리하는 것이 아니라 주문 임시 등록 처리를 함으로써 처리를 분할, 이용자의 대기 시간을 단축할 수 있을지도 모른다. [그림 5-4]

　항상 서비스 이용자의 눈높이에서 사용 편의성에 영향을 미치는 포인트가 없는지를 가능한 한 확인하도록 하는 것이 좋을 것이다.

[그림 5-4] 처리를 분할한 시퀀스로 서비스 이용자의 대기 시간을 단축시킨다

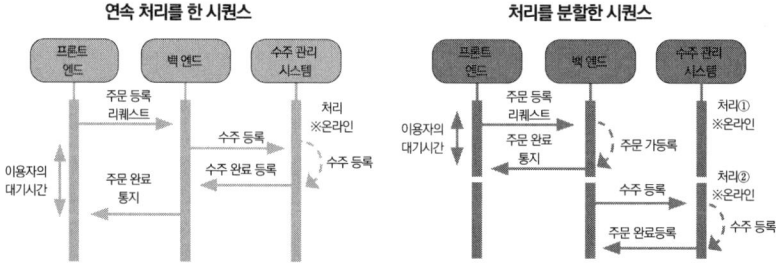

출처: 기획입안에서 시스템 개발까지 실제로 사용하는 DX 프로젝트의 교과서 (일경BP사, 2020. 3)

📚 장래의 변경 가능성을 생각하면서 설계를 리뷰

운용하기 쉬운 설계에 대하여 알아보자. A사의 주문 시간 제어 처리를 예를 살펴보자.

A사의 신서비스에서는 주문 접수 시간을 매일 아침 8시~저녁 6시까지로 요건을 확정했다고 하자. 이것을 시스템으로 실현하는 경우 다음 두 가지 패턴을 생각할 수 있다.

① 매일 아침 8시~저녁 6시를 고정 값으로 프로그래밍한다.
② 주문 접수 개시 시각, 주문 접수 완료 시각을 변수로 프로그래밍한다: 변수는 설정 파일에서 취득한다.

어디에서 구현한 경우라도 요건을 만족시키는 것은 가능하다. 단, 서비스 개시 후에 생각보다 주문이 많고 생산라인에도 문제가 없음을 알게 되면 접수 시간을 연장하고 싶다는 요망이 올라가는 경우도 생각할 수 있다. 이럴 때 ②에서 구현하고 있다면 설정 파일을 고치면 되지만, ①의 경우 프로그램을 고칠 필요가 있으므로 수정이 힘들다.

이처럼 장래 발생할 수도 있는 변경 요망은 비즈니스나 업무에 능통한 사용자가 IT 벤더보다 쉽게 상상할 수 있을 것이다. 설계 리뷰 시에는 앞으로 변경 가능성을 생각하면서 이에 견딜 수 있는 설계가 되어 있는지를 확인하는 질문이 필요하다.

최근에는 모바일 애플리케이션 개발을 할 때 이 점을 의식할 필요가 있다. 특히 iOS용 애플리케이션에서는 변경 시 스마트폰과의 애플리케이션(프론트 엔드 애플리케이션)의 재릴리즈가 필요한지, 백 엔드 측(서버사이드)의 처리 변경이나 설정 파일의 변경만으로 끝나는지는 매우 중요한 포인트이다. iOS에서는 미국 애플에 의한 애플리케이션 심사나 각 단말에서의 업데이트가 필요하다.

예를 들면, A사의 애플리케이션의 추천 상품 표시 기능의 경우를 생각해 보자. [그림 5-5] 백 엔드 처리에서 선택한 추천 상품의 줄 순서를 바꾸고 싶다고 했을 때, 백 엔드에 정렬 기능을 가지는 기능 분해 패턴 ①이면 백 엔드의 소트 처리를 수정하기만 해도 될 것이므로 프론트 엔드의 애플리케이션을 갱신할 필요는 없다.

[그림 5-5] 애플리케이션의 기능 분해 패턴에 따라 애플리케이션의 수정, 공개 프로세스는 변해 버린다

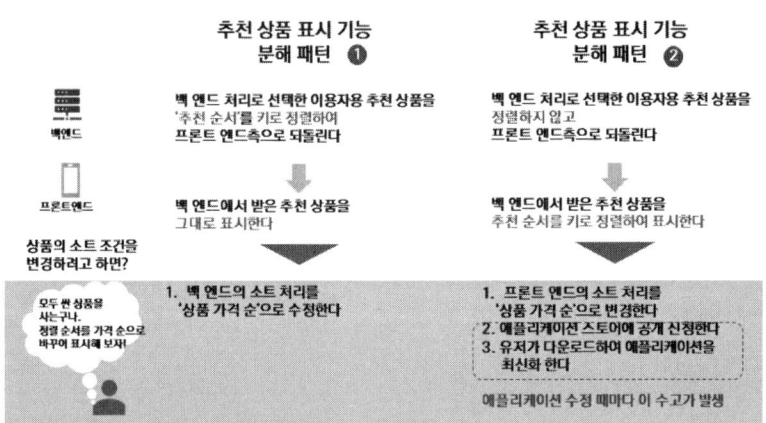

출전: 기획입안에서 시스템 개발까지 실제로 사용하는 DX 프로젝트의 교과서 (일경BP사, 2020. 3)

한편, 백 엔드 처리에서 선택한 추천 처리를 정렬하지 않고 프론트 엔드의 애플리케이션에 건네는 기능 분해 패턴 ②의 경우는 정렬 순서를 변경하기 위해 프론트 엔드 애플리케이션의 기능을 변경, 애플리케

이션 스토어에 공개 신청할 필요가 있다. 프론트 엔드의 기능 수정이 발생한 경우, 최신 애플리케이션을 각 서비스 이용자의 단말에 인스톨하기까지는 시간이 걸리게 된다.

발주자인 이용자는 어떤 수정을 추가하면 애플리케이션의 재릴리즈가 필요할까, 재릴리즈하지 않고 가능한 수정이란 무엇인가를 이해하여 설계를 리뷰할 필요가 있다.

5-3
AI시스템 구축 기반 설계

설계 단계의 중심은 시스템 개발을 수탁받은 벤더지만, 발주자는 오너십을 가지고 벤더의 AI시스템 설계에 적극적으로 협조함으로써 발주자와 개발자 간의 분쟁을 줄일 수 있고 공정, 품질, 비용에 대해 발주자 개발자 모두가 만족할 수 있는 성공적인 AI시스템 구축 프로젝트가 될 수 있을 것이다.

개발자가 AI시스템을 구축할 때의 기반 설계의 방법에 대하여 알아보자. 클라우드^{Cloud}, 컨테이너, API 연계 등의 신기술을 이용한 기반 구축이 중요하다. 시스템 가동 후의 운용 관리도 설계 시부터 예상해 보자. 설계 단계 중심은 시스템 개발을 수탁받은 소프트웨어 개발 회사다. 그러나 발주자 입장에서도 파악해 둬야 할 포인트가 있다.

PoC 단계에서는 시스템 요건을 검증하기 위해 실제의 데이터를 사용, 기계 학습 모델을 구축하였다. 요건 정의 단계에서는 AI시스템의 요건 정의 및 요건에 대한 PoC(Proof of Concept=개념검증)에 대하여

알아보았다. PoC/요건 정의 단계 후의 설계 단계의 포인트에 대해 알아보자. [그림 5-6]

[그림 5-6] AI시스템의 구축 프로세스(설계 단계의 위치)

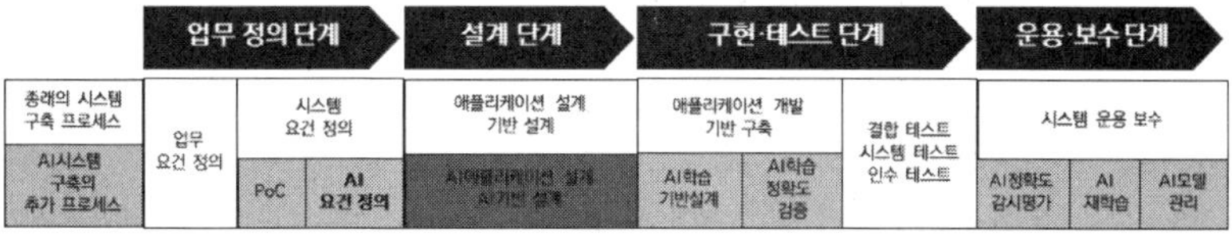

업무 정의 단계		설계 단계	구현·테스트 단계	운용·보수 단계
종래의 시스템 구축 프로세스	업무 정의	시스템 요건 정의	애플리케이션 설계 기반 설계	애플리케이션 개발 기반 구축	결합 테스트 시스템 테스트 인수 테스트	시스템 운용 보수
AI시스템 구축의 추가 프로세스		PoC	AI 요건 정의	AI애플리케이션 설계 AI기반 설계	AI학습 기반설계	AI학습 정확도 검증		AI정확도 감시평가	AI 재학습	AI모델 관리

출전: 일경시스템즈. (2018.12)

AI시스템의 설계 단계에서 중요한 것은 PoC의 결과를 기본으로, 기계 학습 모델과 업무 오퍼레이션의 일관성을 취해야 한다는 것이다.

PoC에서는 기계 학습 모델의 예측 정확도^{Accuracy}나 알고리즘의 검증에 주력하는 경향이 있다. 그러나 설계 단계에서는 기계 학습 모델에 포커스를 둘 것이 아니라 모델에 투입하기 위한 데이터의 전^{Pre}처리의 플로우^{Flow}의 정비나 모델의 정확도 유지 방법 등을 바탕으로 업무 오퍼레이션과의 일관성^{Consistency}을 중시하여 설계하는 것이 중요하다.

설계 단계에서는 기계 학습 모델에 관한 설계만이 아니라 모델 주변에 부수^{Attach}하는 시스템까지 포함한 전체 구성을 검토할 필요가 있는 것이다. [그림 5-7]

[그림 5-7] 모델 주변도 포함한 AI시스템 구현 이미지

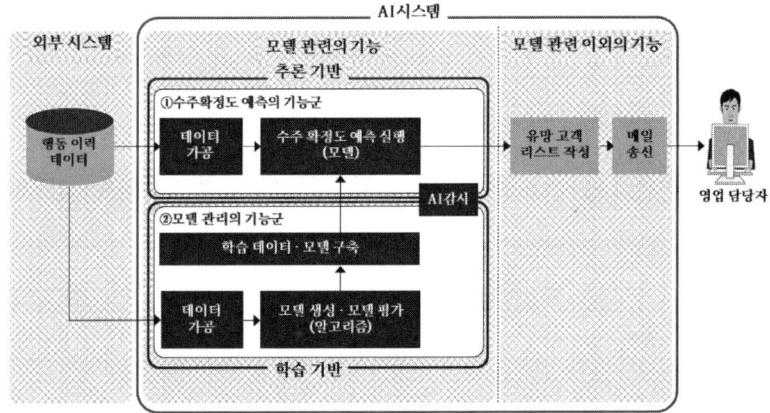

출전: 일경시스템즈. (2018.12)

📚 상세 요건 정의에서 재검토한다

PoC에서 검증된 기계 학습 모델을 시스템에 통합할 때, AI시스템의 기능에 맞춰 주변 시스템을 포함하여 시스템 전체를 모듈 단위로 검토하는 것이 중요하다.

설계 시에는 기계 학습 모델이 대량의 과거 데이터 학습에 기반을 두고 있다고 하는 특성에 주의한다. 또한 기계 학습 모델을 장기적, 안정적으로 기능을 유지할 수 있도록 계속 개선 사이클을 유지해야 한다.

예를 들면, 딥러닝$^{Deep\ Learning}$에 의한 기계 학습 모델은 네트워크와 방대한 데이터에 의해 조정된 파라미터의 집합으로 이루어져 있다. 모델은 그 단독으로는 기능할 수 없고 항상 데이터와 접속한 상태여야 한다. 바꾸어 말하면 입력 데이터에 따라 모델의 작동^{Behavior}이 크게 변화한다는 것이다. 잘못된 학습 데이터를 입력해 버리고, 그것을 모델이

학습해 버리면 모델의 정확도는 저하된다. 이러한 특성을 바탕으로 AI 시스템에서는 모델뿐만 아니라 학습을 위한 데이터 플로우의 정비가 필요하게 되고 있다.

또 이용 기간이 길어지면 처음에는 정확도가 높아 유용했던 기계 학습 모델의 정확도가 낮아지게 되는 에이징^{Aging}이 일어난다. 에이징이 일어날 것을 예상하여 계속 개선 사이클을 준비한다. 모델에서 아웃풋이 잘못된 경우, 다른 시스템이나 사람 손을 사용하여 어떻게 커버할 것인가에 대한 포인트도 설계 시에 생각해 둔다. 오류에 대한 처리는 운용 설계에도 중요 포인트가 된다.

이러한 점을 베이스로 하여 AI시스템은 기능 면에서 봤을 때 다음 4개의 프로세스로 구성하는 것이 일반적이다.

① 전^{Pre}처리
② 모델 구축
③ 모델에 따른 추론
④ 아웃풋의 출력

또 이들 기능을 가진 AI시스템을 관리하는 프로세스는 다음 3개로 구성한다.

① 상태 감시(학습, 아웃풋의 에러 출력)
② 파라미터의 갱신^{Update}
③ 모델의 재구축

설계 단계에서는 이러한 프로세스에 대응한 기능을 모듈 단위로 정의하여 각 프로세스를 실행하기 위한 애플리케이션이나 기반을 검토한다. 각 프로세스의 역할과 설계상의 유의점을 알아보자.

학습 단계와 추론 단계

AI시스템 처리의 흐름을 다시 확인하면 모델에 투입하기 위한 데이터를 처리하여 데이터의 특징을 학습한 모델을 사용하여 추론^{Inference}을 실행하게 된다.

이 프로세스는 학습 단계와 추론 단계로 크게 나눌 수 있다. 학습 단계는 ①전^{Pre}처리와 ②모델 구축의 2개, 추론 단계는 ③모델에 따른 추론과 ④아웃풋의 출력이 해당된다. [그림 5-8]

[그림 5-8] 기능상의 프로세스

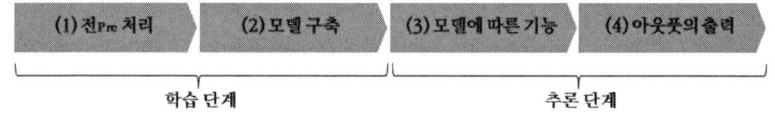

출전: 일경시스템즈. (2018.12)

학습 단계는 기계 학습 모델이 데이터의 특징을 학습하여 어떠한 특징을 갖춘 상태가 될 때까지를 가리킨다. 한편 추론 단계는 학습된 기계 학습 모델이 학습을 통해 어떠한 추론이나 반응을 하는 것을 가리킨다.

설계에서는 학습 단계와 추론 단계로 나누어 어떠한 기반에서 실행할지를 검토한다. 모델의 태스크나 장래의 기능 확장, 전망도 포함하여 검토하는 것이 중요하다.

기반으로 필요한 것은 각 단계에 대응하는 학습 기반 및 추론기반이다. 학습 기반이 데이터를 수집, 전^{Pre}처리, 학습하기 위한 기반에 대하여 추론 기반은 작성한 모델을 디플로이^{deploy}하기 위한 기반이다. 추론 기반은 모델을 클라우드상에서 정비하고 추론을 API 경로에서 실행할 시에는 불필요하다. 한편, 인터넷에 접속한 환경에서 추론을 실행할 수 없거나, 레이턴시^{latency}에 조건이 있는 등의 제약이 있는 경우나 관리 기반으로부터 독립하여 운용하고 싶은 경우에는 필요하다. 프로세스별 기반 설계의 포인트는 다음과 같다.

📚 학습 단계①: 전^{Pre}처리

전^{Pre}처리는 학습 기반과 상류에 해당하는 업무 시스템을 연결하는 데이터 처리 모듈로 실행한다. 시스템 구축에 따라서는 학습 기반과는 별도의 데이터 웨어하우스에 구축되어 있는 경우도 있지만, 여기서는 학습 기반에 구축한다고 가정한다.

전^{Pre}처리에서는 PoC에서 실행한 가공 데이터에서 특징의 양을 추출하기 위한 데이터 플로우 처리를 본가동 환경에서 재현한다. 입력 데이터가 변하면 기계 학습 모델은 예측한 기능을 발휘하지 않으므로 전^{Pre}처리는 PoC와 같은 플로우를 채용할 필요가 있다.

전^{Pre}처리를 어디에서 실행할지는 복잡성에 따라 달라진다. 본래부터 사내의 데이터 처리에 BI$^{\text{Business Intelligence}}$나 ETL(추출·변환·로드)툴을 도입하고 있는 경우는 데이터 처리의 플로우가 이미 사내에 있기도 한다.

ETL 툴을 이용함으로써 데이터베이스에서 추출이나 네트워크와의 연계, 파일의 입출력 등을 쉽게 할 수 있게 된다. 단, 기계 학습 모델에서 이용하는 데이터 중에는 ETL 툴만으로는 대응할 수 없는 복잡한 전^{Pre}처리를 실행하는 경우가 있다.

데이터의 전^{Pre}처리가 복잡해지는 경우에서는 모델의 일부에 전^{Pre}처리를 포함시킨다. 예를 들면, 교사 없는 학습에 따른 특징 양의 생성은 모델 내부에 전^{Pre}처리용의 모듈을 탑재하는 편이 바람직한 처리가 되고 있다.

전^{Pre}처리에서는 기계 학습 모델에 투입하는 데이터의 생성만이 아니라 데이터 자체가 열화^{Deterioration}할 가능성도 고려해 둘 필요가 있다. 열화에는 입력하고 있는 변수의 입도^{Granularity}, 균질성^{Homogeneity}, 정의^{Definition}가 변화될 가능성이 포함된다. 업무 시스템에서 생성되는 데이터의 경우, 같은 명칭의 변수로도 시간의 경과와 함께 나타나는 내용이 변화하는 경우를 생각할 수 있다. 모델에 입력하는 데이터는 PoC를 실행한 시점부터 생성의 조건을 특히 주의한다. 또 데이터 플로우 정비 시에도 데이터의 내용을 충분히 검토하는 것이 포인트이다. 데이터의 열화에 대응하기 위해서는 학습 데이터의 버전 관리의 발상을 가지는 것을 권장한다.

학습 단계②: 모델 구축

PoC에서 구축한 기계 학습 모델을 계속 이용해 가기 위한 기반을 정비한다. 기계 학습 모델이 학습을 실행하기 위해서는 대량의 계산 릴리스가 필요하게 되므로 단계적으로 증강할 수 있는 구조를 만든다.

설계 시에는 컨테이너^{Container}를 사용한 가상화^{Virtualization} 등에 따라 먼저 학습 기반을 업무 시스템이나 애플리케이션과는 느슨하게 결합하고 독립한 존재로서 정비하는 것이 중요하다. 기계 학습의 학습 프로세스는 실행 환경에 대한 시스템 상의 환경 의존성이 있기 때문이다.

또 느슨하게 결합함으로써 복수의 애플리케이션이나 업무 시스템에서 모델을 공용할 수 있다. 기계 학습 엔지니어와 애플리케이션 엔지니어의 역할 분담도 가능하다.

따라서 먼저 기계 학습 모델 구축 시에는 업무 시스템, 애플리케이션과는 따로 기계 학습 프로세스 전용의 학습 기반을 확보하는 것을 강하게 권한다. 학습 기반을 준비한 다음 모델을 어디에서 구축, 학습할지에 대하여 검토한다. 주요 선택지로서는 클라우드형과 온프레미스$^{On-premise}$형이 있다. 설계 단계에서는 이들 2개의 방식의 특징을 이해하고 업무 요건에 맞는 설계를 할 필요가 있다.

시스템과의 느슨한 결합을 실현하는 컨테이너

업무 시스템과 기계 학습 모델을 느슨한 결합$^{Loosely\ coupled}$으로 하기 위한 기술의 하나로 컨테이너 가상화가 있다. PoC에서 개발한 모델에 대하여 의도하지 않은 변경을 가하지 않기 위해 이용한다.

기계 학습 모델은 세계 규모로 개발이 진행되고 있는 TensorFlow나 Chainer라고 하는 OSS$^{Open\ Source\ Software}$ 라이브러리에 의존한다. 라이브러리의 버전이 갱신된 경우, 소프트웨어끼리 의존 관계가 변화하여 이전의 환경에서는 실행할 수 없는 문제가 발생하는 경우가 있다. 또, 병렬 연산 처리를 실행하는 GPU나 설계자가 구성을 변경할 수 있는 전자회로^{FPGA}라고 하는 하드웨어가 필요한 대규모 기계 학습 모델도 있다. 이러한 경우는 하드웨어와의 연계를 확보하는 것도 필요하다.

  추가로 기반을 구현할 시에는 PoC 시점에서 한번 시스템 구성을 검증하고 다음에 본가동 환경에 맞게 PoC 시점에서의 시스템 구성을 재현, 최적화할 필요가 있다. 본가동용 기반의 구축은 PoC 시점의 환경을 베이스로 하기 때문에 AI시스템의 개발에서는 PoC나 개발 환경을 보존·유지하기 위해 'Docker' 등의 컨테이너 가상화 기술을 이용하는 것을 권장하고 있다. 컨테이너와 업무 시스템, 애플리케이션을 용이하게 접속하고, 기계 학습 시스템의 운용이 가능해지기 때문이다. [그림 5-9]

  학습 기반을 원활하게 구축, 운용하기 위해서는 PoC의 시점부터 가상화 환경에서 모델을 구축하고 컨테이너 베이스에서의 기계 학습 기반을 PoC 시점부터 구축하는 것이 중요하다. 이에 따라 PoC에서의 실시 결과를 추출·변경하는 것이 아니라 환경 그 자체를 학습 환경에 이양함으로써 재현할 수 있다.

[그림 5-9] AI시스템의 기반의 개요

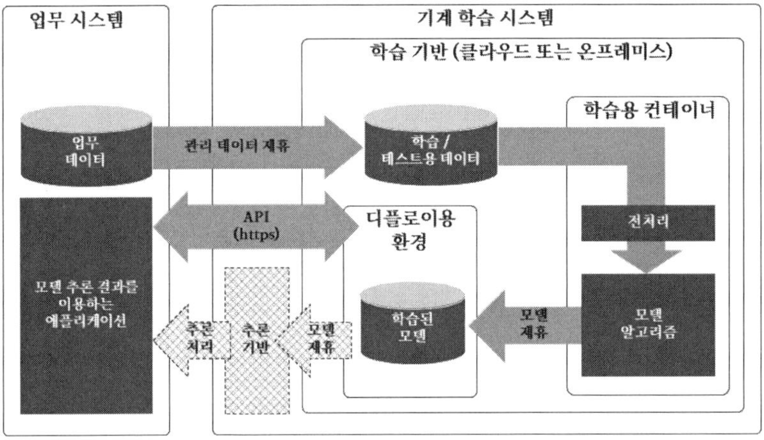

출전: 일경시스템즈. (2018.12)

현시점에서는 클라우드의 이용에 메리트

가상화 환경에 모델을 구축하면 다음에 모델을 온프레미스나 클라우드 중 어디에 둘지를 검토할 필요가 있다. 두 가지 모두 메리트가 있지만, 학습 기반의 구축에서는 현시점에서 클라우드형이 3개의 관점에서 유용하다.

첫 번째는 데이터의 유지 부수가 용이하다. 기계 학습 모델은 대량의 데이터를 수집·보관하는 프로세스가 필요하다. 학습 기반에서는 이 학습 데이터를 유지·관리하는 기능을 확보할 필요가 있다.

클라우드 환경에서는 현상, 데이터 워크플로우 관리 툴이 충실하다. 이에 따라 데이터 수집, 모델 학습을 고속, 반자동으로 실행할 수 있게 된다. 온프레미스형을 채용한 경우, 데이터 수집을 위한 DB의 정비, 관리, 모델 학습 환경과의 접속 등의 작업이 발생하여, 클라우드형보다 운용상 코스트가 더 든다.

두 번째는 머신 리소스$^{Machine\ Resource}$나 스케일러빌리티^{scalability}의 확보의 관점이다. 모델 개발은 이른바 스몰·스타트$^{small\ start}$로 착수하는 경우가 일반적이다. 먼저 작동^{Behavior}을 파악할 수 있는 모델을 구축하고 업무에서의 유용성을 확인한 후에 모델의 규모를 순차 확대해 간다. 이 프로세스를 거칠 때 발생하는 계산 리소스의 부하는 단계적으로 증가한다. 기반 측에서 유연하게 머신 스펙이나 리소스를 변경할 수 있는 것이 코스트 면에서도 중요하다.

최후의 관점은 클라우드가 API를 이용하기 쉽다고 하는 점이다. 클라우드형은 작성한 모델을 새로운 API로서 디플로이하기 쉽다는 메리트가 있다. API 제휴용의 기능으로서 Google Cloud에서는 Cloud Machine Learning Engine, AWS에서는 Lambda와 API Gateway라는 서비스가 있다.

가상화된 컨테이너 상에서 모델 개발을 한 후에 이들 서비스를 이용하여 모델을 디플로이하면 Web API로서 제공되어 애플리케이션으로부터의 리퀘스트^{request}에 대응할 수 있다. 모델의 입출력을 API화함으로써 후술하는 추론 기반의 역할도 동시에 수행할 수 있다. 같은 기능을 온프레미스형에서 실현하려고 한 경우, API 경유의 리퀘스트에 버텨 낼 수 있는 네트워크 환경의 정비 등이 필요하게 된다.

이상의 3개의 관점에서 클라우드형을 추천하지만, 온프레미스형에도 메리트가 있다. 첫 번째는 코스트이다. 모델의 이용 상황에 따라서는 온프레미스가 코스트 메리트가 나올 경우가 있다. 또 하드웨어를 자유롭게 선정할 수 있는 점도 온프레미스의 메리트 중 하나이다.

📚 추론 단계③: 모델에 의한 추론

학습 기반의 구축이 완료되면 이번에는 추론 기반의 구축에 착수한다. 추론은 학습이 완료된 기계 학습 모델을 사용하는 판단을 가리킨다. 기계 학습 모델을 본가동에서 운용할 시에는 기계 학습 모델에 새로운 데이터를 투입하여 어떠한 대답을 도출한다.

추론 기반은 모델을 디플로이하여 추론 태스크를 실시하기 위한 기반이다. 앞에서 설명한 것과 같이 모든 AI시스템에서 추론 기반의 구축이 필요한 것은 아니다. 클라우드상에 학습 기반을 구축한 경우, 클라우드상의 시스템 내에서 디플로이하여 API 경유로 실행 가능해지기 때문이다. 온프레미스에서 학습 기반을 정비한 경우는 별도 모델 실행용의 추론기반이 필요하게 된다.

구체적인 사례를 기본으로 추론 기반의 역할을 알아보자.

추론의 결과를 어떠한 속도로 얻을지는 태스크에 따라 다르다. 출입 게이트를 통하는 사람의 얼굴을 인식, 사전에 등록한 사람인지를 판단하여 게이트를 개폐하는 경우를 가정해 보자. 얼굴 이미지 인식을 실현하기 위해서는 이미지나 비디오 데이터를 모델에 적용한다. 이미지나 동영상으로 등록한 사람을 판단하기 위해서는 대량의 특징량^{特徵量}의 데이터와 복잡한 모델이 필요하게 된다.

한편 실제로 게이트를 열지에 대한 추론은 리얼타임에 가까운 시간에 적용할 필요가 있다. 모델을 클라우드에 두고 있는 경우, 네트워크상의 처리로 지연이 발생하는 리스크를 예상할 수 있다. 또 상시 클라우드에 접속할 필요가 있으므로 코스트의 문제도 발생한다. 다른 과제도 있다. 안면 인식에서는 개인의 얼굴 이미지 등의 데이터를 이용하기 때문에 보안이나 프라이버시의 관점에서 클라우드가 익숙해지지 않을 가능성도 있다.

이러한 처리 속도상의 조건이나 보안상의 염려가 있는 처리가 있을 시에는 추론 기반이 필요하게 된다. 이때 요구되는 것은 학습된 모델을 탑재하여 업무 시스템으로부터 추론 대상이 되는 데이터를 취득 Acquisition, 추론 결과를 환원 Give back 하는 환경이다. 그래서 추론 기반을 실현하는 기술로서 최근 주목받고 있는 것이 엣지 컴퓨팅 Edge Computing 이다. 엣지 컴퓨팅이란 현장에 설치된 소형의 전용 단말 Edge device 을 이용한 데이터 처리를 가리킨다.

엣지 컴퓨팅은 종래, IoT Internet Of Things 분야에서 센서 데이터의 수집 등에 활용되고 있지만 근래에는 학습된 기계 학습 모델을 엣지에 탑재, 추론하는 기술이 개발되고 있다. 단, 엣지에서 모델을 운용하는 것은 모델의 처리 부하의 관점 등에서 볼 때 간단하지는 않다. 검증에는 충분한 시간이 필요하다.

AI시스템에 요구되는 실시간성이나 코스트, 데이터의 성질 등을 감안해 나가면서 추론 기반을 도입할지에 대한 검토가 요구된다.

추론 단계④ 아웃풋의 출력

추론한 결과를 출력할 시에는 요구에서 결과까지의 응답 시간이나 제휴하는 시스템 측에서의 데이터 형식에 맞게 적절히 가공할 필요가 있다. 업무 시스템, 애플리케이션과는 모델의 작동, 갱신 빈도, 정확도 저하 시의 대응 등 충분히 조정하여 연계한다.

📚 AI시스템의 관리 기능

여기까지 기계 학습 모델에 필요한 시스템, 기반에 대하여 알아보았다. 기계 학습 모델의 작동은 데이터에 좌우되므로 경과에 따라 의도하지 않은 기능 저하는 반드시 발생한다. 그래서 다음에는 모델의 정확도 유지에 필요한 AI시스템의 관리 기능에 대하여 알아보자.

앞에서 설명한 것과 같이 AI시스템의 관리에는 (1)상태 감시(학습, 아웃풋의 에러 출력) (2)파라미터의 갱신 (3)모델의 재구축 등 3개의 기능이 필요하게 된다. [그림 5-10]

[그림 5-10] 관리상의 프로세스

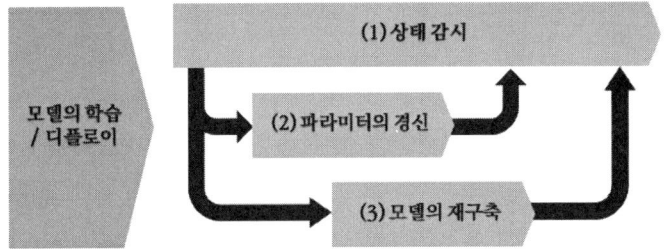

출전: 일경시스템즈. (2018.12)

기계 학습 모델에는 데이터에 근거하여 학습, 추론하기 때문에 학습 데이터가 변하면 동일한 알고리즘이라도 다른 추론 결과가 된다. 한편, 업무 시스템에서는 데이터의 내용이 변해 갈 가능성이 있다. 이 때문에 기계 학습 모델은 원리적으로 PoC 시점이 최고 정확도며 기간에 따라 정확도가 저하되는 것에 유의한다. 이 정확도 저하를 피하기 위해 기계 학습 모델의 상태 감시, 파라미터의 갱신 또는 재구축을 실행한다. 설계 시에는 이러한 작동을 기능적으로 어떻게 구현할지도 검토한다.

(1) 상태 감시

모델의 정확도 저하의 원인이 되는 데이터의 변화는 돌발적이므로 중장기적인 환경 변화까지 다양한 면에서 발생한다. 그래서 계속 요건 정의 단계에서 설정한 모델의 정확도에 대하여 현장의 기술 학습 모델의 정확도가 낮아지고 있지 않은지를 감시하는 시스템이 필요하다.

모델의 작동 감시는 제휴하고 있는 업무 시스템, 애플리케이션의 출력치, 현장의 목소리 또는 파라미터 갱신 시의 학습 추이라고 하는 다양한 방식으로 가능하다. 단, 모델 작동을 상시 감시하는 요원을 확보하는 것은 인적 코스트 면에서 현실적이지는 않다. 이들을 반자동적으로 실행하기 위해 시스템 내에서의 처리에 관한 감시 기능이 있다. 예를 들면, AWS의 감시 서비스 Amazon Cloud Watch 등과 모델을 제휴함으로써 계속 상태 감시를 할 수 있게 된다. 설계 시부터 이러한 운용을 예상하여 시스템에서 대응할 수 있도록 설계할 필요가 있다.

(2) 파라미터의 갱신

모델의 정확도가 설정한 기준을 밑도는 경우 파라미터의 갱신 또는 모델의 재구축이 필요하게 된다. 파라미터의 갱신은 PoC 실시 시와 같은 변수를 사용하여 새로운 데이터를 학습하는 방법이다. 모델의 파라미터 갱신은 통상, 학습 기반에서 실시된다.

(3) 모델의 재구축

재구축은 변수 그 자체를 변경하여 학습 모델을 다시 작성하는 방법이다. 일반적으로 파라미터의 갱신으로 정확도의 저하에 대응할 수 없는 경우, 재구축을 실행한다.

이때, 데이터 플로우를 만든 학습 기반에서는 새로운 변화를 이용하여 모델 구축을 유연하게 하는 것은 곤란하다. 여기에는 PoC의 실시 환경을 가상 환경으로서 보존해 둔다고 하는 처리 방법이 있다. 이 때문에 설계 시점부터 모델의 정확도 저하 시에 대비하여 컨테이너 가상화를 실시, 검증용 환경이나 기반을 유지하는 것을 의식해 둘 필요가 있다.

비#모델 대응 영역의 처리

마지막으로 비#모델 대응 영역의 처리에 관하여 설계 시에 고려해야 할 프로세스에 대하여 설명한다.

기계 학습 시스템 전체를 생각하면 모델 이외의 처리도 중요하다. 구체적으로는 추론 과정에 있어 모델이 처리할 수 없는 경우를 가정하여 그 경우의 플로우를 준비해 둔다. 예를 들면, PoC 시점에서 기술상의 문제 등을 이유로 모델로 처리하지 않는다고 결정한 영역에 대한 처리이다.

비#모델 대응 영역에 대해서도 시스템으로서 일관성을 유지하기 위한 예외 처리로서 모델과는 다른 처리 플로우를 설정한다. 설계 시점에서는 이러한 시스템상의 백도어의 배치도 검토해 둘 필요가 있다.

백도어는 룰 베이스, 기타 작동 파악하기 쉬운 다른 모델에서의 처리 등 사람이 관리할 수 있는 처리를 만들어 두면 유용할 것이다. 기계 학습 시스템 전체로서 처리가 멈추지 않도록 유념하자.

다음 장에서는 설계를 바탕으로 한 구현·테스트 단계에 대하여 설명한다.

ARTIFICIAL
INTELLIGENCE

제6장

구현·테스트

6-1
모델의 불확실성 제거 방법의 수립은 향후 과제

AI시스템 구축 설계 단계의 다음 단계서 행하는 구현·테스트에 대해 알아보자. 구현 단계는 PoC에서 개발한 모델을 정리하여 주변 기능도 구현한다. 테스트 모델에 대한 입력과 출력에 주목하는 것이 포인트이다. 기계 학습의 구축, 그리고 기계 학습 모델에 대한 테스트에 대해서 각각 알아보자. [그림 6-1]

[그림 6-1] AI시스템의 구축 프로세스(AI요건 정의의 위치)

	업무 정의 단계			설계 단계		구현·테스트 단계		운용·보수 단계		
종래의 시스템 구축 프로세스	업무 요건 정의			애플리케이션 설계 기반 설계		애플리케이션 개발 기반 구축		결합 테스트 시스템 테스트 인수 테스트	시스템 운용 보수		
AI시스템 구축의 추가 프로세스		AI 요건 정의	PoC	AI애플리케이션 설계 AI기반 설계		AI학습 기반구축	AI학습 정확도 검증		AI정확도 감시평가	AI 재학습	AI모델 관리

출전: 일경시스템즈. (2019.2)

AI시스템은 기계 학습 모델을 조합한 시스템이다. 통상의 시스템 개발 프로세스와 다른 점은 극히 일부이다. 다만 모델 개발은 유의해야 한다. 워터폴형 개발 프로세스를 채택할 경우, 프로그램 설계부터 단위

테스트 단계에서 변화가 발생한다

워터폴형은 설계를 기점으로 진행한다. 요건 정의·설계 단계에서 구현해야 할 기능을 파악하여 구현, 테스트 단계에서 설계대로 구현되고 있는지를 검증하는 작업이 한꺼번에 이뤄지는 프로세스이다. 이에 비해 AI시스템의 경우 설계 단계에서는 완전히 파악할 수 없는 불확실성이 내재되어 있다. 기계 학습 모델의 내부가 블랙박스이기 때문이다. 구현 단계에서는 이러한 불확실성을 제거하기 위해 유의해야 한다. 불확실성을 제거하기 위해 프로그램 설계부터 단위 테스트까지의 프로세스에서는 워터폴형이 아니라 반복적인 개발 프로세스를 채용할 필요가 있다. 반복적인 프로세스를 접은 프로젝트의 진행 방식을 바탕으로 구현 단계를 진행해 간다. [그림 6-2]

[그림 6-2] AI시스템 구현의 개발 프로세스 이미지

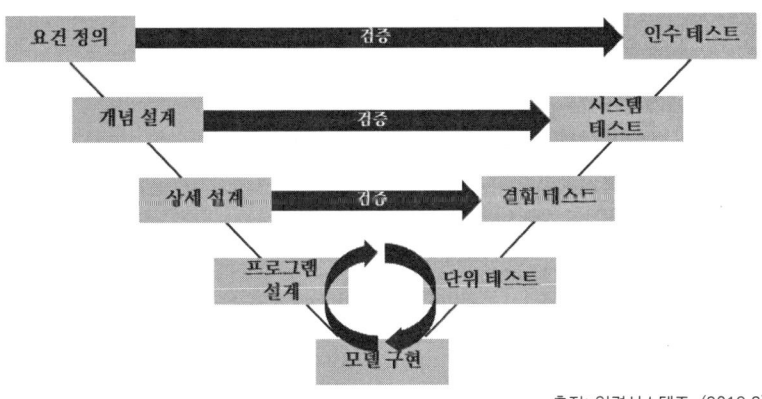

출전: 일경시스템즈. (2019.2)

📚 모델과 부수^{Attaching} 기능 분리

AI시스템을 구현할 때 시스템의 핵심인 모델을 개발하는 것을 생각하는 사람이 많을지 모른다. 그러나 AI시스템에 있어 구현 대상은 모델만이 아니다. 모델을 적용하기 위한 시스템 전체가 대상이다. 따라서 우선 중요한 작업은 모델과 그 모델을 성립^{Establish}시키기 위해 부수^{Attaching}되는 기능을 분리하는 것이다.

AI시스템은 모델이 중요하다. PoC에서 구축한 모델을 실제 구현할 필요가 있다. 구현 단계서는 PoC에서 예측하지 못한 경우 대응할 수 있는 모델 확충이나, 신규 데이터에 대한 정확도^{Accuracy}를 향상시키는 작업이 필요하다.

모델에 부수되는 처리도 많이 있다. 데이터 전^{Pre}처리, 업무 시스템의 모델 호출, 모델 추론^{Inference} 결과 연계, 학습용 파라미터, 후속 검증에 활용하기 위한 모델 보존 등이다. 그러나 이러한 처리를 실행하기 위한 구성 요소의 역할은 PoC 시점에서 반드시 명확한 것은 아니다. PoC에서 작성한 알고리즘 코드는 시행착오를 거쳐 작성된 것이다. AI 시스템의 역할에 대한 기술^{Description}이 명확하지 않고, 전^{Pre}처리, 테스트 코드도 혼연일체가 되어 작성되어 있기도 한다. 또한 추론은 모델 파일만이 아니라 입출력에서 데이터를 변환하기 위한 사전^{辭典} 등의 정적^{Static} 파일도 배치해야 한다. 즉, 구현 단계에서는 PoC 시점의 코드부터 모델에 부수적 처리의 역할을 정리 및 구별해 구현할 필요가 있다. 이 정리는 후속 단계인 테스트 단계서도 유용하다. 이제 각각의 구현에 있어 중요한 점을 알아보자.

📚 모델 구현

알고리즘이 기재된 모델 코드를 학습 기반에 구현해 모델을 전개 deploy한다. 앞에서 설명한 것과 같이 PoC를 거쳐 생성한 코드는 시행착오를 거듭해 생성한 것으로 코드의 최적화가 불가결하다. AI시스템은 모델 내 모듈별로 분할, 각각의 책임 범위를 명확히 하면서 구현해야 한다. 안정적으로 가동시키기 위해서는 모델 내부 구조를 파악하면서 코드를 정리해야 한다. 예를 들면 모델 내의 전Pre처리용 처리 모듈과 학습 모듈을 가능한 한 분리해 독립된 모듈로 두는 것이 핵심이다. 전Pre처리용의 처리 모듈은 학습만이 아니라 추론을 실행할 때도 필요하기 때문이다. 또 문제가 발생하면 모델과 데이터 어느 쪽에 원인이 있는지를 파악하기 쉬워진다. 코드 최적화만이 아니라 장래를 예측한 아키텍처Architecture도 구축한다. 장래 대응이 필요한 경우로서는 용도에 맞는 모델의 교체나 부분적인 프레임워크의 버전 업 등을 생각할 수 있다. 계속적인 AI시스템 도입으로 1개의 모델을 복수의 애플리케이션에서 공유하는 케이스도 생각할 수 있다. 이때는 AI시스템을 이용하는 프레임워크의 환경 의존성이나 비기능 요건의 설정 등 대응해야 할 과제가 많이 존재한다. 특히, 문제가 되는 것은 조건이 다른 환경에서의 모델 병행 이용이다. 병행 이용은 새로운 AI시스템을 도입할 때마다 기반을 구축할 수 있게 되지만 비용 면에서 곤란하다. 그래서 모델 구현에서는 컨테이너 가상화Virtualization 기술인 도커Docker 등을 이용하는 것을 추천한다. 컨테이너를 이용함으로써 각 모델이 독립적인 소프트웨어 스택software stack이 되어 각각에 대해 실행 환경, 비기능 요건을 설정할 수 있다. 또한 애플리케이션 측에 변경이 있는 경우 [그림 6-3]과 같이 컨테이너를 바꾸어 만드는 방법으로 대응할 수 있다.

[그림 6-3] AI시스템에서의 컨테이너의 이용 예

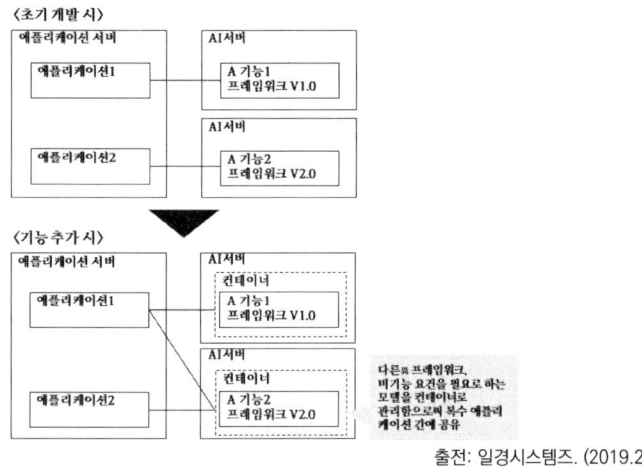

출전: 일경시스템즈. (2019.2)

    컨테이너에 의한 가상화는 장점이 많지만, 복수의 컨테이너를 관리해야 하는 문제도 있다. 클라우드^{Cloud} 환경에서 이용하는 경우에는 컨테이너 관리 및 오케스트레이션^{orchestration} 툴^{tool}인 도커-컴포즈$^{Docker-Compose}$나 쿠버네티스^{Kubernetes} 등을 사용하여 해결할 수 있다.

데이터 플로우 구현

    PoC에서 작성한 데이터 플로우를 본가동 데이터로도 재현할 수 있게 구현한다. 이때 중요한 것은 본가동 데이터 취득이나 데이터 가공을 자동화할 수 있다는 것이다. 데이터 플로우는 학습, 추론^{Inference}에서 모두 필요하며 사람이 수작업으로 하는 대응은 현실적이지 않다. 다른 부서에서 데이터를 받아 PoC를 실시하는 경우에는 [그림 6-4]와 같이 데이터 접수^{Receipt} 플로우까지 포함해 자동화한다.

[그림 6-4] PoC와 구현 단계의 차이

	학습용 데이터 수집	학습용 데이터 가공	학습	추론
PoC 단계	오프라인으로 수집	오프라인으로 가공	자동으로 학습	자동으로 추론
구현 단계	자동으로 수집	자동으로 가공	자동으로 학습	자동으로 추론
	구현 단계에서 새롭게 구축		PoC의 성과물을 원칙 유용(流用)	

출전: 일경시스템즈. (2019.2)

또한, 데이터 플로우를 실시할 때에는 트랜잭션^{transaction} 양에 따른 처리 성능을 확보할 필요가 있다. 이미지나 비디오와 같이 유지 보수에 대량의 리소스를 필요로 하는 데이터는 충분한 처리 성능을 확보하도록 주의한다.

모델에 부수되는 시스템 구현

모델과 데이터 플로우 이외의 시스템 구현은 AI시스템 개발에 적합한 서포트 툴이나 서비스가 제공되어 있다. 특히 데이터 셋의 버전 관리나 모델 관리 등에 관한 툴은 수없이 많이 있다. 모델을 관리하기 위한 서비스의 경우에는 아마존 웹 서비스^{AWS}의 아마존 세이지메이커 Amazon SageMaker나 오픈 소스 소프트웨어의 CometML이라고 하는 툴이 있다. 최근에는 작성한 모델의 추론 결과까지 계속적으로 모니터링할 수 있는 툴도 제공되고 있다. 이들 툴을 이용해 [표 6-1]처럼 운용의 사이클을 확인해 가는 것이 중요하다.

[표 6-1] 개발 서포트 툴, 서비스의 예

단계	필요 기능	툴 명	개요
학습	데이터 세트의 버전 관리	Data Version Control	대규모의 데이터 세트나 바이너리(binary) 데이터를 취급할 때 유효한 툴. 모델의 재현성 확보나 장해시의 복원을 위해 학습 데이터도 버전 관리할 필요가 있다
	모델 관리 하이퍼 파라미터 탐색 디플로이 관리	Amazon SageMaker	모델 관계의 운용을 포괄적으로 관리하는 툴.
		Google Cloud ML	모델 관리, 클라우드의 서버 리소스의 이용, 하이퍼 파라미터 탐색에 대응
		CometML	
추론	모델의 모니터링	ParallelM	추론 결과에 따라 모델의 거동을 확인하기 위한 툴. 추론 결과에 관하여 KPI를 모니터링하기 위한 환경을 정비 가능

출전: 일경시스템즈. (2019.2)

모델 정확도 검증 및 수정

구현 단계에서는 시스템 구현만이 아니라 모델 검증, 정확도^{Accuracy} 향상을 목적으로 한 모델의 수정에 대응한다. 우선은 PoC 시점에서의 알고리즘에 대해 새로운 데이터로 모델 정확도를 확인한다. 이때, 최신의 본가동 데이터는 어떤 경향이 있는지 불명확하므로 정확도 검증에는 적합하지 않다. 이 때문에 베이스라인이 되는 데이터-셋$^{Data-set}$을 별도 작성해 검증하는 것이 좋다. 정확도 검증을 위한 지표도 주의가 필요하다. 먼저 PoC 시점에서 설정한 알고리즘 고유의 정확도 지표를 확인한다. 그 다음 업무 시스템과의 접속을 예상해 고유의 중요 평가 지표^{KPI}를 사용해 검증한다. KPI는 모델 정확도만이 아니라 지연^{latency} 등의 비기능 요건까지 포함해 설정한다. 구현 후의 상황을 예측해 KPI를 설계하고 그것을 이용하여 검증하면 재작업을 피할 수 있다. 예측한 정확도가 나오지 않은 경우에는 모델을 수정한다. 모델을 수정할 때에는 입력 데이터, 알고리즘, 학습 시에 설정한 모델의 하이퍼 파라미터의 어디를 변경할지는 [그림 6-5]처럼 인력을 고려해 결정한다.

우선 대응 인력이나 비용을 줄일 수 있는 하이퍼^{Hyper}파라미터의 변경부터 착수한다. 하이퍼 파라미터 변경으로 정확도가 개선되지 않으면 알고리즘 변경으로 대응한다. 그래도 개선되지 않을 때는 입력 데이터 변경도 검토한다. 입력 데이터를 변경할 때는 데이터 플로우의 구현을 재검토할 필요가 있다는 점을 고려해야 한다.

[그림 6-5] 모델 수정의 우선순위 상정

인풋 데이터 결정	알고리즘 선정	하이퍼 파라미터 설정	정밀도 검증	수정이 필요
		우선순위: 1		
우선순위: 2				

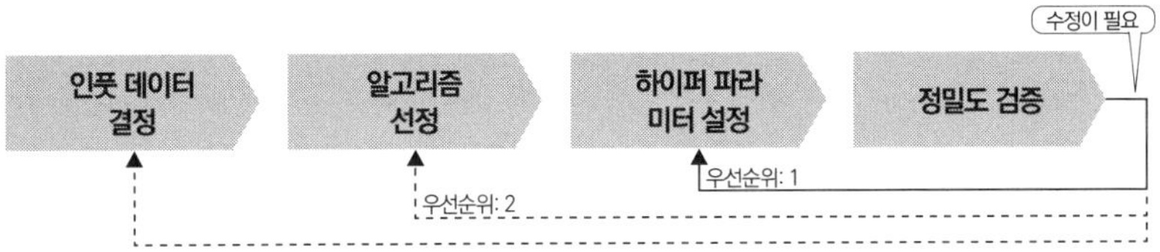

출처: 일경시스템즈. (2019.2)

📚 모델이 불편한 출력을 하는 경우도

AI시스템 구현이 완료되면 테스트 단계로 들어간다. AI시스템도 종래의 업무 시스템 개발 프로젝트와 같은 테스트나 모델 단위 테스트를 실행한다. 단, 모델 단위 테스트는 종래의 업무 시스템과 다른 발상이 필요하다.

업무 시스템을 개발할 때 테스트를 하는 목적은 무엇일까? 보통 기대한 결과를 얻지 못한다는 시스템의 부적합을 피하기 위해 실행하는 것이다. 설계 단계에서 정의한 기능 요건이나 비기능 요건을 만족하고 있는지를 확인하기 위해 테스트를 설계하여 실시한다.

한편, 기계 학습 모델은 요건 정의, 설계 단계에서 명확히 되어 있지 않은 학습이라는 프로세스를 거쳐 구현한다. 그 결과, 모델은 종종 작성자가 의도하지 않은 예측 외의 작동^{behavior}을 하기도 한다. 그래서 기계 학습 모델을 테스트하기 위해서는 모델 동작을 제어^{control}하기 위한 테스트 설계가 필요하다.

모델 테스트를 설계할 때는 먼저 구현된 모델의 행동 패턴에 대해 깊이 알아 둘 필요가 있다.

모델이 예상외의 작동을 하는 것은 기계 학습 모델의 학습 프로세스를 완벽히 컨트롤할 수 없기 때문이다. 이 한계에 대한 이해를 돕기 위해 아래의 2가지 예, 즉 AI시스템 해킹과 인간에게 불편한 출력을 예로 설명하고자 한다.

AI시스템에 대한 해킹 수법은 데이터를 통한 조작이다. AI시스템은 입력된 데이터를 학습하고 그 학습 결과를 토대로 신규 데이터에 대한 추론을 도출하기 위한 시스템이다. 해커는 이 신규 데이터에 대해 의도한 노이즈^{Noise}를 추가함으로써 모델에서 잘못된 추론을 하도록 한다. 또, 모델 훈련 시 잘못된 데이터를 제공해 학습을 왜곡할 수도 있다.

AI시스템 해킹의 문제는 해킹된 사실을 사람이 알아채기 힘들다는 것이다. 이미지 인식을 사용한 모델의 경우, 고작 1픽셀을 변경함으로써 다른 추론 결과를 도출할 수 있다. 이것은 모델이 이렇게 작동할 것이라는 인간의 예상을 넘어서는 부적합이 발생하기 쉽다는 것을 말한다. 또, 기계 학습 프로세스가 내포하는 불확실성도 해킹 대상이 된다는 점도 유념해야 한다.

해킹 외에 두 번째 예는 인간적, 사회적 편견이 반영된 출력이다. 최근, 자연 언어 처리를 이용한 AI시스템에서 오픈 데이터, 스크레이핑scraping 데이터 학습을 기반으로 특정 정치적 화제나 차별 경향을 학습하는 예가 발생하고 있다. 학습 데이터 경향을 의도치 않은 방식으로 모델이 반영해 버리는 것이다. 학습 데이터를 완전히 컨트롤하는 것은 곤란하므로 본가동 운영 후에도 알아채지 못하는 사이에 진행해 버릴 가능성이 있다.

📚 단위 테스트는 입력과 출력의 관계성을 본다

이러한 과제에 대응하기 위해서는 구축한 모델 행동이나 가동 범위를 잘 아는 것이 중요하지만, 모델의 가동을 명확히 하기 위해 모델 내부의 파라미터(변수) 그 자체를 파악하는 것은 어려운 일이다. 그래서 모델의 동작은 입력을 바꾸면 출력은 이렇게 변한다는 입력과 출력의 관계성을 검증함으로써 파악할 수 있게 된다.

기계 학습 모델의 단위 테스트도 이 관계의 검증을 이용한다. 즉, 데이터 특정 조작과 그 영향 확인이라는 관계성을 검증함으로써 모델의 가능 범위를 간접적으로 알 수 있는 것이다. 기계 학습 모델의 단위 테스트를 위한 구체적인 방법으로 적대적 샘플이나 메타모르픽 테스팅이라는 방법이 제안되고 있다. 이 두 개의 방법에 대해서 알아보자.

📚 적대적敵對的 샘플 테스트

적대적 샘플을 사용한 테스트에서는 학습된 모델의 편차를 검증한다. 앞에서 소개한 AI시스템의 해킹을 테스트하는 것이다. 추론 대상 데이터를 의도적으로 변경해 추론에 미치는 영향을 검증한다. 모델 출력에 대한 수치적인 검증은 PoC, 구현 시점의 모델의 정확도 검증에서 이미 실시하고 있다. 그래서 적대적 샘플 테스트는 모델의 작동에 주목한다. 업무상 영향이 큰 경우를 테스트 패턴으로 선택하여 필요한 데이터를 수집한다. 그리고 수집한 데이터를 수정해 모델의 릴리즈를 확인한다. 이 경우의 수정은 속성 데이터 성별을 모두 여성으로 한다는 처리다. 변경한 데이터를 사용하여 추론과 결과의 변화를 통해 모델 편차를 검증한다.

📚 메타모르픽Metamorphic 테스팅

또 하나의 방법인 메타모르픽 테스팅은 알고리즘 안전성을 검증하는 테스트로 모델 조작이 의도대로 반영되는지를 검증한다. 의도적으로 변경한 데이터를 이용해 학습과 추론을 행한다. 변경에 맞춰 출력 기대치를 설정해 두고, 변경한 데이터를 사용해 실시한 학습과 추론의 출력치와 비교한다.

예를 들면, 채색 특징량이 되는 RGB치를 바꿔 입력해 이미지 인식 모델에 학습된 경우 어떻게 가동할까? 이미지에 대해 추론할 때에는 정확도가 저하된다. 그러나 추론 대상이 되는 이미지에 대해서도 같은 RGB치의 교체 처리를 한 경우, 이론상으로는 원래의 알고리즘과 같은 출력이 된다고 생각할 수 있다. 그 외 CNN$^{\text{Convolutional Neural Network}}$이라는 알고리즘은 회전, 정규화, 정수치 부가 등을 행한 데이터로 학습해도 추론 대상 데이터에 대해 같은 처리를 추가하면 출력이 변하지 않는 경우도 확인할 수 있다.

 이렇게 이론상, 본래 영향을 줄 수 없는 변경만이 아니라 모델 측이 영향을 미치게 하지 않는다고 하는 검증을 실시한다. 이런 방법으로 학습과 추론에 대한 조작 견고성을 검증할 수 있다. 여기서는 두 개의 방법을 소개했지만 모델 단위 테스트는 아직 연구 단계다. 무엇을 가지고 테스트를 완료할지는 AI전문가 사이에서도 의견이 나뉜다. 실제 AI시스템 구축 프로젝트에서는 릴리즈^{Release} 전에 모델 부적합을 가능한 줄여 리스크를 줄이는 것이 필요하다. 이를 위해 다양한 각도에서 모델의 단위 테스트를 실시하는 것이 중요하다.

📚 모델 이외의 테스트 포인트

 테스트 단계는 모델 단위 테스트만이 아니라 업무 시스템과 연계한 테스트도 실시한다. 업무 시나리오 테스트, 장애 회복 테스트, 사용자^{User} 부서의 최종 업무 확인 등을 실시한다. 이제 각 테스트에 있어 종래 시스템과 다른 포인트를 알아보자. [그림 6-6]

[그림 6-6] AI시스템 개발에서의 테스트 전체 이미지

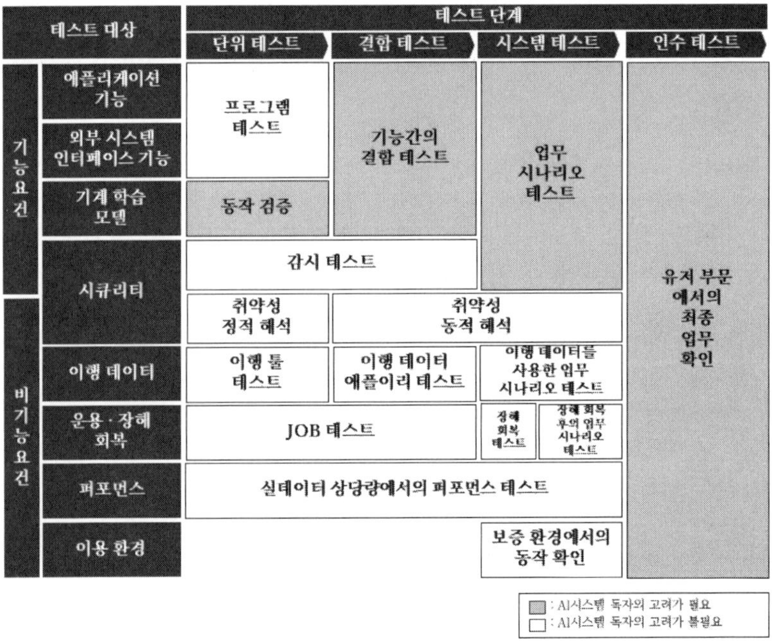

테스트 대상		테스트 단계			
		단위 테스트	결합 테스트	시스템 테스트	인수 테스트
기능요건	애플리케이션 기능	프로그램 테스트	기능간의 결합 테스트	업무 시나리오 테스트	유저 부문에서의 최종 업무 확인
	외부 시스템 인터페이스 기능				
	기계 학습 모델	동작 검증			
비기능요건	시큐리티	감시 테스트			
		취약성 정적 해석	취약성 동적 해석		
	이행 데이터	이행 툴 테스트	이행 데이터 애플리러 테스트	이행 데이터를 사용한 업무 시나리오 테스트	
	운용·장해 회복	JOB 테스트		장해회복 테스트 / 장해 회복 우역 업무 시나리오 테스트	
	퍼포먼스	실데이터 상당량에서의 퍼포먼스 테스트			
	이용 환경			보증 환경에서의 동작 확인	

■ : AI시스템 독자의 고려가 필요
□ : AI시스템 독자의 고려가 불필요

출전: 일경시스템즈. (2019.2)

📖 기능 간 결합 테스트

종래의 애플리케이션 기능과 기계 학습 모델을 연결해 사양대로 작동하는지를 검증한다. 본가동 데이터를 이용한 데이터 플로우에 착안해 검증한다. 학습된 기계 학습 모델은 학습 기반과 추론 기반, 추론 기반과 업무 시스템, 이 두 단계로 업무 시스템과 결합한다. 이 시스템 간 연계에서 전자는 학습된 모델 그 자체를, 후자는 추론 결과인 출력 데이터가 된다. 이들에 관한 데이터 플로우의 연계 테스트를 한다. [그림 6-7]

[그림 6-7] 결합 테스트의 예

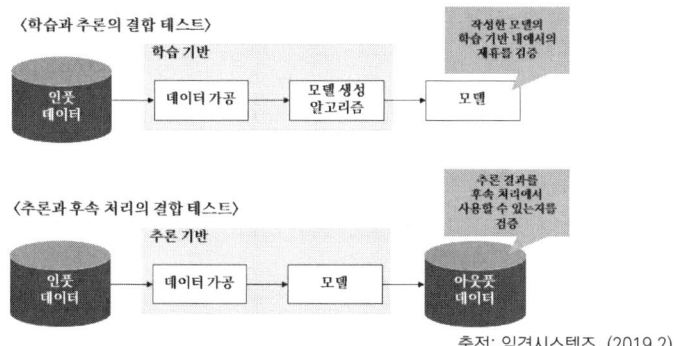

출전: 일경시스템즈. (2019.2)

📚 업무 시나리오 테스트

결합 테스트를 한 후 실제 운용을 할 수 있는지를 검증한다. 요건 정의에서 결정한 업무 플로우에 따라 AI시스템 기능의 전후 처리를 연계한 업무 시나리오를 작성한다. 업무 시나리오 테스트는 모델에서 처리하는 것 외에 불규칙 처리에 해당하는 영역에 대해서도 검증한다. 불규칙 처리에 과제가 있는 경우 특수성이 높은 처리라면 우선은 운용에서 처리하는 것이 일반적이다.

📚 장애 회복 테스트

장애 회복 테스트는 DB의 백업 파일을 복원할 수 있는지, 혹은 복원 후에 업무 시나리오를 문제없이 실행할 수 있는지를 검증한다. AI시스템에서는 학습과 추론 시 모델 에러나 데이터 및 플로우 에러 등이 장애의 원인이 되기 쉽다. 예를 들면 배치^{Batch} 모델의 실행 에러가 발생한 경우, 과거의 모델로 바꿀지에 대한 긴급한 재학습이 필요하게 된다. 이러한 업무에 미치는 영향이 커지게 되므로 주의가 필요하다.

장애에 대응하기 위해서는 학습 데이터 및 학습된 모델의 백업을 하여 어느 정도 과거의 모델을 시스템 내에서 유지한다. 장애 발생 시 이러한 백업 데이터를 연계함으로써 복원 가능한 상태가 될 수 있다. 테스트 시에는 이러한 연계가 원활히 행해지는지 검증한다. 또, 업무 시스템 측에서도 장애 발생 시의 시나리오를 예측해 대응을 검증한다.

사용자^{User} 부서 최종 업무 확인

인수 테스트는 사용자 부서가 주체가 되어 최종 업무를 확인한다. 테스트 케이스나 테스트 시나리오도 사용자 부서가 주체가 되어 작성한다. 개발자 측은 작동의 불확실성이나 배치 처리의 타이밍 등을 사용자 부서와 공유하는 것이 중요하다.

특히 AI시스템 출력은 업무 관점에서 확인하는 것이 필요하다. 결합된 업무 시스템이 출력하는 양식이나 리포트를 기본으로 과거의 경향과 조회, 사용자 의견 수집 등을 정성껏 실행할 필요가 있다.

AI시스템 구현이나 테스트는 아직은 수작업으로 실시하는 단계로, 조직적으로 노하우가 정착되어 있지 않은 실정이다. 정해진 정답이 없으므로 특히 아키텍처 설계, 모델 단위 테스트 설계 등은 개발 벤더 데이터 사이언티스트만이 아니라 사내의 업무 담당자 등 전문가와의 협업이 불가결하다.

6-2
발주자의 역할과 릴리즈 판정 방법

설계 단계 이후의 발주자인 사용자의 역할은 성과물의 리뷰 이외에도 여러 가지가 있다. 디자인 확정을 즉시즉시 할 수 있는 체제는 불가결하다. 또 벤더의 역할 분담 조정이나 본가동용 데이터의 정비도 발주자의 중요한 역할이다. 릴리즈 판정은 개선점 리스트 목록을 바탕으로 한다. 여기에서는 설계 공정 이후에 필요한 발주자의 역할에 대하여 알아보자.

📚 디자인 사양 변경의 즉시 확정 체제를 만든다

발주자의 중요한 역할의 하나가 애플리케이션의 디자인 확정이다. 설계 성과물과는 달리 디자인에는 명확한 정답은 없다. 그렇다고 해도 당연히 서비스의 릴리즈 시점에서는 디자인을 1개로 결정할 필요가 있다.

정답이 없다고 하는 것은 관계자 각자가 다른 이미지를 가지고 있다는 것이다. 이들 이미지 전부를 디자이너에게 전달, 디자인 수정을 반복하면 일정대로 릴리즈 하기가 어렵게 된다.

이와 같은 상황을 피하기 위해 발주자에게는 다음 3가지가 요구된다.

디자인 확정을 위한 현장 책임자를 명확히 하여 권한을 위양한다.
디자인에 일관성을 가질 수 있도록 톤매너$^{\text{Tone \& Manner}}$(분위기나 색상 등)를 현장 책임자와 디자이너 간 합의한다.
모든 디자인을 현장 책임자가 확인, 디자이너와 합의한다.

특히 첫 번째 책임자에의 권한 이양이 매우 중요하다. 권한 이양을 하지 않은 경우, 현장에서 정한 디자인이 뒤집히기 쉬워지므로 시간이 걸리고 일관성도 없는 디자인이 되기 쉽다. 우선은 적절한 멤버를 디자인 현장 책임자로서 임명하여 그 멤버가 책임을 지고 조정을 해 나가는 역할이 발주자에게 요구된다.

디자인만이 아니라 사양 변경도 마찬가지다. 개발 현장에서는 요건 정의가 끝날 때까지 정해지지 않은 사양이 있거나 시간이나 기술 면에서 실현이 어려워 사양을 변경해야 할 때가 있다. 이들 전부를 사내의 관계자 전원에게 확인하면서 진행하면 시간이 매우 많이 걸려 스케줄이 지연된다.

이러한 상황을 피하기 위해서도 릴리즈 시의 사양을 판단하는 현장 책임자를 명확히 하여 사양 변경 권한을 부여해야 한다. 그가 책임을 지고 추진할 수 있는 체제를 만들어야 한다.

또한, 여기에서 말하는 현장 책임자는 프로덕트 오너라면 가장 효율적일 것이다. 프로덕트 오너 1명이 디자인도 사양도 모두 결정하는 것이 스피드나 커뮤니케이션 코스트 면에도 유리하다.

IT 벤더 간의 역할 분담을 조정

발주자의 또 하나의 중요한 역할은 복수의 협력 회사 간의 역할 분담의 조정이다.

A사의 예에서도 들었지만, 일정 이상의 규모인 시스템 개발에서는 사내의 기간 업무 무계 시스템이나 사외 시스템과의 연계가 필요하게 된다. 이때, 연계 기능을 어느 벤더가 구축할 것인지, 그 역할 분담 조정이 필요하다.

특히 기간 업무 시스템과 연계하는 경우는 문제가 일어나기 쉽다. 스피드 중시의 서비스 개발과 품질 중시의 기간 시스템 개발에서는 연계 부분을 어디가 어떻게 개발할지에 대해 옥신각신하는 경우가 적지 않다. 그 조정을 벤더에게 맡기면 양쪽의 주장이 평행선을 긋게 되어 좀처럼 앞으로 나아가지 못한다.

발주자는 시스템 전체로서 있어야 할 이미지, 개발 기간, 개발 코스트를 확인하면서 IT 벤더 간 최종적인 역할 분담을 결정할 필요가 있다.

본가동용 데이터를 정비하다

신서비스를 릴리즈할 때 상품 이미지, 상품명이나 금액을 정리한 상품 마스터 정보, 쿠폰 정보나 배너 정보 등 여러 가지 본가동용 데이터가 필요하다. 이 데이터의 정비도 발주자의 큰 역할 중 하나이다.

상품 업무 정보라면 상품 기획부, 쿠폰이나 배너 정보라면 광고 선전부나 마케팅부 등 이러한 데이터는 사내의 복수 부문이 협업하면서 만들어 가게 된다. 그러므로 최종적인 데이터는 발주자가 만들어야 한다.

스케줄이 늦어지더라도 인수 테스트까지 준비할 필요가 있다. 설계 이후의 단계에서는 발주자의 작업 중 상당한 부분을 이러한 데이터 정비가 차지하게 된다.

신서비스 AI 프로젝트에서는 이들 데이터는 상당히 조기에 필요하게 될 것이다. IT 벤더의 테스트 단계, 구체적으로는 내부 결합 테스트 중반에는 제공을 요청하기도 한다. 본가동용 데이터를 사용하여 벤더에게 테스트를 받음으로써 예상할 수 없었던 테스트 케이스를 실시할 수 있어 오류의 조기 발견에 도움이 될 수 있다.

경영층이나 관계자에게 상황을 보고한다

기간 업무 시스템 개발과 마찬가지로 경영층이나 사내 관계자에 대한 정기적인 상황 보고는 매우 중요하다.

특히 디자인이나 사양 변경의 내용은 현장 책임자에게 권한을 일임하고 있어도 관계자에게는 정기적으로 보고해야 한다. 릴리즈 시점의 서비스 이미지를 경영층이나 관계자에게 가능한 한 구체적으로 이미지할 수 있게 해 둔다. 이렇게 함으로써 발주자가 서비스에 본격적으로 참여할 수 있는 통합 테스트나 인수 테스트 시 수정을 억제할 수 있다. 계획대로 릴리즈를 맞이할 수 있게 된다.

서로 신뢰하는 환경을 조성한다

꼭 발주자의 역할이라고 할 수 있을지 모르겠지만, 서로 신뢰하는 환경을 조성하는 것이 무엇보다 중요하다.

시스템 개발은 발주자인 사용자 기업과 수주자인 IT 벤더가 협력하여 진행하는 프로젝트이지만 발주자와 수주자라고 하는 점에서 대등한 관계가 되기는 어렵다. 단, 대등한 관계를 갖지 못한 상태에서 시스템 개발을 하면 IT 벤더는 프로젝트에서 발생한 문제를 숨겨 버리기 쉽다.

신서비스 IT 프로젝트에서는 디자인 조정이나 사양 변경의 즉시 확정 등 발주자와 IT 벤더가 지혜롭게 대처해 가야 한다. 문제가 발생했을 시에도 함께 해결하는 자세를 가지면서 IT 벤더가 자유롭게 대하기 쉬운 환경 조성이 중요하다.

개선점을 리스트 업하여 릴리즈 판정을 한다

마지막으로 구현이 끝난 서비스의 릴리즈 판정에 대하여 알아보자. 일반적인 기간 업무 시스템 개발에서는 각 공정 종료 시에 테스트 밀도나 버그 밀도, 버그 수렴 곡선 등의 품질 지표를 사용한 품질을 평가한다. 릴리즈 판정 시에는 이들에 더해 컷오버해도 좋은지 여부의 판단 기준을 정의, 부족함이 없는지를 최종적으로 체크한다.

성숙한 IT 벤더가 개발하는 경우나 일부 기능의 추가 개발이라면 이들 지표나 판단 기준에는 의미가 있고 그것을 사용한 평가는 효과적이다. 그러나 신서비스 개발의 AI프로젝트에서는 그다지 도움이 되지 않는다. 신서비스이기 때문에 그 지표나 판단 기준을 새롭게 만들어 처음으로 그것을 사용하여 평가하게 된다. 이래서는 이 지표를 충족시키는 것이 릴리즈의 판정 기준으로서 충분 여부도 알 수 없다.

발주자는 다음 2가지를 가지고 릴리즈 판정을 하면 좋을 것이다.

- 완성된 서비스를 이용자 눈높이에서 가능한 한 많은 관계자가 사용해 본 다음 개선점을 알아내 리스트업한다.
- 개선점이나 오류의 수정이 완료되었다는 것을 리스트업하여 확인한다. 오류가 남아 있는 경우는 릴리즈 후에 그것을 현장 책임자와 협의한다.

발주자는 그 서비스의 요건이나 사용자를 IT 벤더보다 잘 알고 있다. 가능한 많은 발주자 측의 관계자가 서비스에 참여함으로써 UI/UX의 품질을 향상시킬 수 있을 것이다. 가능하면 내부 결합 테스트의 후반이나 시스템 테스트 타이밍에서 발주자 측도 서비스를 사용해 보고 개선점을 찾아내 리스트 업하는 것이 중요하다.

이 개선점 목록 리스트와 시스템 테스트 이후에 발생한 오류 목록을 바탕으로 릴리즈 시의 사양을 명확히 한다. 이 리스트가 릴리즈 체크 리스트가 된다. 릴리즈 판정 시에는 이 체크리스트를 바탕으로 대응 사항을 하나씩 발주자가 확인할 수 있도록 한다. 이들 모두를 완료한 단계에서 릴리즈할 수 있다고 판단할 수 있을 것이다.

내부 결합 테스트나 시스템 테스트 단계에서 발주자도 서비스를 사용해 본다. 시스템 테스트 이후에 발생한 오류 목록을 공유하는 것을 매끄럽게 진행하려면 발주자와 IT 벤더 간에 신뢰 관계가 불가결하다. 스피드 중시라고는 해도 설계 이후의 공정에도 수개월은 걸린다. 발주자와 IT 벤더가 일체가 되어 보다 좋은 서비스를 만들어 가는 것이 중요하다.

제7장

운용

7-1
모델의 정확도 유지에 주력

AI시스템의 키는 모델의 정확도^{Accuracy}이다. 가동 후에도 모델의 정확도를 유지하기 위해 데이터의 변화 등에 대응하는 것이 중요하다. 데이터의 재학습 등 모델의 정확도 유지에 적합한 운용의 포인트를 알아보자. 지금까지 요건 정의, 개발, 테스트의 단계별로 AI개발의 포인트에 대해 알아보았다. 이번 장에서는 AI시스템이 가동한 후의 운용 단계에 대하여 알아본다. [그림 7-1]

[그림 7-1] AI시스템의 구축 프로세스(운용·보수 단계의 위치)

	업무 정의 단계	설계 단계	구현·테스트 단계		운용·보수 단계		
종래의 시스템 구축 프로세스	업무 요건 정의	시스템 요건 정의	애플리케이션 설계 기반 설계	애플리케이션 개발 기반 구축	결합 테스트 시스템 테스트 수수 테스트	시스템 운용 보수	
AI시스템 구축의 추가 프로세스		PoC	AI 요건 정의	AI애플리케이션 설계 AI기반 설계	AI학습 기반구축	AI학습 정확도 검증	AI정확도 감시평가	AI 재학습	AI모델 관리

출전: 일경시스템즈. (2019.2)

AI시스템 운용 시의 과제는 모델의 정확도 등 시스템을 이용 가능한 상태로 유지하는 것이다. AI시스템은 자율적으로 학습을 하기도 하므로 사람 손을 개입하지 않은 운용을 예상하는 사람도 있을지 모른다. 그러나 통상의 업무 시스템과 마찬가지로 AI시스템도 정기적인 가동 확인이나 백업, 장애 대응 등의 작업이 필요하다.

또한 통상의 업무 시스템의 운용과 다른 점은 크게 2가지이다. 하나는 AI시스템은 시스템화의 대상이 되는 모델이 계속 변화해 가는 것이다. 그리고 또 하나는 모델의 정확도를 유지하기 위한 유지 보수가 필요한 것이다. AI시스템은 학습이라고 하는 동적인 처리를 실행하는 것이므로 가동 후에도 끊임없이 모델의 추론 정확도를 유지할 필요가 있다.

계속적으로 학습 사이클 유지

AI시스템의 운용 단계에서는 데이터의 변화와 계속적으로 학습의 사이클이 기능을 발휘하고 있는지의 여부를 검증하는 것이 포인트이다. 시스템적인 가동의 감시만이 아니라 비즈니스를 파악하여 '정확도를 어떻게 측정하는가?' '무엇을 가지고 기능 악화라고 할 것인가?'라는 판단 기준을 준비해 둔다. 또 정확도가 변화한 때의 대상도 빠뜨려서는 안 된다. [그림 7-2]

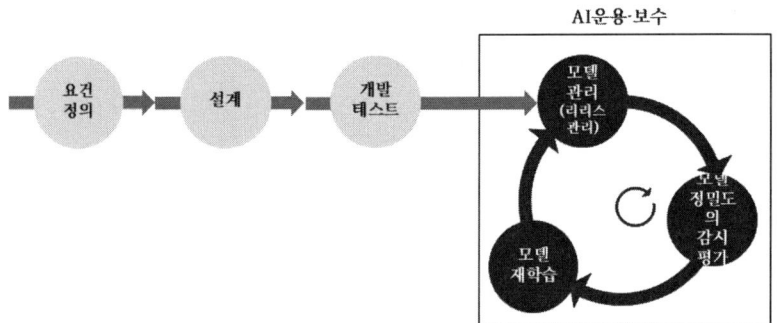

[그림 7-2] AI시스템에서의 운용 태스크의 이미지

출전: 일경시스템즈. (2019.3)

정확도의 유지에 필요한 것이 데이터이다. AI시스템은 입력 데이터에 대하여 학습·추론을 실행한다. 데이터가 일정 이상 변화한 경우, AI시스템에 영향이 발생한다. 이러한 영향을 감시하여 시스템에의 악영향을 방지하는 것이 운용 단계에서 요구된다. AI시스템에서는 데이터가 나타내는 비즈니스의 경향이 변화하는 것을 '데이터의 변화'로 포착되고 있다.

AI시스템에 영향을 미치는 데이터의 변화는 다양한 원인으로 발생한다. 경쟁 기업이 신상품을 발표하면 경쟁 환경은 크게 변한다. 고객의 기호도 시대에 따라 변화한다. 공장의 라인을 재검토하면 센서가 검지하는 부적합의 경향은 이전과 다를 것이다. 이러한 상황의 변화가 데이터의 변화를 일으킨다.

AI시스템은 학습을 반복함으로써 이러한 데이터의 변화에 대응한다. 기계 학습 모델의 학습 시에 문제가 되는 과학습^{Overfitting}이나 일반화 성능 개념은 데이터의 변화에의 대응의 유연성을 나타내는 지표이다.

과학습은 개별의 데이터 셋의 하나인 학습 데이터에 지나치게 특화하고 있는 상태, 범용화 성능은 모델이 학습 데이터 이외의 데이터에 대해서도 학습 데이터와 같은 수준에서 결과를 정확히 예측할 수 있는 능력을 가리킨다. 개발 시에 범용화 성능을 향상하기 위한 시책을 행하여도 예상하지 못한 데이터나 환경의 변화에 따라 모델의 정확도가 저하될 가능성이 없어지는 것은 아니다.

모델의 평가부터 관리까지 실시

AI시스템의 운용단계는 3개의 프로세스로 되어 있다.

◆ 프로세스1: 모델 정확도 Accuracy의 감시·평가

모델의 정확도가 유지되고 있는지를 정기적으로 모니터링한다. 악화되고 있는 경우는 대처의 필요성을 판단한다. 이때, 모델의 감시 지표, 악화의 판단 기준을 기본으로 평가하는 것이 포인트이다.

◆ 프로세스2: 모델의 재 학습

정확도가 떨어진 모델에 대하여 새로운 데이터로 재학습하는 등 정확도를 유지하기 위한 대응을 실시한다. 모델을 수정할 시에는 AI시스템 전체에의 영향을 줄이는 것이 중요하다.

✏️ 프로세스3: 모델의 관리

모델의 릴리즈^{Release} 관리와 버전 관리를 시행한다. 계속적으로 모델을 이용하는 경우 모델의 처리 내용의 변화를 검증할 수 있도록 에비던스^{Evidence}를 남기는 것을 빠뜨려서는 안 된다.

AI시스템의 운용에서는 프로세스 1~3의 사이클을 안정적으로 계속 돌리는 것이 중요하다. 각 프로세스에서 실시해야 할 구체적인 내용을 보자.

📚 프로세스1: 모델 정확도의 감시·평가

정확도가 저하될 시에는 원인이 되는 데이터의 경향 변화에 구현된 모델은 항상 새로운 데이터에 대하여 추론^{Inference}한다. 그러나 높은 정확도로 추론을 계속할 수 있는 모델은 드물다. 기계 학습 모델을 대응시키지 않으면 안 된다. 이 대응이 모델의 재학습이라고 불리는 것으로 운용 단계에서도 중요한 태스크가 된다. 재학습이 필요한지는 최근의 데이터에 대한 모델의 정확도로 판단한다.

여기에서 모델의 정확도의 개념에 대하여 돌이켜보자. 모델이란 원래 학습 데이터라고 불리는 입력 데이터를 기본으로 미지의 데이터에 대하여 추론하도록 범용화한 것이다. 모델을 구축할 시에는 미지의 데이터에 대한 모델의 예측이나 식별의 정확성을 검증하였다. 이때 사용하고 있던 지표가 모델의 정확도다.

추론 모델의 정확도는 구축 시의 학습 데이터와 가동 후의 본가동 데이터의 특징의 차이가 클수록 저하한다. 그래서 정확도가 변화하고 있는지를 끊임없이 모니터링하여 정확도가 변화한 모델이 있으면 처리를 검토한다.

모니터링의 대상이 되는 정확도는 수치적으로 파악할 필요가 있다. 통상 시스템의 평가 지표에는 'KPI$^{\text{Key Performance Indicator}}$'와 'KGI$^{\text{Key Goal Indicator}}$'가 있다. KPI는 프로세스별 달성도를 측정하는 지표이며 다른 KGI는 최종적인 골^{Goal}의 달성 정확도를 측정하는 지표이다.

AI시스템에 적용시키면 KPI는 모델의 기계 학습 알고리즘으로서 정확도나 정확도에 영향을 미치는 업무의 지표가 되며 KGI는 AI시스템으로서 달성해야 할 골이 된다. 다음은 AI시스템의 KPI와 KGI에 대하여 설정, 모니터링, 평가 시의 포인트를 보자.

KPI가 되는 평가 지표의 설정

KPI부터 보자. 이미 모델의 이용 목적이 명확한 경우에는 ROI$^{\text{Return On Investment}}$의 달성 정확도로 예상할 수 있다. 그러나 모델은 ROI의 달성을 직접적인 목적으로 하는 것은 아니다. 따라서 모델의 평가는 실제 모델의 이용과는 분리된 조건에서 실시한다.

대표적인 예의 하나가 알고리즘의 평가 지표를 이용하는 것이다. 이용하는 평가 지표는 모델의 태스크에 따라 다르다. 바르다고 예측한 데이터 중에서 실제로 바른 건수의 비율의 합을 나타내는 적합률이나, 바른 데이터 전체 조건 중 바르다고 예측했던 건수의 비율의 합을 나타내는 재현율 등이 지표의 예이다. 지표를 더욱 민감하게 검출할 수 있는 현상은 다르다. 모델의 목적을 고려하여 이용할 지표를 결정한다. [그림 7-3]

[그림 7-3] 모델 평가 지표의 예

모델 태스크	평가 지표의 예	특징
식별	적합률	바르다고 예측한 데이터 중에서 실제로 바른 건수의 비율의 합
	재현율	바른 데이터 전체 건수 중 바르다고 예측했던 건수의 비율의 합
	mAP	적합률에 예측 시의 순서성을 가미한 지표의 하나. 예측 결과의 상위에 많은 바른 데이터가 있는 경우에 높은 값이 된다
	Dice계수	바르다고 예측한 데이터와 바른 데이터의 중복을 평가하는 지표의 하나. 중복이 크고, 겹치지 않는 부분이 적을수록 높은 값이 된다
예측(회귀)	평균 평방 이승 오차 (RMSE)	예측 값과 사실 값의 차(오차)의 二乘 평균
	RMSPE	오차 ÷ 사실 값의 이승 평균. 사실의 값이 작은 영역의 오차도 고려한 지표
	RMSLE	오차를 대수화한 값의 자승 평균. 약간의 건수이지만 예측과 정해의 오차가 크게 어긋나는 차가 있는 경우에 지표 값에의 영향이 억제된다

출전: 일경시스템즈. (2019.3)

평가 지표를 산출함으로써 모델의 정확도를 검증할 수 있다. 단, 각 평가 지표가 모델의 정확도를 측정하는 KPI로서 기능하기 위해서는 일정한 정확도 수준을 설정할 필요가 있다.

KGI의 설정

정확도의 목표를 설정할 시에는 KPI뿐 아니라 KGI를 설정하는 것도 중요하다. KGI는 AI시스템 도입에 따라 본래 겨냥해야 할 비즈니스상의 목표에 관련된 지표로 한다.

모델은 AI시스템의 하나의 파트[part]이며 비즈니스상의 가치를 발휘하기 위해 구축된 것이다. 모델 그 자체의 정확도에 관한 KPI가 달성할 수 있다고 해도 비즈니스상의 목표를 달성할 수 없으면 AI시스템 자체가 무용지물이 되어 버린다.

그래서 KGI를 설정할 시에는 비즈니스의 성과를 정의한 후에 모델의 정확도[Accuracy]와 비즈니스 성과를 결합하여 설정할 필요가 있다. 영업 부문에 있어 계약 조건의 확대를 목적으로 AI시스템을 도입한 경우를 생각해 보자. 이때 비즈니스 면에서 목표로 해야 할 KGI는 계약 건수이다. [그림 7-4] 계약 건수를 확대하는 하나의 수단으로서 AI시스템을 도입, 상담화商談化율이 높은 고객을 식별하여 유망한 방문처 리스트를 출력시켰다고 한다.

[그림 7-4] KGI와 KPI의 관련성

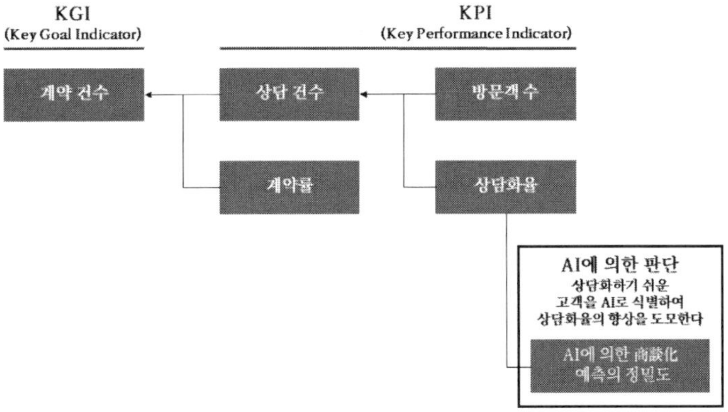

KGI
(Key Goal Indicator)
계약 건수

KPI
(Key Performance Indicator)
상담 건수 ← 방문객 수
계약률
상담화율

AI에 의한 판단
상담화하기 쉬운 고객을 AI로 식별하여 상담화율의 향상을 도모한다

AI에 의한 商談化 예측의 정밀도

출전: 일경시스템즈. (2019.3)

이 AI시스템에 내장된 모델의 역할은 예상 고객 중에서 상담할 수 있는(자사의 제안을 들어주는) 고객을 좋은 정확도로 식별하는 것이다. 물론 모델의 정확도를 유지하는 것으로 상담률이 오르는 것은 좋은 것이다. 그러나 때에 따라서는 상담률은 목표를 달성하고 있음에도 불구하고 최종적인 목표인 계약 건수가 생각대로 늘어나지는 않는다. 이럴 때 모델의 정확도를 유지하기 위해 투자를 계속하는 것보다 상담에서부터 계약까지의 전환율을 향상하기 위한 새로운 시책에 투자를 배분하는 판단이 필요하다.

상담할 수 있는 고객을 가능한 한 정확도가 높게 식별하는 방법도 있다. 단 그 경우, 복잡하여 해석성이 없는 모델을 구축하면 영업 담당자에 따라서는 이유는 모르지만 상담하기 쉬운 방문처 리스트를 작성하게 된다. 정확도는 약간 떨어져도 해석성이 있는 모델을 채용함으로써 예상 고객으로 선정된 이유를 영업 담당자가 이해하기 쉬워, 제안의 질을 올려 계약 건수의 증가를 목표로 하는 방법도 있다.

모니터링의 빈도와 방법의 검토

　모니터링의 빈도는 운용상의 부하와 비즈니스상의 중요성의 밸런스에 근거하여 검토한다. 모니터링의 정확도는 높을수록 좋겠지만 빈도가 높으면 시스템 면에서도 업무 면에서도 비용이 발생한다.

　그래서 모니터링의 빈도를 검토할 시에는 업무상의 영향^{Impact}를 고려한다. 예측 결과를 업무에 참고하는 정확도 수준에 머무를 시에는 정확도가 악화하지 않고 있다는 것을 월 1회 확인하면 충분한 경우가 될 것이다. 한편, 모델에 따른 예측 결과에 근거하여 자동으로 발주하도록 하고자 할 시에는 더욱 높은 빈도로 모니터링을 할 필요가 있다.

　모니터링 방법은 빈도에 따라 달라진다. 포인트는 모델의 정확도가 악화하면 업무상의 영향이 어느 정도인지를 고려하여 과도한 부하가 걸리지 않는 방법으로 적절하게 모니터링을 하는 것이다.

　모델의 정확도 악화가 바로 업무에 영향을 미치는 경우는 정확도 악화 시에 자동으로 경고를 하는 구조가 적합하다. 한편 정확도가 떨어져도 곧바로 업무에 영향을 주지 않는 경우는 정기적으로 평가 리포트를 작성하면 충분하다.

모델의 정확도를 적절한 빈도로 모니터링할 수 있다면 정확도 저하에 따라 잘못된 업무상의 판단을 해 버릴 가능성도 있다.

모니터링 후의 평가

모니터링의 정확도와 방법이 정해지면 결과에 대한 평가 방법을 검토한다.

미리 정의하고 있던 KPI의 목표 수준보다 떨어지면 우선은 중요한 부분을 검토한다. 기본적으로 KPI의 목표 수준을 상회하는 것을 목표로 한다. 그러나 AI시스템이 가동 직후인 경우는 가동 전에 예상했던 KPI의 목표 수준이 비즈니스상의 목표인 KGI의 달성에 대하여 과도하게 높거나 혹은 너무 낮다고 판명되는 경우가 있다. 이러한 경우는 목표 수준을 조정하면서 적절한 정확도를 계속 유지하는 것이 필요하다.

또, 정확도를 평가하는 입도^{Granularity}의 검토가 필요하다. 상품의 수요 예측을 하는 모델의 경우, 수요 변동의 경향이 유사한 상품을 카테고리화하여 카테고리별로 모델을 구축하는 경우가 있다. 이 경우 카테고리 내의 상품이 1개라도 정확도의 목표 수준보다 떨어지면 KPI가 목표보다 낮아졌다고 간주하여 모델의 정확도 향상을 실행할지 혹은 카테고리 전체의 평균이 목표 수준보다 떨어졌을 때 비로소 모델의 정확도를 향상할지를 사전에 정해 놓는다.

📚 프로세스2: 모델의 재학습

KPI, KGI 상의 목표 수준을 달성하기 위해 모델의 정확도 향상이 필요하다고 판단된 경우, 모델을 변경한다. 정확도가 떨어졌을 시의 대응책으로서는 다음을 생각할 수 있다. [그림 7-5]

① 최근의 학습 데이터 투입
② 하이퍼 파라미터 튜닝
③ 알고리즘 변경
④ 설명 변수의 추가·변경
⑤ 모델 이용 일시 중단

[그림 7-5] 재학습의 케이스별 부하와 영향

	시간	비용	업무 시스템에의 영향
1. 직근의 학습 데이터 투입	저	저	저
2. 하이퍼 파라미터 튜닝	중	저	저
3. 알고리의 변경	고	중	중
4. 설명 변수 추가·변경	고	고	고
5. 모델 이용의 일시 중단	저	저	중

출전: 일경시스템즈. (2019.3)

구현 단계에서는 일반적인 성능의 확보를 목표로 하여 모델을 개발하지만, 일정 이상의 정확도 저하가 발생한 경우는 학습 모델을 재검토한다. 재검토할 시에는 업무의 변경이나 시간적인 코스트가 필요하다. 코스트 부담을 감안하여 대응책 실시의 필요 여부를 검토할 필요가 있다. 모델을 재검토할 시에 채용하는 방법에 따라서는 모델에 데이터를 입력하거나 출력하기 위해 데이터 가공 기능을 수정하거나 새로운 데이터의 취득 기능을 개발하는 작업이 발생하기 때문이다. 대응책을 실시해도 정확도의 개선이 예상되지 않는 경우는 일시적으로 모델 이용을 중지하는 것도 선택지로서 생각해 놓는다.

그럼 모델의 정확도 향상에 적합한 각 대응책과 그 코스트를 보자.

◢ 최근의 학습 데이터의 투입

학습 데이터를 변경하는 경우는 먼저 변화한 데이터를 학습 데이터에 포함할지를 검토한다. 이에 따라 모델의 정확도를 컨트롤한다. 데이터의 학습 기간은 입력 데이터의 경향, 환경 변화의 가능성을 고려하여 범용화 성능을 유지할 목적으로 설정·변경할 필요가 있다.

비교적 최근에 데이터의 경향이 크게 변화한 경우는 오래된 데이터를 학습 데이터로 이용하면 정확도는 떨어지므로 오래된 데이터를 학습 데이터에서 제외한다. 한편 데이터 경향의 변화는 계절성 등의 장기적인 시계열적인 변화가 있으면 예측할 수 있다. 이 경우 변경 전후의 데이터를 모델에 내장하면 범용화 성능은 향상된다.

변경 후의 데이터만을 이용하기도 한다. 포함된 원래 시스템 데이터의 정의가 변화한 경우나 데이터 취득에 이용하는 기기가 변경된 경우 등이다. 이 경우 데이터 경향의 변화는 불가결하므로 변경 후의 데이터만을 이용해야 한다.

또 돌발적인 사태가 일어난 경우는 그 기간의 데이터를 학습 대상에서 제외하는 등의 대처가 필요하다. 예를 들면 기록적인 심한 더위로 수요 예측의 정확도가 낮았던 경우에는 그 기간을 예외로 간주하여 학습 기간에서 제외하기도 한다.

◆ 하이퍼 파라미터의 튜닝

　모델의 재학습 시에 학습의 실행 조건인 하이퍼 파라미터 튜닝을 하는 경우가 있다.

　일반적으로 학습 데이터가 변하면 최적의 하이퍼 파라미터는 변화한다. 그래서 모델의 재학습 시에는 하이퍼 파라미터가 다른 복수의 모델을 구축, 모델 간 정확도를 비교하여 최적의 모델을 선택하도록 운용한다.

　최근의 학습 데이터의 투입과 하이퍼 파라미터의 튜닝은 반드시 사람 손으로 할 필요는 없다. 기계 학습의 학습 프로세스 자체를 배치^{Batch} 처리하는 배치 학습이나 신규 데이터만을 입력하여 학습된 모델의 파라미터를 변경하는 온라인 학습 등의 방법이 있기 때문이다.

　재학습을 자동화함으로써 운용에 드는 사람 수의 삭감, 정확도 저하 시의 즉응성의 확보라고 하는 메리트가 있다. 한편 학습 기간을 자동 설정하거나 하이퍼 파라미터의 탐색을 자동화할 필요가 있으므로 개발 구현의 난도는 높아진다.

　운용 시에는 추론^{Inference} 모델만이 아니라 모델의 학습 상황도 계속 감시가 필요하다. 모델의 릴리즈 관리나 버전 관리도 필수이다.

◆ 알고리즘의 변경

　데이터의 변경이나 하이퍼 파라미터의 튜닝을 시행해도 정확도가 설정한 기준을 클리어하지 않을 시에는 알고리즘의 변경을 검토한다.

　시스템에 구현한 모델은 입출력 데이터의 인터페이스 사양이 고정되어 있으므로 알고리즘을 변경할 시에는 유사한 입출력을 가지는 알고리즘에 한정된다. 알고리즘을 크게 변경하는 경우는 모델의 입출력 데이터의 사양 변경, 개선·테스트의 코스트를 고려할 필요가 있다.

✎ 설명 변수의 추가·변경

모델의 알고리즘을 변경할 시에는 더불어 입력하는 설명 변수의 추가·변경도 검토한다. 이 경우 설명 변수를 취득·가공하기 위한 데이터 플로우의 변경만 아니라 데이터 유지용인 테이블 등에의 신규 데이터 칼럼의 추가도 예상한다. 신규 데이터를 이용하는 경우는 새로운 데이터 소스에 대응한 데이터 플로우를 구축할 필요도 있으므로 더욱 코스트가 발생한다.

✎ 모델 이용의 일시 중단

알고리즘이나 설명 변수를 변경해도 정확도의 개선 전망이 없는 경우나 정확도 향상에 대하여 투자할 가치가 없는 경우는 일시적으로 모델의 이용 자체를 중단하는 것도 선택지가 된다. 비즈니스 면에서의 효과에 다시 주목하여 모델의 정확도 유지를 위한 과도한 노력을 하지 않도록 조심하자.

📚 프로세스3: 모델의 관리

지금까지는 모델의 정확도 향상을 목적으로 한 대응책을 알아보았다. 그러나 모델 관리의 관점에서는 모델의 신뢰성, 관리성도 고려할 필요가 있다.

특히 중요한 것은 어떤 모델을 릴리즈할지 사전·사후에 검증할 수 있는 상태로 하는 것이다. 재학습으로 구축한 모델의 릴리즈의 판단이나 과거 모델의 버전 관리가 중요하다. 재학습으로 구축한 모델은 일정한 조건을 만족함으로써 본가동 환경에 릴리즈할 수 있다. 계속 이용 가능한 릴리즈의 기준을 미리 정해 둘 필요가 있다. 릴리즈 기준은 정확도만이 아니라 추론에 걸리는 처리 시간 등 모델의 비기능적인 기준도 상정하면 좋을 것이다.

조직 규정 등에 의해 릴리즈에는 책임자에 의한 결재가 필요하기도 할 것이다. 이러한 기업의 경우는 승인, 결재 플로우, 릴리즈의 기준에 대하여 미리 검토한다. 특히 해석성이 낮은 모델을 채용할 시에는 주의가 필요하다. 모델의 내용을 책임자에게 설명할 수 없어, 정확도만이 아니라 학습 데이터나 알고리즘의 특성에 대하여 설명이 필요하게 되는 경우가 있다.

또, 모델의 갱신은 반드시 정확도 악화 시에 재학습할 때만 하는 것은 아니다. 정기적으로 재학습하여 정확도가 높은 모델로 바꾸어 릴리즈하는 관리 방법도 있다. 이 경우는 재학습의 상황이나 모델의 릴리즈 상황을 항상 파악하여 예기치 않은 사항이 발행하지 않도록 주의하자.

모델을 관리할 때 또 하나 중요한 것이 버전 관리이다. 일반적인 프로그램 모듈과 마찬가지로 모델도 버전 관리가 필요하다. 장래 AI시스템의 처리에 문제가 있거나 최신 모델에 부적합이 있을 때를 대비하여 과거 모델의 보관이 요구된다.

최근 AI를 둘러싼 법 정비의 검토가 진행, AI의 판단에 대하여 기업의 설명·책임이 요구되고 있다. AI의 판단 기준이 알려지지 않으면 판단된 측의 불만이나 불안이 남기 쉽다고 생각하기 때문이다. 이러한 상황까지 파악하여 AI가 행한 판단 내용을 설명할 수 있게 해 둘 필요가 있다. 더불어 해석성이 높은 모델의 채용만이 아니라 과거에 채용한 모델의 내용이나 갱신이력을 설명할 수 있도록 하는 것이 요구되고 있다.

일반적으로 보관·기록해 두어야 할 정보는 모델의 재현이 가능한 정보이다. 학습 데이터, 목적 변수나 설명 변수 등의 데이터 정의, 알고리즘, 하이퍼 파라미터라는 것을 생각할 수 있다. 또 모델 정확도를 확인한 결과도 더불어 보관해 두는 것이 좋을 것이다. [그림 7-6]

[그림 7-6] 보존해야 할 정보의 예

학습 데이터 관련	학습 데이터
	데이터 정의(목적 변수·설명 변수 정보 포함)
학습 방법 관련	알고리즘
	하이퍼 파라미터
정밀도 확인 결과	정밀도 확인에 이용한 데이터
	정확도 지표치

* 데이터가 거대한 경우는 추출 가공 조건 등 데이터 재현에 필요한 정보로 대체

출전: 일경시스템즈. (2019.3)

여기까지 AI시스템 특유의 운용 시의 태스크에 대하여 알아보았다. 실제로 운용을 해 보면 생각처럼 정확도가 나오지 않을 때도 많다. 그러나 모델의 정확도 유지는 시스템 전체의 가치만이 아니라 비즈니스의 성과에 직결되는 태스크이므로 대단히 중요한 단계이다.

ARTIFICIAL
INTELLIGENCE

제8장

AI 도입 발주 프로세스

8-1
AI프로젝트 착수

이번 장에서는 AI시스템 사용자인 발주자가 AI시스템 개발 프로젝트에 착수하기 전에 알아 두어야 할 것에 대해 알아보자. AI시스템 도입을 검토할 때 가장 중요한 것은 왜 AI시스템을 도입하는가? 라고 하는 목적과 목표를 분명히 하는 것이다.

AI 도입 프로젝트를 시작할 때 확실히 해야 할 주요 포인트는 ①업무 과제의 정리 ②PoC 스케줄 작성 ③예산 ④프로젝트 추진 체제 ⑤계약 등 5가지이다. [그림 8-1]

[그림 8-1] AI시스템의 구축 전에 생각해야 할 5개의 포인트

포인트 1: 업무 과제의 정리	☑ AI의 도입 목적을 명확화 ☑ 프로젝트 전체의 기간이나 예산 검토
포인트 2: PoC의 스케줄 설정	☑ 스몰 스타트로 실시 ☑ 본 가동 시스템의 도입 방침을 책정
포인트 3: 예산	☑ 업무 과제의 해결 효과를 수치화 ☑ 운용 코스트를 바탕으로 한다
포인트 4: 프로젝트의 체제	☑ 비즈니스와 애널리틱스의 관점을 가진다 ☑ 외부 위탁처의 관리를 예상한다
포인트 5: 계약 관련	☑ 단계에 따라 계약을 체결 ☑ 저작권 등에 관하여 사전합의한다

출전: 일경시스템즈. (2019.4)

📚 업무 과제의 정리

　AI시스템 구축 프로젝트를 시작하기 전에 준비해 둘 것이 있다. 업무 과제의 정리와 AI시스템의 도입 범위 검증이다. 이들 정보가 PoC나 본가동 도입의 첫걸음이 된다. 업무의 과제를 정리함으로써 시스템 개발 범위를 정의할 수 있게 되어 개발 목표를 정량적으로 파악할 수 있다. 이 목표는 PoC에서 목표로 하는 정확도를 검토할 때 필요하다. 사전 준비 시 PoC에서 모델을 개발하기 쉽다는 등의 이유로 분석 방법이나 알고리즘을 우선해 검토하지 않도록 주의해야 한다. 업무의 과제와 시스템 도입 범위를 명확히 한 후 AI 도입 프로젝트 기간이나 예산을 검토해야 한다.

　일반적으로 프로젝트 기간이나 예산을 검토할 때 전제가 되는 것은 시스템 개발 대상의 전체 이미지이다. 그런데 AI시스템은 프로젝트 발족 시 대상 시스템의 전체 이미지가 명확하지 않은 경우가 많다. AI시스템의 코어가 되는 모델이 어느 정도 정확한지 당시 시점에서 명확하지 않기 때문이다. 그러므로 시스템 개발 대상의 검토와 PoC를 병행해 실시한다.

　AI시스템 개발의 PoC라고 하면 학습 데이터나 알고리즘 선정, 데이터 변환을 중시하는 경향이 있다. 그러나 PoC의 본래 목적은 모델 개발이 아니라 AI를 이용한 업무 과제 해결의 어프로치를 검증하는 것이다. PoC 결과에 따라 실제로 구축하는 AI시스템의 기능, 아키텍처는 크게 영향을 준다. 그래서 AI시스템 개발에서 프로젝트 기간이나 예산을 편성할 시에는 PoC를 기점으로서 생각한다. PoC까지의 프로젝트 스케줄이나 예산과 PoC 후에 착수하는 본가동 시스템의 스케줄이나 예산을 분할하는 것이 중요하다. 만약 프로젝트 개시 시점에서 AI시스템의 본가동 시기가 정해져 있는 경우에는 AI를 위한 AI프로젝트가 될 우려가 있으므로 주의가 필요하다.

PoC 스케줄 설정

그럼 구체적으로 PoC를 포함한 스케줄 설정을 어떻게 해야 할까. PoC는 AI시스템 개발에 거의 필수적인 프로세스다. 이때 AI시스템의 구축 목표 없이 PoC를 실행할 시 업무의 과제를 해결하기 위한 어프로치를 검증하는 관점이 부족해 프로젝트가 실패할 위험이 있다. PoC 목표나 스케줄을 적절히 설정해 프로젝트를 진행하는 것은 개발 전체의 진행 방식을 좌우하는 중요한 항목이다. PoC 장기화와 실패 요인으로 인해 발생하기 쉬운 사항은 ① 어프로치 좁히기 ②모델의 목표 정확도 설정. ③모델에 관한 합의 등 3가지다. [그림 8-2]

[그림 8-2] PoC의 기간을 견적할 때의 확인 포인트

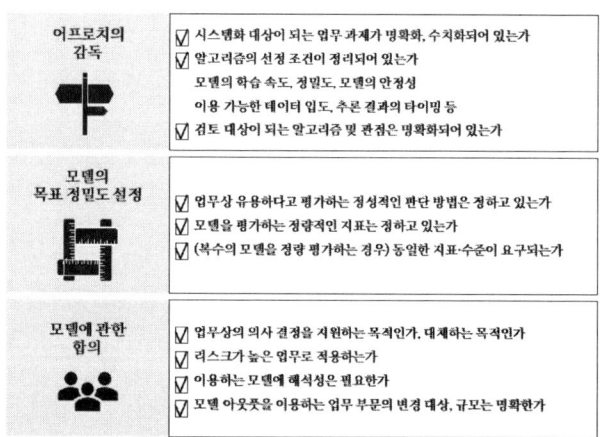

출처: 일경시스템즈. (2019.4)

✎ 어프로치의 좁히기

PoC의 목적은 기계 학습 모델을 이용하여 업무 과제 해결 어프로치를 검증하는 것이다. 즉, 해결하고 싶은 업무 과제에 따라 기계 학습 모델에서 요구되는 조건이 다르다는 것이다.

우량 고객의 이탈 방지가 업무 과제인 경우, 구매 트랜잭션 데이터를 기본으로 한 우량 고객의 이탈 조짐 예측이 모델의 태스크가 된다. 이 경우 어떤 알고리즘을 이용할지는 이용 가능한 데이터의 입도粒度, 시스템화 후의 추론 결과의 이용 타이밍 등 조건에 따라 달라진다.

만약 이 조건을 무시하면 PoC 이후의 시스템 개발에서 재작업이 발생한다. 이 때문에 PoC 기간 및 시스템 개발 기간을 단축하기 위해서도 모델의 가동까지 포함하여 정리, 검증하는 것이 중요하다. 기타 조건으로서는 시스템 외 데이터의 이용의 필요성, 모델의 학습 속도, 모델의 정확도, 안정성 등이 있다.

✎ 모델의 목표 정확도 설정

기계 학습 모델의 PoC에서는 목표 정확도를 달성하기 위해 복수의 모델을 구축하고, 각 모델의 정확도를 비교하는 방법을 채택하는 것이 일반적이다. 이때, 복수의 모델을 비교하면 가장 정확도가 높은 알고리즘을 채용하기 쉽다.

그러나 PoC의 목적과 대응해 보면 목표 정확도에는 모델 단체의 정확도만이 아니라 업무 시스템에 내장시킬 때의 성능도 중요해지는 것이다. 모델 단체의 수치적인 정확도 목표만을 추구하면 업무 과제를 해결한다는 AI시스템 도입 자체의 목표를 잃어버려 PoC가 장기화되는 원인이 된다.

'어떤 수준의 성능이 필요한가'라는 목표는 업무 과제를 정리함으로써 수치화할 수 있다. 아울러 PoC에 있어 모델의 목표 정확도도 업무 과제에 따라 설정할 필요가 있다.

✎ 모델에 관한 합의

PoC에서 구축한 모델을 채용하기 위해서는 사내에서 합의를 얻어야 할 것이다. 이때 모델의 효과만이 아니라 리스크를 공유할 필요가 있다. 모델의 효과는 업무 과제를 해결한다는 설명으로 가능하지만, 리스크가 불투명한 경우도 많이 있어 그 경우에는 설명이 어렵다.

모델 그 자체의 투명성을 어떻게 설명할지도 과제이다. 입력한 설명 변수를 설명만으로는 모델의 실태를 충분히 나타내지 못한다. 모델의 작동 영향을 미치는 범위나 예상되는 오차의 수준, 예상 정확도의 부적합 등을 병행하여 전하도록 한다. 모델의 정확도만이 아니라 여러 가지 사항에 대하여 개발자 측과 비즈니스 측에서 합의하기 위한 인력을 PoC 개시 전에 감안해 둘 필요가 있다.

이들 3가지만이 아니라 PoC 장기화를 방지하기 위해서는 PoC를 컨트롤 가능한 범위로 하는 것, 즉 스몰 스타트가 중요하다. 복잡한 아키텍처가 필요한 고도의 모델을 채용할 것이 아니라 업무 과제에 대응할 수 있는 범위에서 가장 간단한 모델을 사용하거나 복잡해지는 경우에는 모델화의 대상을 축소하는 등의 방법을 생각할 수 있다. 또 소규모로 시작해 단계적으로 고도화, 데이터 정비나 모델 구축 노하우를 축적하거나 모델 정확도에 대해 요건 수준을 적정화할 수 있다.

PoC에서 중요한 것은 모델을 구축하기 위한 개발 기간보다도 시스템화에 적합한 어프로치를 검토하기 위한 기간을 충분히 확보하는 것이다. 또한 1개의 어프로치가 아니라 복수의 어프로치를 비교하는 것이 바람직하다. 어프로치가 1개뿐인 경우, 목표 정확도를 달성하기 위해 알고리즘의 비교만을 실시하게 된다. 그러면 PoC 기간이 예상보다 길어질 뿐 아니라 구현 방법이 확립되지 않는 사태가 일어난다. 이러한 사태가 일어나지 않도록 데이터 상황이나 정확도 목표 등을 확실히 검토해 무리 없는 PoC 기간을 설정하도록 한다.

예산

　시스템 도입 프로젝트 실시 여부를 검토하는 데 유용한 지표로서 투자 대비 효과[ROI]가 있다. 시스템의 ROI는 도입 대상이 되는 업무의 과제에 따라 설정된다. 예를 들면 AI로 업무를 자동화할 때 투자 비용이 문제가 될 때는 AI시스템 도입에 따라 어느 정도의 인력을 대체할 수 있는가, 라는 인건비 삭감량의 효과가 된다. AI시스템 개발에 있어 ROI를 생각하는 경우, 기계 학습 모델의 고도성과 도입 효과가 비례 관계에 있다고 생각하기 쉽다. 고도의 기계 학습 모델을 도입하면 큰 효과를 얻을 수 있다는 생각이다. 그러나 AI시스템 전체에서 보면, 모델의 고도성과 업무 과제의 해결의 정도는 반드시 일치하지는 않는다.

　고도의 기계 학습 모델을 개발할 시에는 PoC 기간이 연장되거나 대응할 수 있는 IT 전문 회사가 한정되는 등의 원인으로 개발 비용이 커지는 경우가 종종 있다. AI시스템의 ROI를 산출하기 위해서는 PoC의 공수를 검증할 때와 같이 업무 과제부터 수치를 도출할 필요가 있다. 투자액에 포함되는 것은 개발 시의 비용만은 아니다. 일반적인 업무 시스템과 같이 AI시스템의 운용 체제 유지에 드는 비용도 감안할 필요가 있다. 특히 AI시스템을 계속 운용하기 위해서는 통상의 업무 시스템에 수반되는 사용 기기의 리스 계약 갱신 등의 정기적인 비용과 달리 AI시스템 데이터의 변화에 따라 실행하는 모델의 개발 비용 등이 포함된다. 이와 같은 운용 후의 비용 부담도 감당할 수 있는지를 검토한다.

프로젝트 추진 체제

AI시스템 개발의 프로젝트 체제가 통상의 시스템 개발과 다른 점은 AI시스템에서 이용하는 기계 학습 모델의 개발이 현시점에서는 고도의 첨단 분야라는 것이다. 자사 자체로 개발할 수 있는 인재를 확보하고 있는 기업은 드물기 때문에 사외에서 개발 요원을 조달하거나 사외에 개발을 위탁할 필요가 생긴다. AI시스템 개발을 위탁할 외부 개발 회사는 다양하므로 프로젝트에 따라 최적의 체제를 구축할 필요가 있다. 프로젝트를 유지할 때 중요한 포지션은 프로젝트 책임자, 프로젝트 리더, PMO 등이다. 각 담당자나 조직이 수행할 역할은 통상적인 시스템 개발과 같지만 AI시스템에 의해 업무 과제를 해결한다는 관점에서 특히 유의해야 할 포인트가 있다. 그것은 프로젝트 리더가 비즈니스와 아키텍처를 연결하기 위해 쌍방향의 관점을 가지고 의사 결정을 하는 포지션이 된다는 점이다. AI시스템 개발 체제에는 기존 시스템 개발 멤버만이 아니라 [그림 8-3]처럼 각 태스크에 관련된 역할을 완수할 담당자가 필요하다.

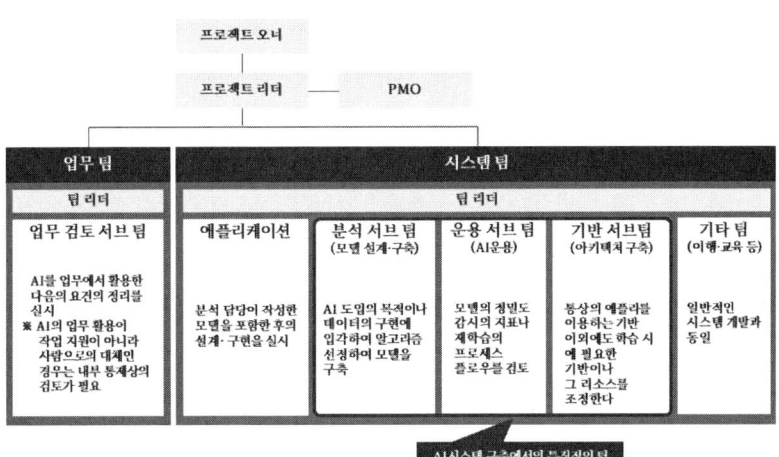

[그림 8-3] AI시스템 개발의 프로젝트 체제

출전: 일경시스템즈. (2019.4)

　AI시스템 개발은 소프트웨어 개발 회사 등 외부에 위탁해 사외에서 요원을 조달하는 것이 일반적이다. 이때, 업무 과제 공유라는 관점에서, 역할별로 자사 멤버를 끼워 넣는 체제를 구축하는 것이 중요하다. 이것은 또한 기술 이전 관점에서도 필요하므로 외부 지식을 적극적으로 사내에 도입하고 프로젝트 멤버를 교육함으로써 사내의 AI인재 육성 효과도 얻을 수 있다.

　또, AI시스템 개발 단계별로 사외 IT벤더를 바꾸는 것은 프로젝트 목적이나 방침의 일관성을 잃을 우려가 있으므로 바람직하지 않다. 단, PoC 실시와 본가동 시스템 개발을 담당하는 기업이 다른 경우가 많다. 이것은 PoC의 어프로치 검토 단계와 본가동 시스템 개발에 수반되는 대규모 개발이 요건되는 단계에서는 그에 필요한 스킬이 다르기 때문이다. PoC 단계만을 전문적으로 다루고 후속 단계인 시스템 설계는 전혀 할 수 없는 IT 전문 회사에게 의뢰한 경우, 시스템 가동 후의 운용 윤곽을 예상할 수 없는 문제가 발생한다. 일부 단계에 특화한 IT 전문 회사에게 의뢰할 때에는 프로젝트 단계 전체를 볼 수 있는 서포트 IT 전문 회사를 동시에 의뢰함으로써 이런 리스크를 없애야 한다.

계약

회사 내부의 인적 자원을 활용할 때 중요한 것이 개발 계약 체결이다. 계약 방식이나 계약상의 성과물에는 AI 특유의 포인트가 있다. 통상 시스템 개발 계약은 준위임 계약 또는 도급 계약으로 실행된다. AI 시스템의 경우, 계약 방식은 개발 단계별로 적절히 설정할 필요가 있다. AI시스템의 개발에서는, PoC나 요건 정의 단계까지는 성과물의 요건을 그다지 명확히 할 수 없기 때문에 준위임 계약을 한다. 또 설계 단계, 구현 및 테스트 단계는 도급 계약으로 한다 등이다. [그림 8-4]

[그림 8-4] AI시스템 개발에서의 예약의 예

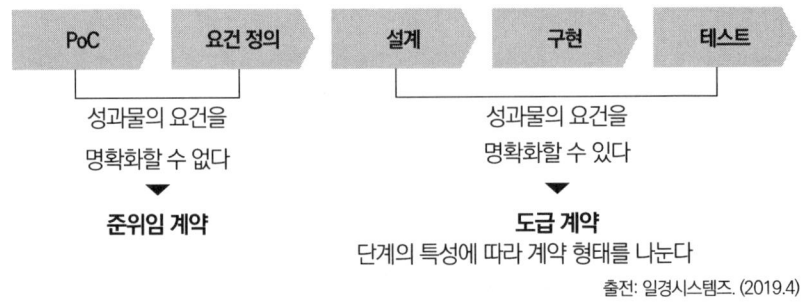

출전: 일경시스템즈. (2019.4)

단, AI시스템 내의 기계 학습 모델 구현은 상황에 따라 체결하는 계약이 다르다. AI시스템 구현을 도급 계약으로 하기도 한다. 한편 설계 단계 이후도 계속해서 검토나 모델을 고도화하면서 구현을 목표로 할 시에는 준위임 계약을 한다. 운용 단계도 여러 가지 계약 방식을 생각할 수 있다. 정확도 유지를 목적으로 감시나 원인 검증 등을 실시하고 필요에 따라 최신 데이터를 재학습해 모델을 갱신하는 통상의 모델 관리 업무에 대해서는 준위임 계약이 적합하다. 한편, 환경의 큰 변화 등에 의해 정확도가 대폭 낮아진 경우에는 학습 데이터나 알고리즘을 다시 검토하는 등 PoC와 동등한 대응이 필요하므로 통상의 운용 업무와는 다른 계약을 하기도 한다.

AI시스템 개발에 있어 성과물도 계약 시에 합의할 필요가 있다. 준위임 계약의 경우 성과물 요건을 특정할 수 없지만, 작성해야 할 성과물 종류는 사전에 정해 놓아야 한다. 프로그램 코드, 개발 환경 보존이라는 성과물만이 아니라 PoC 종료 시나 시스템 개발 완료 시에는 다음 단계에서 이용할 검토 자료도 확보해야 한다. PoC 완료 시점에서는 개발 단계에서 이용하기 위한 데이터의 전^{Pre}처리나 알고리즘의 검증 과정, 평가 결과, 구현에 적용된 과제 정리 및 결과라는 자료가 성과물이 된다. 본가동 시스템의 개발 완료 후에는 운용 시의 모델 검증에서 사용하는 모델에 관한 데이터 플로우나 데이터의 학습 프로세스에 관한 설명 자료가 성과물이 된다.

그 외 개발 및 구축한 모델에 관한 권리 관계도 사전에 합의함으로써 나중에 일어날 수 있는 분쟁을 방지한다. 여러 가지 업무 과제에 대한 해결 방법 검토 경위나 알고리즘 튜닝 방법은 각 기업의 중요한 노하우다. 개발 계약에서 이러한 제공을 의뢰한 경우, 개발 IT 벤더와의 사이에서 저작권이나 특허권 등 문제가 발생할 가능성이 있다. 또, IT 전문 회사가 제공하는 학습된 모델을 이용하는 경우 특허 신청 등에서 업무 프로세스와 관련된 내용이 제3자에게 공개될 수도 있다. [그림 8-5]

[그림 8-5] AI시스템에서 주의해야 할 권리 관계의 예

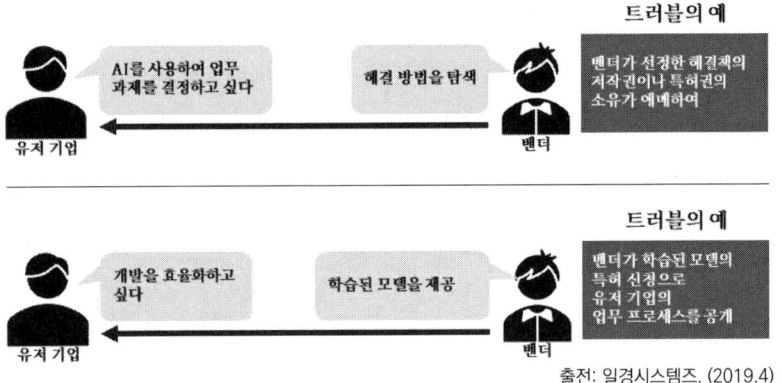

출전: 일경시스템즈. (2019.4)

AI 도입과 관련된 계약 절차, 권리 관계에 대해서는 AI 및 데이터의 이용에 관한 계약 가이드라인을 만들어 놓을 필요가 있다. 개발자 측, 수주자 측 모두에게 가이드라인을 이해시켜 프로젝트의 계약 내용은 성과물의 권리도 포함해 합의한 후 진행한다.

규제와 활용의 밸런스가 과제

AI시스템 개발에서 방법론과 프로젝트 관리 방법에 대해 정해진 해

법이 없어 많은 기업이 경험에 근거해 시행하고 있는 경우가 많다. 이에 AI시스템 개발에서 기술 선행 검토가 빠지기 쉽다. 그러나 타사의 성공 사례가 자사에 유효할지의 여부는 가동 후까지 알 수 없는 것이 AI시스템이다. 기술 선행인 AI시스템의 검토 및 개발은 건전한 AI투자가 아니다. 반대로 대상 업무나 실현하고 싶은 목표를 명확화할 수만 있다면 필요한 기술 요건을 도출할 수 있다. AI시스템 도입은 방법이 아니라 업무 과제의 해결이라는 시스템화의 대상에 포커스를 맞춰야 한다.

8-2
AI시스템 도입 방법 선택

　AI의 활용이 일반 기업으로 확대되고 있다. 이제까지 AI개발은 처음부터 자사에서 개발하는 것이 일반적이었지만, 새로운 선택지로 학습된 AI가 주목받고 있다. 자사에서 AI를 개발할지, 아니면 학습된 AI를 활용할지 양자택일 필요성이 높아지고 있다.

　이미지 해석 기술을 이용한 불량품 검사나 고도의 수요 예측을 활용한 웹 마케팅 등 AI활용은 일반 기업 시스템에도 큰 영향을 주고 있다. 기업의 재무 회계 시스템에 AI를 적용해 업무 효율을 높인 사례를 보면, 지불 전표 항목에서 비용으로 계상하는 과목을 AI로 추정해 내는 시스템이 대표적이다. 텍스트 문자를 인식하고 그 의미를 분석해 비용 과목을 추정하는 모델을 구축한 것이다. 과거의 데이터를 사용해 검증한 결과, 97%의 정확도로 비용 과목을 추정했다. 이 회사는 도입한 지 1년이 지난 지금, 많은 직원이 업무 효율화에 AI가 도움이 됐다고 생각하고 있다.

📚 즉시 사용할 수 있는 모델 제공

AI는 고도의 기술을 가진 웹 기업이나 로봇 개발 등의 최첨단 분야에서만 사용하는 건 아니다. 기존의 업무 시스템과 조합하는 등 AI는 기업 시스템으로 빠르게 확산하고 있다. AI는 데이터 사이언티스트와 같은 통계 전문가를 중심으로 대량의 데이터를 다양한 알고리즘에 학습시켜 AI의 핵심이 되는 모델을 만들기 위해 PoC를 반복해 개발하는 것이 일반적이다. 하지만 PoC에서 예상한 그대로의 모델을 개발할 수 없어, 실적용을 앞두고 개발이 좌절되기도 한다.

이러한 스크래치 방식으로 AI를 개발하는 자체 개발 AI와 함께 또 하나의 선택지로 급부상한 것이 학습된 AI의 사용이다. 아마존 웹 서비스^{AWS}나 마이크로소프트 애저^{Azure}, 구글 클라우드 등 주요 글로벌 클라우드 벤더는 학습된 AI에 주력하고 있다. 클라우드 IT 전문 회사가 검색이나 스토리지라는 기존 서비스에서 취득한 불특정 다수의 이용자 데이터를 학습용 데이터로 사용해 모델을 개발하고, 그 결과를 AI서비스로 제공하는 것이다. [그림 8-6]

이미지 해석이나 자연 언어 처리, 번역, 음성의 텍스트화뿐만 아니라 추천 엔진이나 챗봇 등 최근에는 학습된 AI가 많아지고 있다.

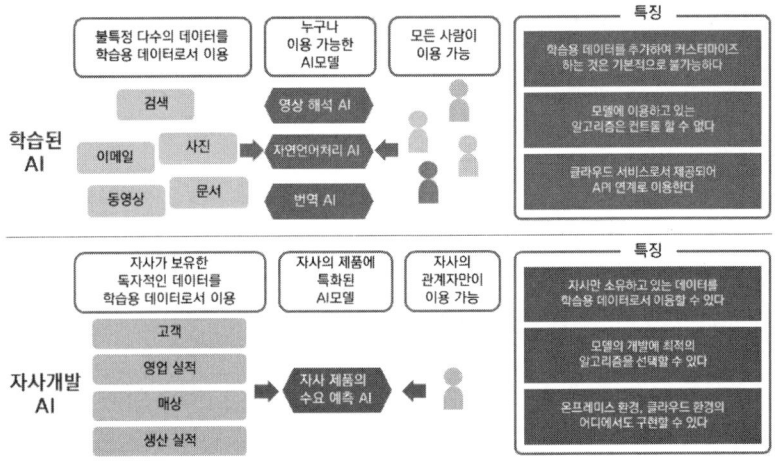

[그림 8-6] 학습된 AI와 자사 개발 AI의 차이

출전: NIKKEI SYSTEMS. (2019.9)

📚 2개의 수법에서 선택

　클라우드 서비스로 제공하는 학습된 AI는 API를 통해 기존 시스템과 접속해 이용할 수 있다. PoC를 반복하는 자체 개발 AI보다 단기간에 도입할 수 있는 이점이 있다. 도입이 용이한 반면, 학습된 AI는 사진에 찍혀 있는 테이블의 메이커를 특정하고 싶다. 앞으로 우리가 릴리즈하는 신제품의 수요를 예측하고 싶다 등의 기업 고유의 세세한 요망은 만족시킬 수 없다. 사진에 찍혀 있는 물체의 개수 등 범용적인 분석밖에 할 수 없다. 그러므로 AI를 도입할 시에는 학습된 AI와 자사 개발 AI의 특징을 파악하여 선택지를 정한다. 선택의 포인트는 크게 3가지다. [그림 8-7]

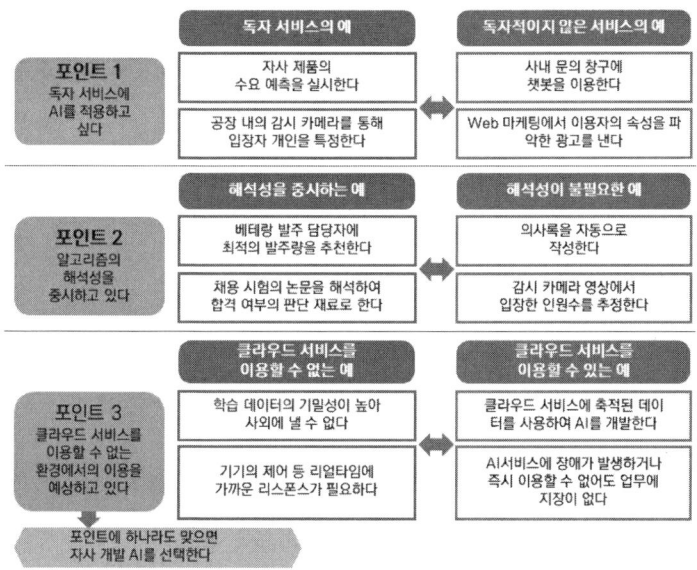

[그림 8-7] 학습된 AI와 자사 개발 AI의 선택 포인트

출전: NIKKEI SYSTEMS. (2019.9)

첫 번째 포인트는 기업이 독자적인 서비스에 AI를 이용하고 싶은지의 여부이다. 학습된 AI서비스는 상품이나 인물을 특정하는 등 자사 전용 모델은 개발할 수 없다. 자사 고유의 서비스에 이용할 시에는 자사 개발 AI를 선택해야 한다. 두 번째 포인트는 AI가 어떤 계산 과정을 거쳐 결과를 이끄는지 알 필요가 있는지이다. 계산 과정이 명확한 AI를 해석성이 높다고 말한다. 해석성이란 인간이 이해할 수 있는지를 의미한다. 심층 학습과 같이 인간이 그 계산 과정을 이해하기 어려운 AI는 해석성이 낮다.

일반적으로 학습된 AI서비스는 학습용 데이터 내용이나 알고리즘을 공표하지 않는다. 공표하는 것도 전문적인 논문 등에 제한되므로 높은 해석성을 요구할 시에는 자사 모델을 개발할 필요가 있다. 마지막 포인트는 클라우드 서비스를 이용할 수 있는지이다. 학습된 AI서비스는 단점이 있다. 네트워크에 접속할 수 없는 환경에서는 이용할 수 없다는 것이다. 인터넷 사용이 가능한 환경일지라도 학습된 AI를 사용하는 것이 바람직하지 않을 경우도 있다. 예를 들어, 인터넷을 통해 AI로 공장 기기의 이상을 검지하고 리얼타임으로 제어할 경우, 응답 시간이 지연될 우려가 있으므로 학습된 AI의 사용이 어렵다.

학습된 AI를 선택하는 경우

이때에는 모델 개발은 불필요하며, AI초보자도 도입할 수 있다. API를 이용해 학습된 AI에 접속하면 바로 이용할 수 있다. 복수의 서비스를 실제로 이용하고 정확도를 비교하는 등 간단한 작업으로 도입할 수 있다.

검토 당시부터 클라우드 서비스 이용을 염두에 두고 있던 A사의 예를 보자. A사는 201X년 3월 콜센터와 사용자의 대화 음성을 자연 언어 처리를 이용해 텍스트화하는 시스템을 도입했다. 음성 데이터를 클라우드가 제공하는 학습된 AI서비스에 송신해 거의 실시간으로 텍스트화한다. 오퍼레이터는 텍스트화한 내용을 자신의 데스크탑 PC에서 웹 브라우저로 볼 수 있다. [그림 8-8]

[그림 8-8] AI를 사용한 A사 콜센터 시스템의 개요

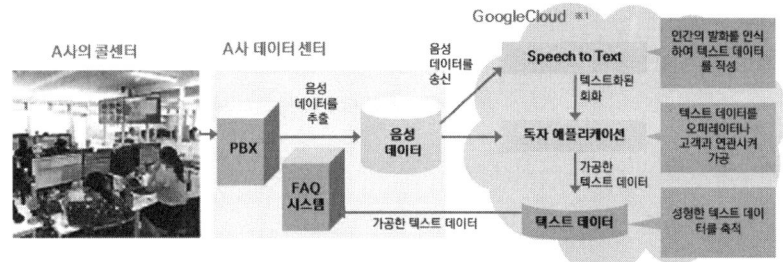

* 츄凪 정보시스템이 Google Cloud상에 구축한 콜센터 지원 서비스 'Omnis'를 이용
출전: NIKKEI SYSTEMS 2019.9

처음부터 학습된 AI서비스 도입을 상정하고 있던 A사가 실제 도입하는 데 걸린 기간은 5개월 정도다. 음성을 텍스트화하는 학습된 2개의 AI서비스를 콜센터에 도입해 정확도를 비교·검증했다. 그 결과, A사는 구글의 학습된 AI를 이용하는 MSYS Omnis를 도입했다. Omnis는 음성의 텍스트화에 구글의 음성을 문서로 이용하는 등 구글 클라우드상에서 구축한 서비스다.

📚 버전 업으로 정확도 향상

학습된 AI서비스를 선정할 때 A사가 가장 주목한 것은 음성을 텍스트화할 시의 정확도다. 비교를 시작할 당시, 어느 서비스도 정확도는 60% 정도였다. 그런데 검증 기간 중 구글 클라우드 서비스가 버전 업되면서 정확도는 80%까지 올랐고, 다른 서비스는 60% 전후까지 정확도에 변화가 없었다. 또 하나 도입 시 A사가 주목한 것은 신규로 필요한 시스템 투자이다. 구글 클라우드를 이용하는 경우, 하드웨어 투자

는 콜센터 시스템의 PBX구내 교환기에서 음성 데이터를 꺼내 보관하기 위한 서버만 있었다. 검토한 다른 서비스에서는 콜센터의 좌석별로 음성 변환용 장치가 필요한 경우도 있었다. 검증 기간 중 오퍼레이터도 말하는 속도를 늦추고, 분명히 말을 함으로써 정확도가 향상되었다. 텍스트화한 데이터는 A사가 독자적으로 구축한 FAQ 시스템에 등록해 오퍼레이터가 공유할 수 있도록 했다. 베테랑 오퍼레이터의 대응을 신입 사원이 볼 수 있게 함으로써 콜센터 업무가 향상되었다.

독자적인 용어까지 대응하기는 어렵다

A사와 같이 학습된 AI서비스를 업무 시스템에 이용하는 방법은 이미 현실화하고 있다. 개발에 앞서 시행착오를 되풀이하는 PoC 없이 서비스가 실제 환경에 도입하여 실용할 수 있는가를 시험할 수 있으므로 A사는 5개월이라는 단기간에 실시스템으로 운용할 수 있게 된 것이다. 학습된 AI는 A사가 이용한 음성 텍스트화 같은 영역 외에 수요 예측 지원이나 챗봇 개발 등 업무에 사용할 수 있는 등 그 이용 범위가 넓어지고 있다. [표 8-1]

[표 8-1] 3대 클라우드가 제공하는 주요 학습된 AI서비스

	처리 내용	학습된 AI서비스명
영상	정지 화면 분석	Amazon Rekognition (AWS), Computer Vision (영상의 분류, Microsoft), Face (얼굴의 검출, Microsoft), Vision API (Google)
	동영상 분석	Translation API (Google), Video Indexer (Microsoft)
음성, 문서	음성의 텍스트화	Amazon Transcribe (AWX), Google Cloud Speech-to-Text (Google), Speech to Text ※1 (Microsoft)
	자연언어 해석	Amazon Comprehend(AWS), Natural Language API(Google), Text Analytics API (Microsoft)
	텍스트의 음성화	Amazon Polly(AWS), Google Cloud Text-to-Speech(Google), Text to Speech ※1 (Microsoft)
	번역	Amazon Translate (AWS), Speech Translation (음성의 해석, Microsoft), Translator API (문서의 해석, Microsoft), Translation API (Google)
	챗봇	Amazon Lex (AWS),
업무계	Recommendation	Amazon Personalize(AWS), Recommendation AI (Google)
기타	기타	Amazon Forecast (시계열을 사용한 데이터의 예측, AWS), QnA Maker (Q&A의 생성, Microsoft)

※1 「Speech Service」로서 제공

AWS의 경우, 이미 10종 이상의 서비스를 제공하고 있다. 일반적인 문서 해석 서비스만이 아니라 의료용 서비스를 제공하는 등 사용자의 요청에 따라 그 대상을 확대하고 있다. 단, 학습된 AI는 어디까지나 범용 데이터를 사용해 개발된 AI다. 도입이 쉬운 것은 큰 이점이지만, 업계 용어나 기업 특유의 용어가 많은 경우에는 정확도가 낮아질 수밖에 없다.

추가적인 노력을 고려하여 선택

학습된 AI의 간편성을 토대로 자사 업무에 적합한 AI를 이용하고 싶다는 요건에 부응하기 위해 조금씩 늘리고 있는 것이 사용자에 의한 추가 학습이 가능한 학습된 AI서비스다. 사용자가 독자적으로 준비한 데이터를 학습된 AI에 학습용 데이터로 입력함으로써 학습된 AI를 이

른바 커스터마이즈customize할 수 있는 서비스다.

　추가로 학습시키는 것을 전이 학습이라고 하며, 마이크로소프트나 구글이 20X7년 무렵부터 조금씩 서비스를 제공하고 있다. 구글은 AutoML 시리즈로 영상 해석이나 자연 언어 처리 등의 분야에서 서비스를 제공하고 있다. 대부분 프로그래밍이나 통계 지식은 불필요하므로 GUI 베이스 조작으로 추가 학습이 가능하다. 추가 학습은 유용하게 보일지 모르지만, 데이터를 준비하는 노력이 들어간다는 점을 기억해야 한다. 결국 정확도와 노력의 밸런스를 고려해 추가 학습이 필요한지를 판단해야 한다.

자체 개발 AI는 모델에 주의해야 한다

　자사에 적합한 모델을 개발하는 자체 개발 AI가 AI 도입의 주류를 이루고 있다. 자체 개발 AI는 모델의 개발에서 끝나는 것이 아니라 그 후에도 다양한 작업이 필요하다. 앞으로는 템플릿의 활용으로 모델 개발 노력은 줄어들 전망이다. AI핵심인 모델을 처음부터 개발하는 자체 개발 AI는 학습용 데이터 준비, 알고리즘 선정, 모델 개발 등을 할 때 시행착오를 빼놓을 수 없다. 반면, 잘되면 정확도 등에서 자사에 딱 맞는 AI를 개발할 수 있는 장점이 있다.

　현재 대규모 AI 도입 프로젝트는 스크래치로 모델을 개발하는 것이 일반적이다. 실제로 자사 개발 AI를 도입하기 위해 유의해야 할 점은 무엇일까? 모델 선정만이 아니라 선정한 모델을 구현하기 위한 조정이 중요하다. C사는 201x년 10월 자사 개발 AI를 활용해 기존의 자동 여신 시스템 기능을 강화했다. 자동 여신 시스템은 사용자의 채무 불이행 리스크 등을 추가해 대출 한도액을 산출하는 시스템이다. AI개발에는 약 1년이 걸렸다. C사는 나이나 직업과 같은 사용자 정보, 차입 상황 등의 신용 정보만이 아니라 거래 기록에 근거해 여신을 공여하고 있었다. 이 중 거래 정보를 이용하는 기능에 자사 개발 AI를 적용했다. 지금까지는 AI를 이용하지 않고 개발한 로직을 이용했다.

모델을 간소화해 구현

C사는 프로젝트 개시 때 AI를 도입해도 블랙박스가 되지 않게 하는 것을 개발 방침의 하나로 정했다. 그 이유는 설명·책임 때문이다. 금융 당국 감독 시 여신 산출 로직을 설명하라고 할 수 있기 때문이다. 학습용 거래 실적 데이터는 C사가 준비하고, 모델 개발은 컨설팅 회사가 수행했다. 컨설팅 회사가 개발한 모델 중 C사가 모델을 선정할 때 상환이 어려운 사람을 효율적으로 판별한다는 관점에서 정확도를 중시해 선택했다. AI를 사용하고 있지 않은 경우의 로직과 비교해 안정적으로 높은 정확도가 나올지를 평가했다. 중요한 것은 여기에서 선택한 모델을 그대로 자동 여신 시스템에 구현하지 않았다는 점이다. 선택한 모델을 참고로 수식을 간소화한 새로운 모델을 구현용으로 개발했다. [그림 8-9]

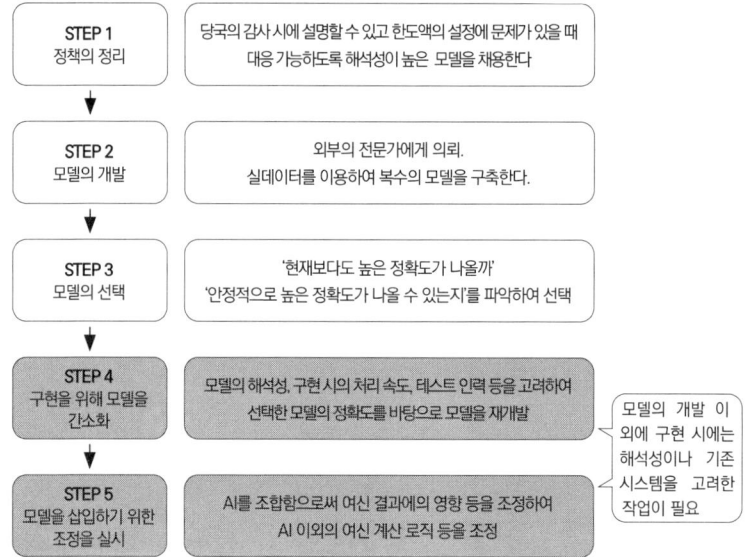

[그림 8-9] C사의 AI를 사용한 여신 시스템 개발의 경위(예)

출전: NIKKEI SYSTEMS. (2019.9)

일반적으로 모델 개발이 끝나면 자사 개발 AI는 완성됐다고 볼 수 있다. 그러나 C사는 모델 완성 후에도 구현을 위한 작업을 계속했다. 이유는 크게 2가지다. 개발한 모델은 매우 복잡하고 해석성이 낮아 블랙박스로 하지 않는다는 개발 방침을 충족시키지 않았기 때문이다. 또 하나는 모델 로직이 복잡하고 해석성이 낮으면 기존 시스템에 내장 Embedded할 때나 구현 후 보수 시 부담이 커진다고 판단했기 때문이다. 이미 작동하고 있는 시스템에 모델을 삽입시키기 위해서는 본가동 환경에 미치는 영향의 조사도 필요하다.

📚 템플릿으로 시행착오 줄여

 자체 개발 AI를 만드는 데 부딪히는 장애물은 학습된 AI를 이용하는 것보다 높은 것이 현실이다. 앞으로는 그 허들이 낮아질 전망이다. 같은 업종에서 AI를 사용해 해결하고 싶은 문제가 같으면 템플릿을 적용할 수 있기 때문이다. 템플릿을 이용함으로써 모델 개발 시 많은 시간이 소요되는 학습용 데이터 준비나 알고리즘 선택 작업을 단축해 개발 공수를 줄일 수 있다. 모델 개발을 포함한 자사에서 AI를 개발하는 노하우는 지금 많은 소프트웨어 개발 회사가 축적하고 있다. 패턴화로 앞으로 AI시스템 개발이 한층 더 효율화될 것으로 예상된다. [그림 8-10]

[그림 8-10] 모델 개발을 단기화하기 위한 템플릿이 등장하고 있다

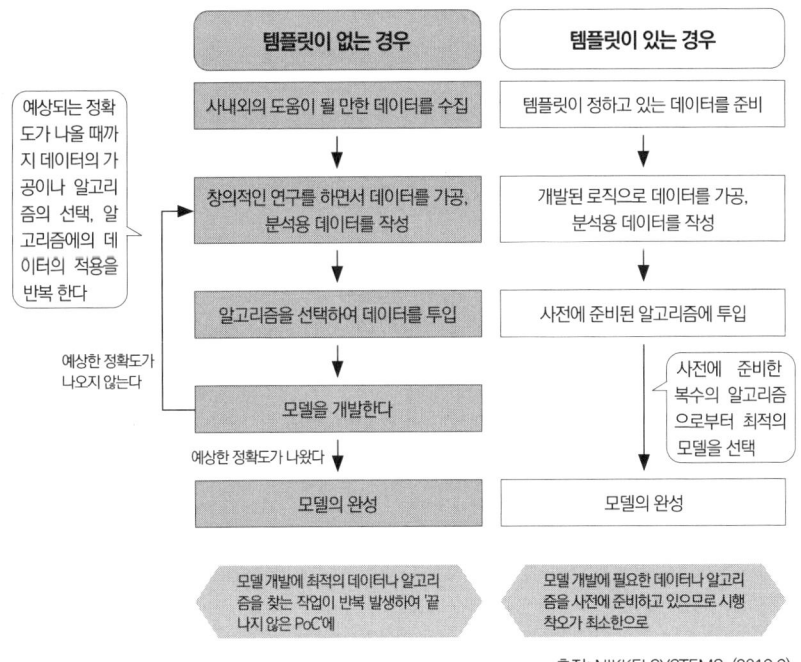

출처: NIKKEI SYSTEMS. (2019.9)

8-3
팀 편성과 프로젝트 계획서

　기업 내 여러 부서가 하나의 팀을 구성해 진행하는 AI프로젝트는 부서 간 세력 다툼이나 각자의 처지에서 분출하는 서로 다른 주장이 프로젝트 진행을 방해하기 쉽다. 이런 문제를 방지하려면 겸직이 아닌 전담으로 태스크 포스^{TF}를 구성해 진행해야 한다.

📚 부문 간의 세력 다툼이나 분출하는 서로 다른 주장

　각종 설비 데이터를 수집, 고장 예측을 하는 서비스를 신규로 개발하는 AI 도입을 생각해 보자. [그림 8-11]과 같이 4개 정도 부서가 참여하게 된다.

[그림 8-11] AI프로젝트에 참여하는 부문(예)

부문	예상되는 역할
경영 기획 부문	신서비스 시스템 도입의 기획 리드 신서비스 사업 계획 작성 사내 부문 간 조정
영업 부문	신서비스에 대한 내용을 기존 고객에게 설명 시스템 요건 정의 및 사용자 인수 테스트(UAT)
정보 시스템 부문	기존 시스템과의 인터페이스 설계 개발 스케줄의 책정 진척 관리·과제 관리 등의 프로젝트 관리, 벤더 관리
관리 부문 (경리·법무 등)	매출, 코스트 계상 방법의 검토 규약·계약 내용의 검토

출전: 기획입안에서 시스템 개발까지 실제로 사용할 수 있는 DX프로젝트 교과서 (일경BP사, 2020.3)

 이처럼 여러 부서가 참여하는 프로젝트는 부서 간 세력 다툼이나 과업(태스크)에 대한 각자 입장을 주장하는 일이 비일비재하다. 조금 어려운 일은 타 부서에서 처리해 줄 것이다, 라는 안이한 생각도 자주 발생해 프로젝트가 난관에 빠지는 경우도 생긴다. 기존 상품이나 서비스를 판매하고 있는 영업 부서도 신서비스에 강한 저항을 보이기도 한다. 신서비스가 자신들의 영역을 침식하거나 때에 따라서는 파괴할 가능성이 있다고 생각하기 때문이다.

 프로젝트에 참여하는 멤버가 자신이 소속한 부서의 입장(포지션 토크)만 대변하면 프로젝트가 잘 진행되지 않는다. 이를 방지하기 위해 신서비스 추진을 위한 TF를 구성하고 각 부서의 인재를 AI 도입에 전담으로 참여시켜야 한다. 각기 다른 부서에서 온 멤버라고 할지라도 같은 프로젝트 일원이 되면 협력 체제를 구축하기 쉬워진다. 모든 멤버가 자신이 속한 부서와 파이프라인을 가지고 있으므로 정보 수집 등도 원활해진다. [그림 8-12]

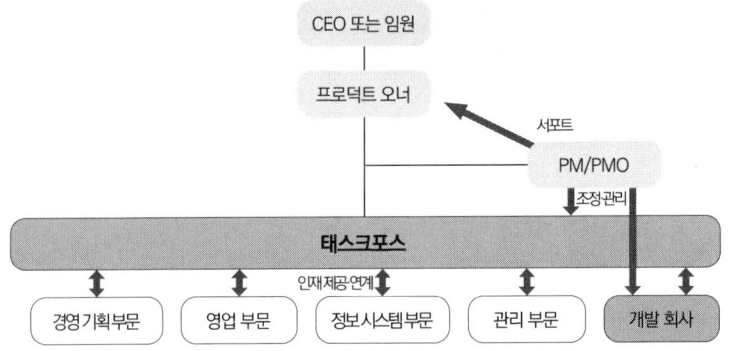

[그림 8-12] 각 부문에서 AI프로젝트 전임자를 보낸다

출처: 기획입안에서 시스템 개발까지 실제로 사용할 수 있는 DX프로젝트 교과서 (일경BP사, 2020.3)

📚 프로덕트 오너 Product owner를 두는 목적

이렇게 프로젝트 팀을 갖춘 다음 TF 책임자로 프로덕트 오너를 임명한다. 프로덕트 오너 임명은 크게 두 가지 목적이 있다. 하나는 신속한 의사 결정을 위해서다. 멤버 간에 의견이 갈렸을 때 결국은 누군가가 결정하지 않으면 안 된다. 이때 신서비스 본연의 모습을 그리는 역할을 맡은 프로덕트 오너가 의사 결정을 한다. 또 하나는 제품이나 서비스 통일감, 정합성을 확보하기 위해서다. 시스템 기능 개발을 각 담당자에게 위임하면 정합성이 떨어진 시스템이 만들어질 수 있다. 각 멤버는 각자의 담당 기능밖에 알 수 없으므로 다른 기능에 대한 흥미나 관심이 없을 수 있다. 이것을 방지하기 위해 프로덕트 오너가 항상 서비스를 구성하는 시스템을 종합적으로 보고 전체 통일감이나 정합성을 확보해야 한다.

▓ CEO나 임원을 끌어들인다

프로젝트에 CEO나 임원을 끌어들이는 것도 중요하다. TF의 최종 승인권자로서 AI 도입을 승인해 줘야 한다. 최종 승인자로서 또 회사 전체의 길라잡이로서 CEO나 임원은 프로젝트가 본래의 목적을 달성할 수 있게 방향을 잡아 주는 역할을 해야 한다. 신서비스가 기존 사업에 위협이 될 가능성이 있는 경우, 기존 사업 담당 임원으로부터 반대 의견이 나올 우려가 있다. TF의 프로덕트 오너는 임원보다도 하위 직급일 경우가 많기 때문에 이를 조정하기 힘들다. 이때 CEO나 임원이 리더십을 발휘해 기존 사업 부서의 압력을 막아 줘야 신서비스 기획이 제대로 이뤄질 수 있다.

▓ IT 부문을 외부 조달하는 경우의 메리트

AI 도입에 IT 부서는 어떻게 관여해야 할까? 많은 경우, AI 도입에서 프로덕트 오너는 기획 부서나 각종 사업 부서 등의 실무 부서 출신자가 참여한다. 실무 부서 출신자는 IT 전문가는 아니기 때문에 IT 부서의 측면 지원이 필요하다. 구체적으로는 프로젝트 매니저^{PM}나 프로젝트 매니지먼트 오피스^{PMO} 역할을 IT 부서가 담당한다. 이러한 역할은 IT 시스템 지식이 없으면 제대로 수행을 할 수 없다. 예를 들면, 개발 공정이 없으면 전체적으로 어떤 작업이 발생할지, 어느 정도 비용이나 기간이 필요한지 등을 알 수 없다.

PM의 역할은 서비스 시스템 개요 정리와 전체 시스템 구성 작성, 서비스 개발 스케줄 작성 등이고, PMO 역할은 진척 관리나 과제 관리,

변경 관리, 예산 관리 등 벤더 관리 등이다. 기업에 따라 IT 부서가 기존 시스템의 보수 및 운용에 바빠 IT인력을 할애할 수 없거나 기획 구상 단계 업무 경험이나 스킬을 가진 인재가 부족한 경우도 있다. 이때 IT 부서의 역할을 맡길 팀을 외부에서 조달해야 한다. 우선은 개발을 의뢰하고자 하는 소프트웨어 개발 회사가 후보로 떠오른다. 개발 회사에 스킬을 가진 인재가 없으면 기획 및 구상 등의 스킬이나 경험이 있는 컨설팅 회사 등에서 조달하기도 한다. 사외 멤버가 들어오면 사내 의견 조정이나 작업 관리가 쉬워지는 측면이 있다. 특히 공공이나 대기업에서는 부서 간 영역^{Island} 의식이 뿌리 깊게 존재한다. IT 부서가 태스크 포스나 다른 부서의 담당자에게 작업을 의뢰하거나 작업 관리를 하면 왜 당신들의 지시를 받아야 해! 라는 반발이 생길 가능성이 높기 때문이다.

그 작업을 외부 사람이 하면 의외로 솔직히 협조해 주기도 한다. 사내 사람에게는 이것저것 지휘를 받고 싶지 않지만 외부 사람이라면 받아들일 수 있다는 인간의 심리가 있다. 이 심리를 이해해 외부의 힘을 잘 이용하는 것이 프로젝트를 원만히 진행하는 요령 중 하나다.

📚 AI야말로 프로젝트 계획서가 필요

AI 도입으로 신시스템을 개발하는 경우, 복수의 부서가 관여하게 된다. 또, 개발 회사 등 사외 멤버도 많아진다. 그래서 중요한 것이 프로젝트 계획서다. AI 도입에서도 통상의 시스템 개발 프로젝트와 같이 프로젝트 계획서가 꼭 필요하다. 새로운 업무를 추진하려고 할 때는 왜 무엇을 하려고 하는지를 명문화해 제대로 설명할 필요가 있다. 관계자가 그 시스템의 필요성이나 의의, 내용을 이해할 수 없으면 방관자적인 태도를 가지게 될 우려가 있다. 프로젝트 계획서에는 추진 체제나 역할 분담, 스케줄, 회의체 등 세세한 사항을 포함해야 한다. 이들을 명문화하지 않으면 관계자는 어디에서 어떻게 협력하면 좋을지 몰라 비협조적인 태도를 갖게 될 우려가 있다.

아래 [그림 8-13]은 프로젝트 계획서의 예를 보여 주고 있다. AI 도입에 참여하는 멤버들이 프로젝트의 내용을 쉽게 이해할 수 있도록 정리한 일종의 청사진이다.

[그림 8-13] AI프로젝트에서의 프로젝트 계획서의 예

콘텐츠	기재 내용
기획 배경	• 신서비스 기획의 배경 (왜 이 기획 이야기가 나왔는지를 정리한다)
기획 내용·목적	• 신서비스의 기획 내용(타깃이나 과제·해결안) • 신서비스의 목표·목적
신 서비스의 전체 모습	• 이용자나 전사 차원의 업무, 시스템을 포함한 전체 그림 • 시스템 구성도와 구성의 설명
프로젝트 작업 내용	• 출시(릴리즈)까지 발생하는 작업의 목록
체제·역할	• 체제도와 의사 결정 프로세스 • 관계자의 역할 분담
리스크	• 발생할 수 있는 리스크의 목록과 해결 방법
스케줄	• 마일스톤 • 마스터 스케줄
관리·운영 방법	• 회의체의 목적, 정보 공유의 룰(Rule) • 진척 관리 등 프로젝트 관리 방침

출전: 기획입안에서 시스템 개발까지 실제로 사용할 수 있는 DX프로젝트 교과서 (일경BP사, 2020.3)

8-4
왜 일괄 발주는 안 되는가?

📚 안건 전체의 일괄 발주를 권장하지 않는 이유

다양한 전문 인력이 참여하는 AI 도입은 자사 인력만으로 프로젝트를 진행하기 어려워 협력 회사 도움을 받아 수행하는 경우가 많다. 단, AI 도입은 불확정 요소가 많기 때문에 협력 회사에 발주를 할 때 일괄 도급 방식은 바람직하지 않다. 요건 정의 단계 이후에는 PMO 조직도 필요하다. 지금까지 AI 도입 진행 방식에 대해 각 단계별 작업 프로세스나 성과물에 대해 설명했다. 마지막으로, AI 도입을 진행할 때 발주 프로세스에 대해 알아보자.

프로젝트 내용에 따라 다르지만 AI 도입은 일반적으로 다양한 전문 인력이 필요하다. AI나 IoT, 빅 데이터 등의 디지털 기술에 능통한 인력과 웹 서비스의 경우 UX/UI를 잘하는 인력, 또 제품의 경우는 프로덕트 디자인에 강한 인재가 요구된다. PM이나 IT 담당이 자사 안에서만 모든 인력을 조달할 수는 없을 것이다. [그림 8-14]와 같이 협력 회사 지원을 받아 AI 도입을 수행한다. 이때 협력 회사에 어떻게 지원을 요청하고 발주 회사를 선정하는 방법에 대해 AI 도입 특징을 근거로 설명한다.

[그림 8-14] 프로젝트의 관리 조직으로서 PMO를 설치한다

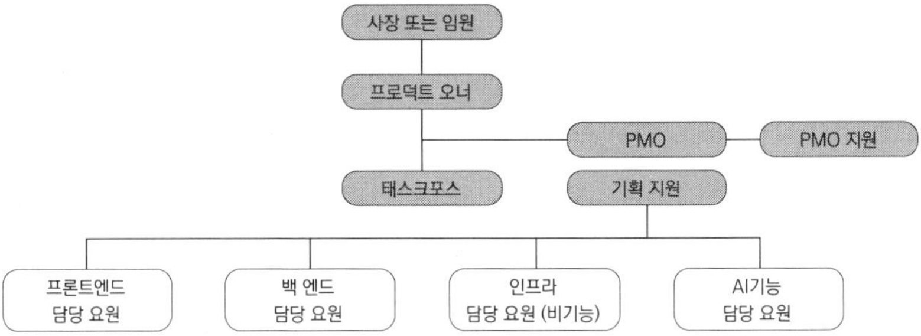

```
                    사장 또는 임원
                         │
                    프로덕트 오너
                         │
                ┌────────┼────────┐────── PMO ────── PMO 지원
                │                 │
            태스크포스          기획 지원
                │
    ┌───────────┼───────────┬───────────┐
 프론트엔드    백 엔드      인프라      AI기능
 담당 요원   담당 요원  담당 요원(비기능) 담당 요원
```

출처: 기획입안에서 시스템 개발까지 실제로 사용할 수 있는 DX프로젝트 교과서 (일경BP사, 2020.3)

📚 안건 전체의 일괄 발주를 권장하지 않는 이유

협력 회사에 발주하는 방법으로 연도 내 예산 소화를 위해 IT 전문 회사에게 일괄 도급 방식으로 요청하는 경우가 많다. IT 전문 회사는 수주가 우선이기 때문에 프로젝트 내용을 낙관적으로 파악하기 쉽다. 따라서 일을 너무 쉽게 생각하고 도급 방식으로 계약을 하는 것은 바람직하지 않다. AI 도입은 불확정 요소가 너무 많기 때문이다. 불확정 요소를 몇 가지 들어 보면 다음과 같다. ①구상 단계에서 타깃으로 하는 서비스 이용자의 종류나 해결하고 싶은 과제 내용에 따라 AI시스템 개발 방법이 크게 다르다. ②구상 단계에서 정의한 요건 내용이 요건 정의 단계에서 바뀔 수 있다. ③개념 실증^{PoC} 결과 기술 재검토나 서비스 재검토가 필요하게 될 가능성이 높다.

이처럼 프로젝트 범위나 스케줄에 상당한 변경이 일어날 가능성이 높다. 이렇게 변경이 일어나기 쉬운 AI 도입을 일괄 도급 방식으로 납품 기한이나 예산의 틀을 정하는 것은 리스크가 상당히 높을 수밖에

없다. 기한까지 프로젝트가 끝나지 않아 납품을 할 수 없을지도 모른다. 어설픈 프로덕트^{Product}나 서비스가 돼 결국 이를 버리고 다시 만들게 될지도 모른다.

SI 방식의 시스템 개발은 구상 단계부터 일괄 도급 방식으로 프로젝트를 발주할 수도 있다. 기존 시스템의 기능 수 등을 이용해 견적을 낼 수 있기 때문이다. 물론 이 경우에도 리스크는 있다. 그러나 AI 도입은 혁신적인 시도를 하는 것이므로 전례가 없어 곤란하다. 설령, 개발 회사가 유사 개발 사례를 갖고 있다 해도 발주 회사의 조직 체제나 보유하고 있는 데이터 자산 등이 크게 다르기 때문에 일괄 도급 발주는 리스크가 클 수밖에 없다.

결국 AI 도입은 무엇을 어디까지 할 수 있는가? 라는 전망이 없는 상태에서 시작하게 된다. 발주자인 사용자 희망은 기한 내에 좋은 서비스를 만들어 달라는 것이다. 그러나 수주하는 벤더측은 AI시스템 구축 범위도 알지 못하므로 가능한 범위에서 한다는 등의 생각으로 개발을 한다. 서로가 이러한 인식의 갭이 있는 가운데 프로젝트를 함께 진행하면 서로 생각이 달라 프로젝트가 잘 진행되지 않는다. 이에 구상 단계에서 릴리즈까지를 일괄 도급 방식으로 발주하는 것은 바람직하지 않다. 프로젝트의 단계별 특성에 맞는 발주 방법을 생각해야 한다.

📚 PMO 조직을 설치한다

단계별 발주를 생각한 다음 검토해야 할 것은 PMO$^{Project\ Management\ Office}$ 조직 구성이다. AI 도입은 요건 정의나 PoC 단계부터 복수의 협력 회사가 참여한다. 그리고 요건 정의의 진행 방식에서 설명한 대로 복수 회사 간에 상호 의존 관계가 발생한다. 그러므로 프로젝트를 진행할 때는 의존 관계를 전제로 한 전체 스케줄 작성이나 각 사의 작업 상황을 적절히 파악, 각 회사 간에 원활한 연계가 이뤄질 수 있게 조정할 필요가 있다. 즉 요건 정의 단계 이후는 PMO와 같은 관리 조직이 필요하다.

PMO는 벤더 관리만이 아니라 사내 부서 간 조정 기능도 담당한다. AI 도입은 관계자가 많기 때문에 하고 싶은 것과 산출물에 대한 설명, 협력(확인) 요청 등 할 일이 매우 많다. PMO 조직은 누가 맡으면 좋을까? 발주자인 사용자 기업의 IT 부서이 담당하는 경우 시스템 개발의 순서를 이해하고 있다는 장점이 있다. 그러나 실제로는 PMO를 IT 부서가 담당하면 잘 안되는 경우가 많다. 아래 대화를 보자.

PM: (IT 담당에게) 프로젝트 관계자가 상당히 많아지고 있으므로 PMO를 잘 부탁합니다.

IT 담당: 네, 벤더 관리는 잘할 수 있습니다. 맡겨 주십시오.

PM: 마케팅 부서이나 상품 기획 부서, 업무 부서에도 앞으로는 여러 가지 요청을 해야 할 겁니다.

IT 담당: 음…. 조금 힘들겠네요.

PM: 왜요?

IT 담당: 평소에도 요청한 것에 대한 기한을 좀처럼 지켜 주지 않고 정보 제공도 안 해 주는 경우가 많습니다.

PM: 맞아요. 그들은 평소부터 사용자 요건을 내는 쪽이죠. IT 부서는 버그가 나오면 사과하는 입장이고 왠지 알력 관계가 있지요.

이처럼 대기업이라면 역시 IT 부문보다 마케팅 부서, 기획 부서, 업무 부서의 힘이 강한 경우가 많다. 시스템을 개발하는 개발자보다 시스템을 이용하는 이용자에게 발언권이 있다. 또 대기업에는 부서 간 영역 Island 의식이나 부서 간 종적 구조가 강하다고 생각하는 사람도 적지 않다. 이러한 조직 구조에서 IT 부서가 PMO를 맡으면 관련 부서가 PMO가 말하는 것을 들어주지 않아, 프로젝트가 잘 진행되지 않는 사태가 일어날 수도 있다. 그러므로 외부 컨설팅 회사나 SI 회사 등 매니지먼트가 우수한 회사에 PMO의 지원을 위탁하는 것도 하나의 선택지다.

8-5
단계별 발주 방법

발주 회사 선정 기준을 명확하게 해 구상 단계는 인력 지원$^{\text{Man-Month}}$ 계약 방식을 선택한다. 협력 회사 선정 방법은 자사에서 부족한 것이 무엇인가에 따라 달라진다. 무엇이 필요한지를 파악한 후에 그것을 잘하는 회사를 선택한다. 프로젝트 단계에 따라 발주 방법을 달리하는 것도 중요하다. 구상 단계는 도급 계약 방식보다는 인력 지원 계약 방식이 적합하다.

구상 단계의 협력 회사 선정 방법

특히 구상 단계는 기획, 전략 입안, 계획 작성, 벤더와의 조정 같은 작업이 필요하다. 그러나 이러한 일들을 잘할 수 있는 인력을 적시에 투입할 수 있는 기업은 많지 않다. 이런 경우에는 기획에 강한 회사에 지원을 의뢰하여 필요한 요원을 조달해야 한다. [그림 8-15]

[그림 8-15] 기획 지원 요원이 필요하게 된다

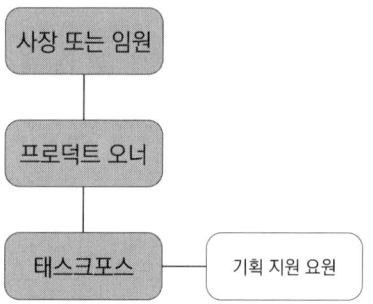

출전: 기획입안에서 시스템 개발까지 실제로 사용할 수 있는 DX프로젝트 교과서 (일경BP사, 2020.3)

그럼 어떠한 회사에 지원을 의뢰해야 하는가? 후보가 되는 회사와 회사를 선정할 시에 중요시하는 포인트는 [그림 8-16] 과 같다.

[그림 8-16] 구상 단계의 협력 회사의 후보와 선정 기준

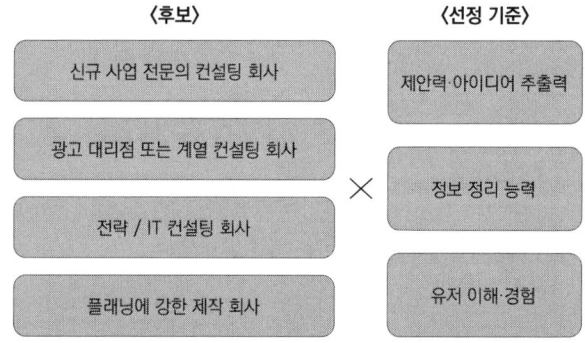

출전: 기획입안에서 시스템 개발까지 실제로 사용하는 DX 프로젝트의 교과서 (일경BP사, 2020. 3)

후보가 되는 회사는 신규 사업 전문 컨설팅 회사, 광고 대리점/대리점 계열 컨설팅 회사, 전략/IT 컨설팅 회사, 기획에 강한 기획 및 제작 회사 등이 있을 수 있다. 단, 이들 회사에는 장단점이 있으므로 선정 기

준에 따라 선정 회사가 달라질 것이다. 선정 기준은 제안 능력 및 아이디어 추출 능력, 정보 정리 능력, 사용자 이해 경험 등 크게 3가지다.

선정 기준에 따라 어떤 회사를 선택해야 할지는 아래와 같다.

①선정 기준인 제안 능력·아이디어 추출 능력은 구상 단계의 필수 능력이다. '요건을 작성해 주세요' '요건을 결정해 주세요'라고 말하는 등의 지시를 기다리는 자세를 가진 회사에는 지원을 요청해도 아무것도 진행되지 않는다. 즉시 제안해 줄 수 있는 회사를 선택해야 한다. 최근에는 아이디어 지원이나 아이디어 구체화에 자신을 갖고, 디자인 사고나 아이디에이션^{ideation}=아이디어를 내는 방법을 전문으로 하는 신사업 전문 컨설팅 회사도 생겨나고 있다.

②정보 정리 능력이다. 구상^{Plot} 단계는 아직 여러 가지가 확정되어 있지 않은 상황이므로 아이디어, 희망 사항, 기대, 시장 조사 결과 등 많은 입력 정보를 다룬다. 이들 정보를 모두 똑같이 취급하는 것은 리소스나 일정 면에서 곤란하다. 구상을 단계에서는 필요한 정보는 매우 한정되어 있다. 그러므로 방침이나 중심축을 정해 놓고 다뤄야 할 정보의 우선순위를 매기는 등 논리적 사고 능력$^{Logical\ thinking}$이 필요하다. 이는 전략 및 IT 컨설팅 회사가 강하다.

③이용사에 대한 이해 경험이다. 여기에서 말하는 이용자는 서비스 이용자를 말한다. 구상 단계는 어느 서비스 이용자의 어떤 과제를 어떻게 해결해야 할지를 결정한다. 이 작업은 논리적 정리도 중요하지만 역시 서비스 이용자에 대한 이해가 중요하다. 소비자용 서비스라면 자사가 파악하고 있는 통계적인 이용자 정보만이 아니라 세대별 가치관의 차이나 지역성, 트렌드 등의 이해도 중요하다. 또, 자료나 정보만으로 이용자를 이해하고 있는 사람보다는 실제 이용자와 접촉할 기회가

많은 사람이 얻을 수 있는 정보량이 많고 정보의 질도 우수하다. 이용자가 더욱 매력적인 기획 아이디어를 낼 수도 있다. 이용자 이해 경험에 대해서는 소비자용 서비스라면 광고 대리점 또는 계열 컨설팅 회사나 기획을 잘하는 기획 제작 회사가 강하다. 평소에 소비자를 접할 기회가 많기 때문이다.

또 기업용 서비스는 신규 사업에 강점이 있는 컨설팅 회사 또는 영업 담당자 등 자사의 인력에 의뢰하는 것이 좋을 수도 있다. 이러한 모든 조건을 갖추고 있는 회사는 존재하지 않는다. 그러므로 자사에서 부족한 기능이나 지원을 받고 싶은 것이 무엇인지를 명확히 하여 지원 회사를 선택해야 한다. 특히 구상 단계는 시스템 개발 진행 방식이나 AI 등 테크놀로지 지식도 필요하다. 주^{Main} 협력 회사에 IT 및 AI인재 조달을 의뢰하는 것도 좋다. [그림 8-17]

여러 회사에 발주하면 회사 간 조정을 하거나 각각의 회사에 같은 설명을 해야 하는 등의 커뮤니케이션 비용이 높아지게 된다. 기획안 작성에 집중하기 위해서도 불필요한 작업 비용이 발생하지 않는 체제를 갖춰야 한다.

[그림 8-17] AI 등의 기술 요원을 조달한다

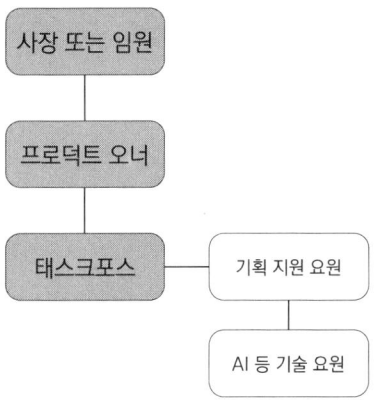

출전: 기획입안에서 시스템 개발까지 실제로 사용하는 DX 프로젝트의 교과서 (일경BP사, 2020. 3)

📚 구상 단계는 준위임 방식 발주가 적합

구상 단계의 주^{Main} 협력 회사는 준위임 방식으로 발주하는 것이 좋다. 도급으로 발주하는 경우 개발자는 스콥^{Sope} 이외 작업은 하지 않으려는 심리가 생긴다. 그러나 구상 단계는 기획 단계가 진행되면 작업이 증가하는 경우가 많이 있다. 예를 들면, 구상 단계 시작 시에는 어느 부서나 시스템과 조정이 필요한지 보이지 않는 경우가 많다. 그러나 기획 내용이 명확해짐에 따라 부서 간 필요한 조정이 보이기 시작한다. 또, 관계자의 리뷰를 진행하면서 새로운 정보나 제안 조건이 명확해지면서 기획안을 재검토할 필요가 생기는 경우도 생각할 수 있다. 이처럼 작업 내용 변화에 유연히 대응할 수 있는 발주 방법을 택해야 한다. 회사에는 발주자인 이용자와 최대한 가까이 있도록 하여 바로바로 일을 의뢰할 수 있고, 상담할 수 있는 환경을 만들어 간다는 면에서도 준위임 방식 발주가 적합하다. 단, 구상 단계에서 실시하는 정량적인 조사나 정성적인 조사 등 작업 스콥이나 납기가 명확한 작업은 도급 방식으로 발주할 수 있을 것이다.

요건정의/PoC/테스트 마케팅 단계의 협력 회사 선점 방법

요건 정의와 PoC, 테스트 마케팅 단계는 구상 단계에서 조달한 기획 지원 요원 이외에 다음과 같은 요원이 필요하다. 프론트엔드(UI/UX) 요원, 백 엔드(서버 사이드) 요원, 인프라(비기능) 요원, AI기능 요원 등이다. 또, 요건 정의 단계도 기획 내용은 변할 가능성이 있다. 그러므로 기획 지원 회사에는 계속 지원 요청을 할 필요가 있다. 프로젝트 추진 체제는 [그림 8-18]과 같다.

[그림 8-18]에서 보여 주고 있는 4종류의 요원 조달처와 선택 방법을 알아보자.

[그림 8-18] 요건 정의 / PoC / 테스트 마케팅 단계에서 필요한 요원 체제

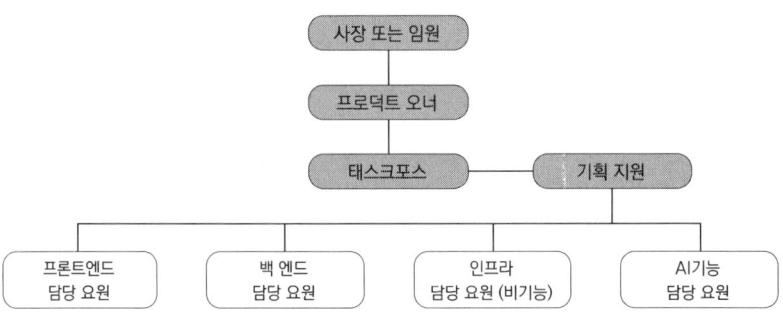

출전: 기획입안에서 시스템 개발까지 실제로 사용하는 DX 프로젝트의 교과서 (일경BP사, 2020. 3)

프런트 엔드 요원의 조달처 선정 방법

프런트 엔드 요원은 기획과 개발 회사에서 조달한다. 기획과 개발 회사는 웹 사이트나 모바일 애플리케이션의 프론트 엔드에 강한 것이 일반적이다. 백 엔드 개발 기능은 갖고 있는 회사도 갖고 있지 않은 회사도 있다.

발주 회사 선정 시 체크 포인트는 UI/UX 디자인 능력, 개발 실적과 최신 기술 및 기능을 이용하고 있는가? 등과 담당자의 리소스 상황 등이다. UI/UX 디자인 능력이 있는지는 논리를 갖고 UI, UX를 설계할 수 있는가를 체크하면 된다. 능력 있는 회사 담당자는 제안하는 색상이나 포맷, 배치, 릴리즈 등에 모두 이유를 설명할 수 있다. 인간 공학적인 요소, 사용자 이해에 근거하는 것 등, 이해할 수 있는 것이 많은 것이 특징이다. 벤더 선정 시 과거 실적 설명을 듣고 어떤 이유로 그 UI/UX로 한 것인가? 라고 물어보면 좋다.

다음은 개발 실적과 최신 기술 및 기능을 이용하고 있는지이다. 모바일 애플리케이션 개발 시 반드시 고려해야 할 것이 OS 사양과 제약 사항 등이다. 애플리케이션 심사 시 어떤 점을 체크해야 하는가를 잘 알고 있는 회사라면 리스크가 낮아질 것이다. 예를 들면, iOS에서는 GPS 이용 툴이 OS 버전 업 타이밍에서 변하기도 한다. 또 최근에는 데이터 모드의 대응을 필수화하는 등 미국 애플(Apple)이 애플리케이션에 요구하는 요건은 여러 가지다. 이러한 상황을 항상 관찰할 수 있는 회사를 선택해야 한다.

담당자의 리소스 상황도 확인해야 한다. 우수한 디렉터나 UI/UX 디자이너일수록 일이 집중돼 있어 결과적으로 스케줄을 지키지 못하는 경우가 많아진다. 그러므로 담당자가 될 사람이 앞으로 몇 개의 프로젝트를 병행해 담당할 가능성이 있을지 확인해 두는 것이 필요하다. 예를 들어 담당자가 3개 이상 프로젝트를 병행해 작업하고 있으면 작업 기일을 지킬 수 없을 지도 모른다.

백 엔드 요원의 조달처 선정 방법

백 엔드 요원은 프론트 엔드 요원을 부탁한 기획 및 제작 회사 등에 그 요원이 있으면 한꺼번에 요청하는 것이 효율적이다. 그러나 담당 요원이 없는 경우에는 시스템 개발 회사나 SI 회사에서 제안을 받을 필요가 있다. 시스템 개발 회사나 SI 회사에는 실적은 물론 과거에 작성한 설계서나 사양서 등의 다큐먼트를 보여 주면 더 좋다. 제대로 된 회사는 통일감이나 정합성을 취한 다큐먼트가 나온다. 그렇지 않은 회사에는 파일명이 제각각이거나 설계서가 있거나 없거나 통일감이 없는 상태로 다큐먼트가 나오는 경우가 많다.

신속을 요하는 신서비스 개발 프로젝트는 상세 설계서 등 일부의 다큐먼트는 만들지 않는 경우가 많다. 그러나 모든 다큐먼트가 불필요한 것은 아니다. 신서비스 개발 프로젝트는 기본 설계 일부 등 필요 최소한의 다큐먼트를 준비하므로 체계적인 설계 및 사양서 작성을 이해한 다음, 무엇이 어느 레벨에서 필요한지를 생각하는 능력이 필요하다. 다큐먼트를 제공하지 않는 경우에는 성과물 목록에 대한 설명서로 대체할 수 있다. 또, 분석 화면 등을 BI(비즈니스 인텔리전스) 툴을 사용해 구축하는 경우에는 BI에 능통한 인재가 있는지 여부도 포인트가 된다.

📚 AI기능 요원 조달처와 선택 방법

　AI기능 요원은 AI벤처나 AI개발 회사에서 조달한다. 기획 및 제작 회사나 시스템 개발 회사는 AI인재가 적은 경우가 많기 때문이다. AI개발 회사는 이미지 해석이나 데이터 분석, 자연어 해석 등 회사에 따라 우수한 분야가 다를 가능성이 있다. 자사가 이용할 가능성이 있는 분야에 강한 회사를 선택해야 한다. 요즘 AI개발 회사 중 대학에서 기계 학습을 배운 학생이 재학 중 창업한 회사도 적지 않다. 이들 회사 사람은 비즈니스 실무 경험이 적기 때문에 SI 회사 등에 비하면 일의 순서, 커뮤니케이션, 일의 진행 방식 등 비즈니스 스킬 면이 약한 경우가 있다. 그러므로 AI개발 실적만이 아니라 카운터 파트가 어느 정도 비즈니스 경험이 풍부한 사람인지도 체크하면 좋다.

　기술 면에서 여러 테마의 과제(분류 과제, 예측 문제, 생성 문제 등)에 대응한 경험이 있는 회사나 실적 등을 보면 좋다. 어떠한 발주 방식이 적합할까? 요건 정의 단계는 아직 업무가 유동적인 측면이 있으므로 맨먼스 방식의 발주가 좋다고 할 수 있다. 예를 들면, PoC나 테스트 마케팅의 결과, 어느 정도의 재검토 작업이 발생할지는 좀처럼 예측할 수 없다. 또 요건 정의 중 일부 요건을 저버리거나 반대로 새로운 요건을 추가할 가능성도 있다. 요건 정의 단계도 구상 단계와 마찬가지로 작업 스콥을 결정할 수 없다. 또한, PoC 개발이나 테스트 마케팅 등 기일이나 스코프가 명확한 작업은 일괄 도급 방식이 좋다.

📚 설계 단위 이후의 협력 회사의 선택 방법

설계 단위 이후 협력 회사를 포함하는 프로젝트 체제는 기본적으로는 요건 정의 단계와 같은 체제가 된다. 그러나 일괄 도급 방식이 되므로 회사 단위의 체제로 변해 간다.

설계 및 개발에 들어가면 프로그램 레벨에서의 사양의 정합성 확보가 중요해지므로 AI의 개발 기능을 가지는 회사를 병행 관리하기보다 개발 규모 비율이 가장 큰 시스템 개발 회사의 부하에 붙이는 것이 좋다. 자사에서 회사 간 기능의 정합성 품질을 담보하기보다 시스템 개발 회사에 품질 책임을 지게 하는 것이 효율적이다. 테스트 단계에 들어가면 취약성 시험을 하는 IT 전문 회사나 테스트만을 실시하는 회사, 테스트 운용을 전업으로 하는 회사 등이 프로젝트에 참여할 가능성이 있다. 이들 회사의 역할은 대부분 개발에 관한 것이므로 체제상으로는 시스템 개발 회사의 부하로 두는 것이 좋다.

프론트 엔드 개발은 백 엔드 측의 API와 사양 정합성을 확보할 필요가 있다. 그러므로 백 엔드를 담당하는 시스템 개발 회사 밑에 두면 좋다. 한편, UI/UX 디자인은 발주자인 사용자와 밀접한 관계가 있으므로 태스크 포스 팀과 계약해야 한다. 신 서비스 프로모션 등 마케팅이나 홍보에 관한 부서나 회사도 관계될 가능성이 있다. 이들 부서나 회사는 비즈니스 관점에서의 교환이 필요하다. 그러므로 TF멤버, 또는 프로덕트 오너가 창구가 돼 교환해야 한다.

📚 지원 회사 발주 방법

　설계 단계 이후는 도급 방식 발주가 좋다. 요건 정의 단계 이후는 만들어야 할 것이 일단은 정해져 있어 작업 규모를 견적하기 쉽기 때문이다. 그러나 설계 단계 이후에도 변경 가능성은 있다. 실제로 만들어서 프로덕트를 사용해 보니 예상과 달랐다, 좀 더 좋은 아이디어를 찾아내는 일은 자주 일어날 수 있다. 이러한 문제에 대처하기 위해서는 일부 요원을 남겨 두는 방법이 있다. 발주 회사나 계약 관리는 복잡해질 수도 있겠지만 예산 중 80%는 일괄 도급 방식으로, 20%는 준위임 방식을 권장한다. 이렇게 함으로써 IT 전문 회사도 변경 요건에 대해 준위임 부분을 이용해 유연히 대처할 수 있다. 모든 도급의 경우 IT 전문 회사는 별로 변경하고 싶어 하지 않기 때문에 서비스 브러시 업이 어려워진다. IT 전문 회사와 좋은 관계를 구축하면서 좋은 서비스를 만들기 위해서도 발주 방법은 이와 같은 준위임 계약 방식을 이용하면 된다.

에필로그

본서는 필자가 일경BP사에서 2020년 3월에 발행한 일경BP사의 '기획입안에서 시스템 개발까지 실제로 사용하는 DX프로젝트의 교과서'를 비롯하여 일경시스템즈의 'DX프로젝트 성공의 급소'(2019.10월호~2020.1월호 연재 기사), 'AI시스템을 만드는 방법'(2018.10월호~2019.4월호 연재 기사) 등의 책자 및 연재 기사 등을 가필·수정하여 재구성한 것이다.

이들 책자 및 기사를 가능한 한 체계적으로 정리하려고 노력했다. AI 도입 체제의 기본 방향, 개발 프로세스의 본연의 모습, 개발 프로세스에서의 전체적인 흐름이나 역할, 유의해야 할 점 등을 이해하는 데 도움을 줄 수 있도록 노력하였다.

실제 AI현장에서는 조건이나 환경이 각각 다를 것이다. AI를 성공으로 이끌려면 사내외의 다양한 구성원들의 협력을 구하면서 하나하나의 과제를 해결해 가는 것이 요구된다.

이때 필요한 것이 AI 도입 리더의 협력 관계 구축 능력이다. AI는 기획 단계부터 담당자 한두 명의 지식만으로는 안 된다. 또한 AI 도입을 진행하는 중에 개발 회사나 디자인 회사 사람과 아이디어를 서로 교환하면서 함께 진행해 가야 할 경우도 많을 것이다.

SI 방식의 시스템 개발에서는 엄연한 상의하달 구조하에 프로젝트가 진행되고 있다. 요건을 위에서 아래로 전달해 간다고 하는 점에서는 효율적인 구조이지만 업무 요건이 없는 AI 도입에서는 이 방법으로는 어려울 것이다.

사내외의 인재를 잘 활용할 수 있는 힘을 가진 리더가 필요하다. 발주자, 수주자라는 입장을 넘어 AI에 함께 대처하는 동지가 된다는 의식을 갖는 것만으로도 성공 확률이 높아지게 될 것이다.

마지막으로 본서의 집필·편집에 있어서 많은 지원을 해 주신 지식과 감성# 출판사 교정팀 김서아, 편집팀 이현 과장에게 깊이 감사드린다. 바쁜 와중에도 꼼꼼히 기사 내용을 확인해 주시고 또 때때로 격려해 주신 덕분에 집필을 끝낼 수 있었다. 이 지면을 빌어 다시 한번 감사를 드린다.

[부록] 용어 정의

1. 구현 Implementation
컴퓨터의 하드웨어나 소프트웨어에 새로운 기능을 짜 넣은 것을 말한다.

2. 기능적 요구와 비기능적 요구
기능: 목표 시스템을 통해 데이터를 처리하여 사용자에게 의미를 주는 최소 단위 프로세스를 말한다.

● 기능적 요구
목표 시스템이 반드시 수행하여야 하거나 목표 시스템을 이용하여 사용자가 반드시 수행할 수 있어야 하는 기능(동작)에 대하여 기술함. 단, 개별 기능 요구 사항은 전체 시스템의 계층적 구조 분석을 통해 단위 업무별 기능 구조를 도출한 후, 이에 대한 세부 기능별 상세 요구 사항을 작성하는 것을 원칙으로 하며, 기능 수행을 위한 데이터 요구사항과 연계를 고려하여 기술함.

① 해결해야 할 경영 과제를 나타내는 '업무 요구'
② 신시스템에서 실현되어야 할 사용자의 일이나 목표를 나타내는 '사용자 요구'
③ 시스템 전체의 최상위 레벨의 요구를 나타내 '시스템 요구'
④ 개발자가 시스템에 만들어야 할 소프트웨어 기능을 나타낸 '기능 요구'로 분류한다.

● 비기능적 요구
① 규칙이나 관례 등 신시스템이 따라야 할 룰을 정리한 '업무 룰'
② 성능이나 보수성, 신뢰성 등의 '품질 속성'

③ 다른 시스템과의 인터페이스를 나타내는 '외부 인터페이스'
④ 특정의 개발 언어 등 설계·구현 시의 제한이 되는 '제약'으로 분류하고 있다.

3. 데이터 모델

데이터 항목의 집합체인 엔티티^{Entity}의 상호 관계를 표현한 것. 무엇을 엔티티로 인식하는가를 생각하고 엔티티 상호간의 관계에 신시스템의 설계 방식을 구성하여 데이터로부터 업무 기능을 이해한다.

4. 모듈

독립적인 기능을 갖춘 조직을 하나의 단위로 묶는다. 제조 공정에서 주로 쓰이는 용어로서 부품을 조립해 반제품 형태로 만드는 것을 의미한다.

5. 유스케이스

이용자에게 업무상 가시적인 가치를 줄 수 있는 것. 반드시 업무상 의미가 있는 이름을 붙인다. 시스템의 이용자의 이용 장면을 의미하여 예를 들면 '상품 정보를 등록한다', '주문을 취소한다'라고 하는 명칭을 붙인다.

● 비즈니스 유스케이스

비즈니스 액터별로 사용자 기업이 어떠한 역할을 완수하고 있는지를 나타낸 것. 예를 들면 사용자 기업이 사용자에 대하여 '견적한다'와 '수주한다'라고 하는 2개의 역할을 완수하고 있는 것을 나타내고 있는 것이다.

● 비즈니스 유스케이스도

사용자나 거래처와의 관계에서 사용자 기업의 역할을 밝혀낸 그림이다.

● 비즈니스 유스케이스 사양서의 예

비즈니스 유스케이스를 상세화하여 그 내부에서의 작업의 흐름을 나타낸다. 이에 의해 작업의 흐름에서의 낭비 요소 사내의 부서별의 역할 분담을 발견한다. 여기에서는 사용자로부터 주문을 접수하여 재고를 준비(담보)한 다음에 확인을 위해 주문 내용을 통지하기까지의 흐름을 기술한 예를 나타낸다.

항목	사양
비즈니스 유스케이스 명	수주
목표	수주 대응 기간의 단축
목표로 하는 퍼포먼스	사용자에의 수주 회답까지의 리드 타임을 20분의 1로 줄인다.
기본 워크플로우	1. 사용자은 수주 담당자에게 주문서를 보낸다. 2. 수주 담당자는 주문서를 확인하여 견적과 대조 후 주문 대장에 기록한다. 3. 재고 관리 담당자는 주문 상품의 재고를 확인한다. 4. 재고 관리 담당자는 재고를 준비(담보)한다. 5. 수주 담당자는 주문 대장에서 주문 청구서를 작성하여 사용자에게 보낸다. 6. 사용자은 주문 내용을 확인한다.
대체 워크플로우	─ 주문의 재확인(스텝2에서 주문서와 견적에 부적합이 있는 경우) 1. 수주 담당자는 사용자에 대하여 주문 재확인을 의뢰한다. 2. 사용자는 주문 내용을 확인한다. ─ 주문 잔고량 처리(스텝3에서 재고가 없었을 때) 1. 수주 담당은 재고가 없다는 것을 사용자에게 통지한다. 2. 사용자는 주문 내용을 재검토한다.
카테고리	필수
리스크	수주 담당자의 업무 절차 변경에 따른 교육
가능성	상품 정보 및 재고 정보 확인의 자동화에 따른 리드 타임 단축
프로세스의 소유자	수주 담당: 김철수
특수 요건	없음

6. 소프트웨어

컴퓨터, 통신, 자동화 등의 장비와 그 주변 장치에 대하여 명령·제어·입력·처리·저장·출력·상호 작용이 가능하게 하는 지시·명령(음성이나 영상 정보 등을 포함한다)의 집합과 이를 작성하기 위하여 사용된 기술서^{記述書}(요건 정의서, 기본 설계서, 상세 설계서, DB 정의서, 코딩 규약, 운용 매뉴얼 등)나 그 밖의 관련 자료를 말한다.

7. 사용자 End user

엔드 유저와 같은 의미로 시스템을 실제로 이용하는 사람.

8. 솔루션

컴포넌트가 특정의 환경에 맞게 모여서 기능을 제공하면 이것을 솔루션이라 한다.

9. 시스템

시스템은 입력과 출력이 있는 것을 말한다. 시스템을 개발한다는 것은 사용자가 원하는 입력과 출력을 제공하는 프로그램을 개발한다는 의미이다.

여기에서는 협의로 컴퓨터 시스템을 가리키고, IT 시스템이라는 표현을 하는 것도 같은 의미이다.

컴퓨터 시스템에 제한하지 않는 경우에는 업무 시스템 또는 네트워크 시스템 등과 표기한다.

10. 스키마

데이터베이스를 구성하는 데이터의 엔티티 Entity, 이들의 성질 Attribute, 이들 간의 관계, 그리고 데이터 조작, 또 이들 데이터 값들이 가지는 제약 조건에 관한 총칭을 말한다.

11. 아키텍처

시스템의 기본 설계 및 설계 사상. 건축학의 '설계술' 또는 '건축 양식' 건축물 그 자체가 아니라 건축물의 콘셉트, 구조, 만드는 법, 사용 재료 등, 건축에 관한 기술을 모순이 없이 체계적으로 정리(마무리)하는 것을 말한다.

12. 알고리즘

문제 해결을 위한 절차, 방법. 문제의 풀이법을 엄밀하게 표현한 것을 뜻한다.

13. 엔티티 Entity

데이터 항목의 집합. 일의 종속 관계를 갖는 데이터 항목의 집합. 통상 1개의 기능이 들어 있다. 어느 엔티티를 구성하는 데이터 항목이 다른 엔티티의 키가 되는 경우 엔티티 사이의 관계를 정의할 수 있다.

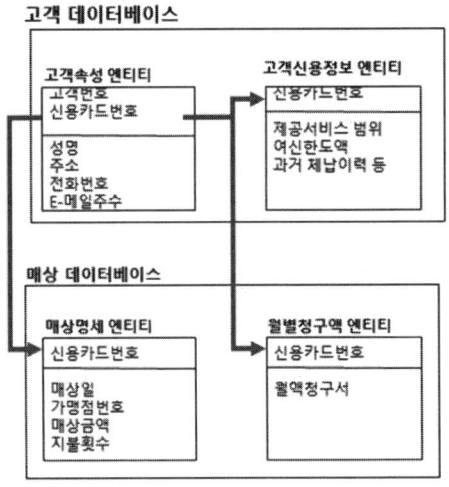

엔티티와 데이터베이스의 관계

14. 요건 정의와 기본 설계

- 요망 Want

요건, 요구 등과 같이 강한 것은 아니지만, 사용자가 기대하고 있는 것.

- 요구 Needs

시스템을 사용하여 업무를 이렇게 개선하고 싶다고 하는 업무 관점에서의 니즈이다.

● 요건 Requirement

요구에 대하여 시스템에서 실현하는 것. 어느 일정 효과를 발생하기 위한 조건 및 환경 등을 말함. 시스템은 어느 일정한 효과를 발생시키는 구조이므로, 실제로 그 효과를 발생시키기 위한 조건 및 환경 및 순서 등을 말하는 것임. 요건을 정함으로써 지금부터 만들어야 할 시스템의 기능이 확정된다고 말할 수 있다.

● 기능 요건 Functional Requirement

사용자의 요구를 만족시키기 위해서 소프트웨어가 실현하지 않으면 안 되는 사용자의 업무 및 순서를 나타낸다.

● 비기능 요건 Nonfunctional Requirement

기능 요건 이외의 모든 요건.

● 요건 정의

발주자가 비즈니스에서 실제로 정보 시스템을 이용하는 입장에서 '이런 시스템을 실현하고 싶다' '이렇게 이용하고 싶다'라고 바라는 모습을 명확히 하는 것. 현업의 조사·분석은 몇 번이고 반복하여 정확하게 판단하여야 한다.

● 기본 설계

요건 정의의 결과를 토대로 시스템과 사용사 혹은 시스템과 시스템의 '인터페이스'를 확정하는 공정을 말하며, 화면(장표), 시스템 내부의 프로세스, 데이터 모델, 외부 시스템과의 인터페이스 등이 여기서 정해진다.

● 기본 설계의 목적

발주자가 추구하는 정보 시스템을 실현하기 위해서 필요한 컴퓨터 자원과 소프트웨어의 기능을 명확히 하는 것이다.

15. DFD^{Data Flow Diagram}

업무 전체를 데이터의 흐름에 주목하여 그림으로 표현하는 것이다.

16. ERD^{Entity-Relationship Diagram}

엔티티 간의 관련을 그림으로 표현한 것. 데이터 관계롤부터 업무 사양을 이해하는 것을 의미한다. 업무의 본질을 이해할 수 있다.

17. 기능 점수^{FP, Function Point}법

● 기능 점수

사용자의 관점에서 제시된 업무적 요구 기능에 대하여 논리적인 측정 방식으로, 개발자 관점에서 특정 기술(프로그래밍 언어 등)을 적용하여 개발한 소프트웨어의 양을 의미하는 것이 아니고, 사용자 관점에서 소프트웨어 크기 즉, 소프트웨어의 양을 측정하는 방법이다.

시스템의 범위를 결정하여 그 범위 내에서 '논리 파일'이나 '외부 입출력' 등 5종류의 기능을 밝혀 복잡도나 환경 요인을 가미하여 시스템 규모를 산출하는 견적 기법.

● FP^{Function Point}법 사용 목적

- 예산 견적으로 정보 시스템 개발 원가를 견적한다.
- 프로젝트 관리 지표로서 소프트웨어 프로세스를 개선한다.

18. IT^{Information Technology}

정보를 디지털 형식으로 처리하고, 저장하며, 전송하는 데 사용하는 기술을 일컫는 것이다.

19. ROI^Return On Investment

일반적으로는 투하한 자본이 어느 정도의 이익을 내고 있는가를 측정하기 위한 지표. 시스템화의 경우, 시스템화 코스트에 대해 어느 정도 비즈니스상의 효과가 나오고 있는가를 측정.

20. SI^System Integration 사업(과기처고시 제1992. 5호, '92.3.10)

수요자의 요구에 의하여 수요자의 요구 분석, 컨설팅 및 시스템 설계, 각 시스템의 요소의 개발 및 조달, 시스템 통합 시험 및 설치

21. WBS^Work Breakdown Structure

Work Breakdown Structure의 약어. 프로젝트로 실시해야 할 작업을 '성과물을 산출하는 단위'로 분할·상세화해 가는 수법. WBS로 분할한 최하위 레벨의 작업을 '워크 패키지'라고 부른다. WBS 작성 목적은 작업의 망라, 계획치의 정합성 확보, 관리 지표의 제공, 담당자의 명확화 등이다.

22. 목적과 목표: '노리는 것' '지향하는 곳'을 의미한다

- 목적Goals

的(표적, 과녁, 목표)의 대상이며, 최종적으로 도달해야 하는 지점이 목적이며 '왜(Why)'와 '어떻게(How)'를 세트로 나타낸다(1W1H).

정성적인 성과 즉 바람직한 업적을 간결하게 서술한 것. 장기간에 걸쳐 사업의 규모, 사업 범위, 경영 스타일을 기본적으로 표시한 것이며 그 구체적인 내용은 회사의 환경과 능력, 장래 기업의 규모와 조직의 형태^Type, 혹은 조직의 구조 변혁을 경영자의 가치관과 희망을 함께하여 결정한 것이다.

● 목표Objectives

標(길잡이, 길 안내, 도표)를 의미하며 목적에 도달하기 위한 길잡이나 루트를 가리킨다. 달성 상황의 확인이 가능하며 '언제까지(When)' '어디서(Where)' '누가(Who)' '무엇(What)'을 가리킨다(4W).

목적에서 나온 구체적이며 정량적인 숫자로 타깃^{Target}이 된다. 일정한 최종 기한(예를 들어 5~10년 후)에 대해 표적이 될 수 있는 성과에 관하여 보다 구체적으로 표현한 것이다. 회사적 수준에서는 매출 달성 목표 등으로 도달 목표가 포함되어 있다. 연도 예산은 조직 내의 모든 목표를 통괄한 것이다.

● 목적과 목표의 차이

목적은 어디까지나 결승점에 도달하는 것이기 때문에 목표 설정이 무엇보다 중요하다. 목표란 목적을 달성하기 위한 이정표다. 따라서 지금은 이 정도(현황치)인데 언제까지(달성 시기) 어느 정도의 효과(목표치)를 지향할 것인지를 나타내는 지표를 설정할 필요가 있다. 다음 그림은 목적과 목표의 관계를 나타낸 것이다.

● 전략적 목적$^{Strategic\ goal}$과 프로젝트 목표$^{Project\ objectives}$

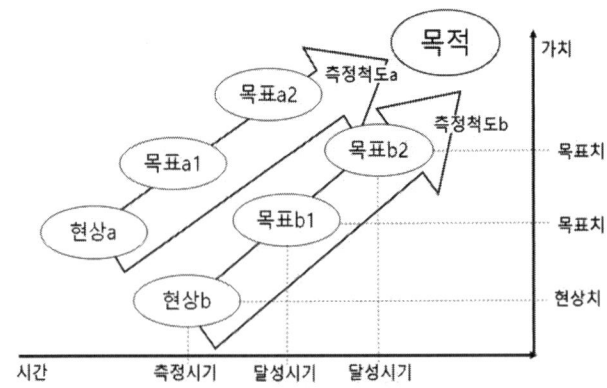

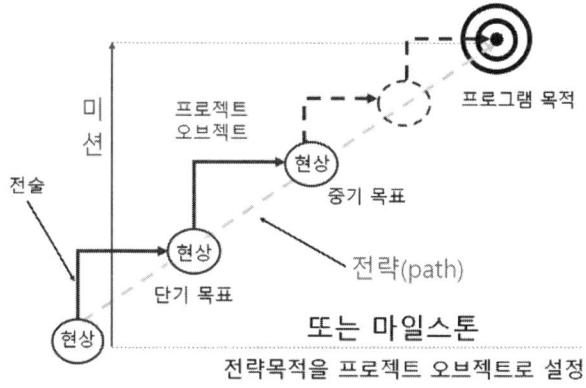

23. 효율과 효과

- **효율**^{Efficiency}

투입^{Input}과 산출^{Output}의 관계이며, '생산성^{Productivity}', '능률'과 거의 같은 의미이다. 같은 투입량으로 산출량을 키우거나 같은 산출량을 전보다 적은 투입량으로 얻는 경우이다. 경영에 쓸 수 있는 자원(돈, 인력, 기계 설비)이 한정되어 있는 경우, 자원을 투입하고 산출하는 과정에서 높은 효율 추구하는 '잘하는 경영'의 척도이다.

- **효과**^{Effectiveness}

어떤 일의 목표가 이루어지는 정도이다. 효과적^{Effective}으로 경영 목표가 이루어지는 정도가 높다. '효율'은 경영의 과정에, '효과'는 결과에 더 큰 비중을 두고 있으며, 효율이 높은 경영은 효과 높은 경영과 함께한다. 잘 못하는 경영은 흔히 효율과 효과가 모두 낮은 경우이다. 효율적이지만 효과적이지 못한 조직·경영도 있다.

24. 기획과 계획

● **기획** Planning

보통 어떤 목적을 이루기 위해 계획을 수립하는 일을 말한다. 목표를 설정하고, 목표를 가장 성공적으로 달성할 수 있는 길을 찾아내며, 그 길을 따라 목표를 성취할 수 있도록 계획을 짜는 과정을 말한다.

● **계획**

기획의 결과이며 기획을 통해 만들어진다. 조직의 목적을 달성하기 위한 전략으로서 조직 전체에 적용하는 계획을 전략 계획 Strategic Plans이라고 부른다. 전략 계획의 실행을 위한 세부 계획, 곧 실행 계획 Operational Plans이다.

25. 프로젝트의 성공

종래에는 프로젝트의 성공을 "주어진 시간과 예산 내에 요구 사항에 맞게 끝내는 것" 즉, 3개의 제약(Scope, Time, Cost)을 만족시키면 프로젝트를 종료하는 것이 성공이라고 생각을 했지만, 성공에 대한 시각이 변해 가고 있다. "주어진 시간과 예산 내에서 요구 사항에 맞게 끝내는 것"에서 "가치"가 주어지는 것이라고 공감대가 형성되어 가고 있다. 즉, 가치에는 재무적 가치, 사용자의 가치 및 미래 가치 등 여러 가지 형태를 생각할 수 있다. 프로젝트의 계획을 수립할 때, 3개의 제약뿐만 아니라 다른 가치 목표를 감안하여 성과 여부를 측정할 방법을 함께 제시해야 한다.

26. 프로세스

원하는 제품이나 결과 또는 서비스를 달성하기 위하여 수행되는 서로 연관된 처리나 활동의 묶음이라 할 수 있다. 한 개 이상의 입력을 통해 가치 있는 산출물을 제공하는 모든 관련 활동들의 집합이라 할 수 있다.

프로세스를 제대로 적용함으로써 체계적이고 예측 가능하면서도 개개인이 보다 커다란 범주 내에서 창조적으로 일을 할 수 있게 된다.

참고문헌

1. 기획입안에서 시스템 개발까지 실제로 사용하는 DX프로젝트의 교과서, 일경 BP사, 2020년 3월
2. DX프로젝트 성공의 급소(기간계 프로젝트와의 차이), 일경시스템즈, 2019.10월호. DX프로젝트 성공의 급소(개발프로세스), 일경시스템즈, 2019.11월호
3. DX프로젝트 성공의 급소(서비스 기획), 일경시스템즈, 2019.12월호
4. DX프로젝트 성공의 급소(사업전략 · 계획 작성), 일경시스템즈, 2020.1월호
5. AI시스템을 만드는 방법(요건정의), 일경시스템즈, 2018.10월호
6. AI시스템을 만드는 방법(Poc), 일경시스템즈 2018.11월호
7. AI시스템을 만드는 방법(설계), 일경시스템즈, 2018.12월호
8. AI시스템을 만드는 방법(구현 · 테스트), 일경시스템즈, 2019.2월호
9. AI시스템을 만드는 방법(운용), 일경시스템즈, 2019.3월호
10. AI초심자의 의문에 답한다, 일경시스템즈, 2019.4월호
11. AI시스템 개발 양자택일법, 일경시스템즈, 2019.9월호)
12. 실패하지 않는 PoC 추진방법, 일경시스템즈, 2019.10월호
13. 제로에서부터 배우는 인공지능 만드는 방법, 일경컴퓨터, 2016.11.24
14. Carpers Jones, 스루호 세이시로/토미노 히사시 역, 소프트웨어 개발의 정량화 수법 제2판. 1999.7.25
15. Kiminobu Kodama, 시스템 개발의 견적을 위한 Function Point법, 일본능률협회 매니지먼트센터. 2000.5.25
16. 기능점수 측정 실무 매뉴얼(FP Counting Practice Manual Releas -e 4.3.1), 한국정보화측정연구원, 2010.9.1.
17. 소프트웨어사업 제안요청서 요구사항 상세화에 관한 연구, 정보기술 서비스 산업협회(과학기술정보통신부), 2019.12.